西方传统 经典与解释

Classici et commentarii

HERMES

HERMES

在古希腊神话中，赫耳墨斯是宙斯和迈亚的儿子，奥林波斯神们的信使，道路与边界之神，睡眠与梦想之神，死者的向导，演说者、商人、小偷、旅者和牧人的保护神……

西方传统 经典与解释

Classici et commentarii

HERMES

古今丛编

刘小枫◉主编

古代世界的城邦

Cities-states in the Ancient World

[苏联]安德列耶夫等◉著 张竹明◉等译

◉华东师范大学出版社

华东师范大学出版社六点分社　策划

古典教育基金·正则资助项目

出版说明

自严复译泰西政法诸书至20世纪40年代，因应与西方政制相遇这一史无前例的重大事件，我国学界诸多有识之士孜孜以求西学堂奥，凭着个人禀赋和志趣奋力迻译西学典籍，翻译大家辈出。其时学界对西方思想统绪的认识刚刚起步，选择西学典籍难免带有相当的随意性和偶然性。50年代后期，新中国政府规范西学典籍译业，整编40年代遗稿，统一制订选题计划，几十年来寸累铢积，至80年代中期形成振裘挈领的“汉译世界学术名著”体系。尽管这套汉译名著的选题设计受到当时学界的教条主义限制，开牖后学之功万不容没。80年代中期，新一代学人迫切感到必须重新通盘考虑“西学名著”翻译清单，首创“现代西方学术文库”系列。虽然从重新认识西学现代典籍入手，这一学术战略实际基于悉心梳理西学传统流变、逐步重建西方思想汉译典籍系统的长远考虑，若非因历史偶然而中断，势必向古典西学方向推进。正如科学不等于技术，思想也不等于科学。无论学界迻译了多少新兴学科，仍与清末以来汉语思想致力认识西方思想大传统这一未竟前业不大相干。

“五四”新文化运动以来，学界侈谈所谓西方文化，实际谈的仅是西方现代文化——自文艺复兴以来形成的现代学术传统，尤其近代西方民族国家兴起后出现的若干强势国家所代表的“技术文明”，并未涉及西方古学。对西方学术传统中所隐含的古今分裂或古今之争，我国学界迄今未予重视。中国学术传统不绝若线，“国学”与包含古今分裂的“西学”实不可对举，但“国学”与“西学”对举，已经成为我们的习惯——即“五四”新文化运动培育起来的现代学术习性：凭据西方现代学术讨伐中国学术传统，无异于挥舞西学断剑切割自家血脉。透过中西之争看到古今之争，进而把古今之争视为现代文教问题的关键，於庚续清末以来我国学界理解西方传统的未竟之业，无疑具有重大的现实意义和历史意义。

“经典与解释”编译规划自 2003 年起步以来，迄今已出版二百余种，以历代大家或流派为纲目的子系初见规模。经重新调整，"经典与解释"编译规划将以子系为基本格局进一步拓展，本丛编以标举西学古今之别为纲，为学界拓展西学研究视域尽绵薄之力。

古典文明研究工作坊

西方经典编译部甲组

2010 年 7 月

目　录

张竹明先生

重 印 说 明

华东师范大学出版社六点分社倪为国先生受中山大学古典学中心委托给我来了个电话，告知他们有意重印《古代世界城邦问题译文集》，说是这个译文集有一定的学术参考价值，有读者想一读而不可得。

《古代世界城邦问题译文集》1985年由时事出版社出版。此次重印，书名从简，改为《古代世界的城邦》。译文集的来龙去脉我已在当时的"出版说明"中作过简短说明，不再重复。这里要说的是，事隔二十多年，当年所据原文已难查找，且译者大多失去联系。作为最后定稿主持人，现在要想对译文作些改进也无法如愿，其中存在的缺点只好请读者原谅了。值得感谢的是，中国人民大学文学院古典文明研究中心的赵林同志按今天学界对人名、书名和地名的规范译法订正了原书中的一些译名。

最后，特别说明的是本书的有些篇名涉及版权，因苏联解体许多出版社、杂志社易地、易人、易名，或倒闭多方联系无果。若有原作者发现自己文章收录此书，请予及时出版社联系。

张竹明

2009年4月26日

于南京大学寓所

出 版 说 明

城邦问题由于和人类第一次从无阶级的社会进入阶级社会的历史联系在一起，和私有制、国家的起源问题联系在一起，因而不仅广泛涉及古代社会的政治、经济和文化的许多实际发展过程，而且涉及一系列重大的理论问题，在世界历史研究中占有很重要的地位。近年来，国外的一些学者对这个问题进行了不少的研究，提出了很多新论点。

1982 年 5 月，我国的一部分世界古代史工作者在广州暨南大学举行了第二次以城邦问题为中心的学术讨论会。会后决定出一个译文集，以介绍国外学者这方面的研究情况和已作出的成绩，供理论工作者、专业研究者和广大历史科学爱好者参考。

这个译文集收入了十三篇材料，其中七篇原是向会议提供的译文，其余六篇是会后组织翻译的。内容涉及城邦问题的几个方面：城邦问题研究工作的历史和现状、城邦概念、城邦形式的普遍性和城邦的发展趋向问题，等等。由于城邦是早期国家的一种形式，所以还选入两篇讨论或描述早期国家的文章。从这些材料我们可以看到，国外学者在关于城邦的几个主要问题上有哪些不同的意见，以及，为了解决问题，他们在怎样探索新的路子，或者在传统的课题上怎样深入。当然，由于篇幅的限制，这个译文集还只能反映这方面情况的一斑。

张竹明、王敦书、汪连兴、何芳济对译文进行了校订和加工。张树栋、傅斌也参加了部分校订工作。

张竹明

1984年12月

现代古希腊罗马史著作中的城邦问题*

（问题的提出）

弗罗洛夫 撰

张竹明 译

城邦——这是古希腊社会生活的一个事实，但同时这也是一个起初由古代人自己提出来，后来又为近代科学所复活和发展了的理论概念。古典希腊的政治实际，其特点首先在于，存在着大量独立的城市国家，即城邦；它们是作为公民的公社组织起来的；在这些公社内部结成一个封闭性特权集团的公民和其余大量非全权的被剥削的居民——别的城市来的移民——及奴隶对立。在古典晚期，自由城邦世界开始趋向衰落，古希腊的哲学家和政论家作了最初的尝试，企图揭示和确定城邦的本质。这一工作尤其因为城邦已经出现在领土君主国的背景上而显得有趣和做起来容易了，领土君主国愈来愈多地积聚起力量，以自己的规模宏大更清楚地反衬出古代公民城市公社的质朴而喜人的特点。这时出了个亚里士多德。他是城邦问题的真正理论家，他深刻地揭示了这一古代组织的社会本质。不管怎样，他为后来（无论古典时代还是近代）凡是对城邦问题感兴趣的政治思想描出了一条主要的发展轨道。

---

* 译自论文集《古代城邦》（Античный Полис），列宁格勒，1979。

而对城邦问题的兴趣，事实证明是非常持久的。在罗马共和时代，罗马人和其他意大利人的社会政治组织——他们的公民公社(Civitas)——和希腊人的城邦有明显的相似，这一点刺激了对这个问题的兴趣。难怪，罗马共和衰落时期，在西塞罗的著作中公民公社问题重新得到完全充分的解释。甚至在兼并了诸城邦的希腊化君主大国时期及包罗万象的罗马帝国时期，城邦问题也没有完全从政治思想的地平线上消失。因为，被帝国所吞并的城邦，仍然作为古代社会的主要结构单位继续存在着，中央政权必须同它们或多或少地进行建设性的对话。

在近代，以理想化的博学或美学的态度对待古代社会的时期刚一结束，认识古代社会在历史过程中的地位和作用以及它作为文明社会的特点的工作刚一开始，关于城邦制度的问题又重新出现。这方面的优先地位属于民族主义的法兰西学派，他们最坚决地打破学院派的博学传统，把注意力放到对历史的尖锐的社会解释上去。康斯坦、瓦隆和库朗热都按各自的方式促进了城邦概念的新生。后来在别的国家的民族主义史学著作中——在德国布克哈特的著作中，尤其是在俄国库托尔加的著作中，都可以看到这些法兰西人研究工作的影响。

在 20 世纪，城邦问题实际上成了古代社会问题历史学著作的主要课题。其原因主要在于这个充满了深刻变革的，刺激着对历史定义作社会学探求、比较和分析的时代特点。法国学术界照旧积极研究城邦问题(弗郎科特、克洛舍、格洛茨和摩瑟)。德国的历史学著作从独特的、常常以非理性主义的热情为依据的立场出发，着手研究这个问题，特别是用了很大的努力解决诸如个人和社会的相互关系和冲突之类独特的问题(凯尔斯特、维尔肯、贝尔维、本格松、沙歇尔迈尔等)。研究城邦问题的还包括英美学派、意大利学派以及其他民族主义学派的古代社会研究者。

苏联史学界也对城邦问题的研究作出了巨大的贡献，特别是战后时期，把这个问题提到了跟古代奴隶制和古代文化问题同样重视的地位。在40年代和50年代之交，拉诺维奇和乌特钦科从不同的方面着手城邦问题，前者的兴趣在研究与希腊化历史有关的古典城邦的命运问题，后者在探索罗马内战史问题过程中开始研究古代公民公社问题。这里典型的是，在这两种场合，对城邦问题的兴趣都决定于对希腊罗马相应的古典晚期冲突的研究。从科洛鲍娃的工作可以看到还有一个着手研究城邦问题的途径：她研究了城邦的起源。现在已经有一大批苏联古代问题学者在对城邦问题进行大力的研究工作，努力弄清城邦形成的早期情况（安德列耶夫），揭示城邦危机的原因和形式（格鲁斯金娜，马林诺维奇，弗罗洛夫），阐明罗马城邦的特点（马雅克）等等。

总之可以说，城邦问题在20世纪几乎成了古代社会问题研究的中心课题。很自然的，既包括在一般地解释古代社会问题方面所取得的重要成就以及无可置疑的积极成绩，也包括那些可能歪曲历史真相的热情和极端，看来都是和兴趣的这一集中有关系的。

事实上，城邦问题作为一个被古代哲学提出来又被近代科学重新发展了的理论概念，它的特点是在下述方面的巨大明确性：对于论述这个问题的作家们来说，不论别的方面有多少分歧，关于这一制度在古代社会生活中的决定性作用的看法是有代表性的。古代人（可以援引亚里士多德和西塞罗为例）的社会思想认为城邦，即具有典型的公社—国家组织的城市，是社会生活基本的同时也是完美的体现。近代科学（从康斯坦和库朗热开始）在努力揭示古代社会的特征时，早就认为这一特征就是古代人的城市公社的，即城邦的日常生活。马克思主义史学（这方面最早的著作就是马克思和恩格斯合著的《德意志意识形态》）强调指出古代所有制形式的独有的公社特点，从而深刻地论证了城邦原则在古希腊人罗马人社会生活最根本的基础中，亦即在社会经济关系方面所起的决定作用。不仅相信城邦原则在古代社会里的决定意义，而且力图扩大这一原则的作用范围，从而赋予城邦以历史的万能性，这乃是当代历史科学的特点（可以贾可诺夫为例）。

然而，仔细研究希腊城邦的历史使人觉得，城邦在古代绝对决定性的甚至万能的作用这一广为传播的说法太简单化了。不应该忘记，城邦是产生在迈锡尼后希腊（公元前一千纪前半叶）的独特条件下。正是希腊各部落在迈锡尼之后的时期里发展所处的独特的历史条件决定了一开初情况的错综复杂性（我们特别注意到迈锡尼宫廷中心的覆灭和铁器普及所造成的经济生活的强化、但同时又趋向分小和独立），以及，希腊城邦形成所特有的阶段性：起初，在公元前 9—8 世纪人口爆炸的条件下，它作为设防的城市居民点；尔后，在公元前 7—6 世纪革命民主运动过程中，它作为等级公民公社；与上述两阶段同时——它作为有主权的政治整体，作为存在于城市自给和公社自治条件下的国家。是否可以断言，这条道路，因而还有它的最终结果，不仅对于希腊人（也许还有意大利人）的历史发展，而且对于其他古代民族的历史发展都是典型的呢？

但是，即使撇开古代城邦发生上的特点不谈，把城邦作为某种现成的东西看待，我们也应该弄清楚这一最初由希腊人创造出来的社会组织类型的独特性。这种独特性在于它的单纯性的优点与因此生命力特强的优点无比的统一。城邦——这是城市和周围农村的最简单的结合；其次，这是最简单的社会等级——

阶级组织，这里自由的私有者——公民——被团结到人为地保存下来的但在自然的基础上成长起来的公社里来时，和大量无权的不自由的遭受残酷剥削的人们对立着，后者的人格在不可避免的社会分工中遭到了牺牲；最后，这是最简单的但同时也是最有效的政治组织形式——共和国，这里公民群众的主动精神得到不同程度的鲜明表现，后者又造成了政治思想和文化的高度发达。是否可以断言，所有这些优点的这种统一，以及由此造成的对于人类发展极为宝贵的文化成就，不仅是古希腊城市、公社、国家所固有的，也是别的城市、公社、国家所固有的呢？

希腊城邦惊人的生命力也在于上述优点的独特的统一。在古希腊历史的全部过程中，城邦始终是起决定作用的社会组织类型——在古典时期它作为独立自在的整体，在希腊化时期和罗马时期它作为比较复杂的政治结合中的一个基本单位。但是城邦的这一决定作用不应该被绝对化。希腊历史的反常在于，它的主要倾向是不断的、一般看来成效甚微的克服城邦的努力："不断"是由于一次建立起来的城邦原则（经济上的自给自足，政治上的本位主义、等级的歧异地位等等）不适应社会的继续进步，"无成效"是由于克服城邦的尝试还是在城邦的基础上实行的。伯罗奔尼撒同盟和雅典同盟，以及尔后的城市僭主国家和古典晚期形成的领土大国（雅宋的费拉伊——帖撒利亚国家，狄奥尼索斯的西西里强国）都可以作为这些尝试的范例。或多或少比较顺利地越过城邦阶段只是在得到外力帮助时才取得某种程度成功，在马其顿——希腊化统治时期取得部分成就，只有在罗马时期才得到真正的成功。但是，即使在这些时期城邦也还是作为一个基本单位，而城邦的思想和文化则把自己的作用一直保持到古代终了时。可以说，古希腊社会的全部历史过程就是城邦的历史过程，但是这段历史本身是在不断被否定的形式中过来的。这是希腊历史悲剧特性的终极原因,这一悲剧特性就是城邦和城邦、僭主和本公社公民、大国统治者和被统治城市间的不断内讧。由此而来的是战争在独立希腊的历史中的巨大作用,政治恐怖、压迫在希腊化——罗马晚期的巨大作用。

记住理论所强调指出的城邦原则的有条件性,记住这一原则在希腊古代实际体现的反常性,对以后是有益的。从这一观点出发彻底研究希腊历史特种的圆周运动所决定的悲剧性的波折看来是有趣的。事实上,否定城邦原则的经济联系的发展遇到了城邦奴隶占有制条件下生产基础缩小的障碍;政治上求得团结统一的努力遇到城邦独立自主生命力的障碍;城邦公民团结的解体、公民与非公民界限的磨灭,遇到了等级小圈子顽强性的障碍(这种小圈子不断得到从自由外邦人或被释奴隶中挑选的新公民的补充)。甚至在思想方面,够激进的实际上有害于城邦原则的思想(例如泛希腊主义思想和君主制思想)的发展在古代理论家的笔下和承认城邦本身不可动摇的思想和睦地并存着。比较全面比较正确地估价整个古典文明和它的核心——城邦问题的巨大可能性就包含在对古代历史这一反常方面的研究工作中。

城邦与城市*

(提出问题)

科谢连科 撰
王阁森 译 廖学盛 校

城邦是古典时代社会组织的主要形式,这是现代科学公认的观点。根据这个观点,城邦被定义为城市国家或国家——城市(city-state, Stadtstaat)。不论是苏联的[②]还是国外的科学家[③]都已经指出对于城邦的这类理解的不合理性。但是,我们认为,城邦和城市这两种现象的相互关系应该加以更详细的研究。

首先,我们要指出,在这样的城邦定义中这一社会组织的两个(远非最重要的)特点被提到首位,即较小的领土范围和以一个城市为中心联结其周围地区。第一个特点不是决

---

* 译自《古代史通报》,1980 年,第 1 期。

② 乌特钦科,《罗马共和国的危机与衰亡》(С. Л. Утченко, кризис и падение Римской республики),莫斯科,1965,页 7。

③ 芬利,《古代城市:从库朗热到马克斯·韦伯等》(M. I. Finley. The Ancient City: From Fustel de Coulanges to Max Weber and Beyond),载《社会与历史的比较研究》(*Comparative Studies In Society and History*),第 19 卷,第 3 期,1977,页 306;斯塔尔,《早期希腊的经济与社会发展,公元前 800—500 年》(Ch. G. Starr, *The Economic and Social Growth of Early Greece, 800—500B. C.*),纽约,1977,页 31。

定性的，而是从城邦的一些更重要的、带实质性的特征中派生出来的（见下文），第二个特点则干脆就不正确。希腊两个最著名的城邦可以作为例子证明这一点。例如，在阿提卡不是有一个而是有两个城市中心（雅典和比雷埃夫斯）①，在斯巴达本来就没有城市中心，而是五个村落的结合②。一般地说，在希腊相当广泛地分布着这样的政治组织，它们并没有自己的城市中心，然而其本身的公民和其余的希腊人都是把它们当作城邦看待的③。

我们可以先提出这样的问题：什么叫城邦，什么叫城市，以便进而弄清二者间的相互关系。

尽管在苏联史学中还没有对城邦作详尽的探讨，但毕竟有一些著作在一定程度上研究了城邦的本质以及这种现象的个别

---

① 维尔，《希腊世界和东方》，第1卷，五世纪（510—403），（E. Will, *Le monde grec et l'Orient*, t. I. La Ve Siecle (510—403)），巴黎，1972，页417。

② 埃连伯尔格[《希腊人的国家》，第2版（V. Ehrenberg, *The Greek State*, 2nd ed.），伦敦，1969，页28]称斯巴达为"假城市"。

③ 参见如修昔底德，I，5，1。或者在这方面经常被提到的泡赛尼阿斯著作（X. 4）中的一段："佛西斯的城市盘诺佩伊位于距离喀罗尼亚约20斯塔狄亚的地方，如果一般地可以称其为城市的话，因为其中既没有政府建筑，也没有运动场、剧场、广场、蓄水库。这里的居民沿山溪住在看上去很像山上茅屋的半窑洞里。但在他们的领域与邻人之间有疆界。他们还派代表（西尼德尔）参加全佛西斯会议"。关于没有城市中心但有城邦地位的部落政治组织，可参见罗伊，《古典时期西南阿尔卡地亚的部落组织》[F. Roy, Tribalism In the Southwestern Arcadia In the Classical Period，载《匈牙利科学院古代集刊》第20卷，1972，第1—2辑（Acta Antiqua Acad, Scient. Hungaricae, txx, 1972, fasc. 1—2）]，页43以下。关于"没有作为真正的城市聚集中心"的城邦，见前引维尔的书，页417以下。也可见威尔斯，《希腊人的城市》（C. B. Welles, The Greek City，载《纪念加尔德里尼和帕里本尼的论文集》，第1卷。（*Studi in onore di Arlstide Calderini e Roberto Paribeni*, V. I），米兰，1956，页81以下。

特征[①]。这就使我们在依靠过去的研究成果时，只需要作一个很简略的概述。按照苏联科学界对于这一问题的一般看法，我们觉得依靠古人本身所下的定义来说明城邦的实质，是正确的。对于曾经论及城邦的希腊作家来说，城邦首先是一定的集体，是以一定的方式组织起来的人们的共同体（参见，例如希罗多德，VⅢ，61；修昔底德，VⅡ，77，7）[②]。在这方面最展开的定义中（例如亚里士多德的定义中）指出了下列各因素：这一共同体的形式（它与其他类型共同体的区别），目的（同样区别于其他类型的人们共同体），以及据此建立起人类集团此一形式的人的质料即个体的“性质”[③]。

照亚里士多德的说法，人类集团的另一些形式是家庭、村落，部落。这些集团在历史上和类型上都先于城邦，属于发展过

---

① 安德列耶夫，《早期希腊城邦》(Ю. В. Андреев, Раннегреческий полис)，列宁格勒，1976年；布拉瓦茨基，《古代的城市》В. Д. Блаватский, Античный горọд)，载《古代城市》(Автичный город)一书，莫斯科，1963；格鲁斯金娜，《从城邦危机问题看希腊古典时代城邦的特点》(Л. М. Глускина, О специфике греческого классического полиса в связи с проблемой его кризиса)，《古代史通报》，1973，第2期；库德里亚弗采夫，《公元二世纪巴尔干半岛的希腊人诸行省》(О. В. Кудрявцев, Эллинские провивции Балканского полуострова во втором веке н. э)，莫斯科，1954；马林诺维奇，《公元前四世纪的希腊雇佣兵与城邦危机》(Л. П. Маринович, Греческое наемничество 1 v в. до, н. э. и кризис полиса)，莫斯科，1975；乌特钦科，前引书；施塔耶尔曼，《古典所有制形式和古代城市的进化》(Е. М. Штаерман, Эволюция античной формы собственности и античного города)，《拜占庭学集刊》，第34辑，1973。

② 还见埃连伯尔格，前引书，页88；摩瑟，《雅典民主的终结：公元前四世纪希腊城邦衰落时期的社会和政治面貌》(Cl. Mosse, *La fin de la democratie athenienne. Aspects sociaux et politiques du declin de la cite grecque au lVe siecle avant J.C.*)，巴黎，1962，页23。在理论上，希腊人甚至容许城邦在“纯粹形式”上的存在，即只是作为公民集体，没有属于它的领土。诚然，实际上，这只是特殊情况。见维尔，前引书，页189，288，416。

③ 更详细的，可见多瓦图尔，《亚里士多德的政治学与政制》(А. И. Доватур, Политика и политии Аристотеля)，莫斯科—列宁格勒，1965，页7以下。

程的更早的阶段，而这一过程的最终结果，便是城邦的建立。

前几种形式存在的目的在于保证人类的生存(从最简单的几乎是纯粹肉体的意义上说的人)。而城邦(人们共同体的最高形式)的目的，则在于保证“最高的福利”，也就是创造“邦民”或(最高意义上的人)的生存条件和解放人们内在的潜在能力。

最后，城邦只能联合具有一定性质(其中基本的一条是自由)的人们。在这方面，自由被理解为与蛮族有别的希腊人本性所固有的一种特质。

古典作家的观点，比许多现代的定义正确。希腊作家是从这样一个决定性的前提出发的，即城邦首先是公民集体。现代著作中关于城邦是公民公社的定义①，是这种古代城邦概念的发展。但是，这又产生一个问题：公民公社的特点究竟如何？它与其他公社形式(氏族的、家庭的，地域的等等)的区别何在？

阐明古典公民公社藉以建立的所有制关系，有助于找到答案。无疑地，古典公民公社的特殊性取决于古典所有制形式的特殊性，后者的特点，马克思曾予以深刻揭示。其基本特点在于，它永远表现为对立的双重的形式：国家所有制与私人所有制：

> 在古代民族那里(罗马人是最典型的例子，表现的形式最纯粹，最突出)，存在着国家土地财产和私人土地财产相对立的形式，结果是后者以前者为媒介；或者说，国家土地

① 例如，见福夫尔的经典定义[Ch. Fauvre，《伊奥尼亚碑铭中的语汇与希罗多德使用的语言的比较》(*Thesaurus verborum quae in titulis Ionicis leguntur cum Herodoto sermone comparatus*)，柏林，1914，页335]：城邦这个词不总是指都城或城堡，而且还指共和国或公民集体，偶尔还指公民本身。

财产本身存在于这种双重的形式中。①

古典城邦的最基本的特点正应以此解释：政治集体与土地所有者集体相重合(原则上)、公民地位和土地所有权相互制约②，他把自己的私有财产看作就是土地，同时又看作就是他自己作为公社成员的身份；而保持他自己作为公社成员，也正等于保持公社的存在，反过来也一样，等等。③ 公民权和所有权的这种相互联系在整个公民集体对土地的最高所有权的原则上得到反映。没有公民权的所有居民集团，都排斥在土地所有权之外。同时，我们在许多城邦还发现了相反的依从关系：即丧失自身份地(由于这种或那种原因)，将导致丧失公民权(全部或部分地)④。此外，希腊的那种突出表现了政治权利(和军事义务)的多寡直接依从于份地的大小的政治制度，是众所周知的。例如，雅典的梭伦宪法和许多其他希腊城邦(曼提尼亚等)的宪法都带有这样的特点。⑤

集体的最高所有权不仅表现为处于公共(全城邦或其下属单位——部落、胞族、村社)领域内的一定的土地范畴的存在⑥，

① 《马克思恩格斯全集》，人民出版社，1979，第46卷(上)，页481。

② 埃连伯尔格，前引书，页28以下；维尔，前引书，页417。

③ 《马克思恩格斯全集》，前揭，第46卷(上)，页476。

④ 例如在斯巴达(埃连伯尔格，前引书，页28；其他例子，见维尔，前引书，页430以下)。

⑤ 乌特钦科，前引书，页12。

⑥ 安德列耶夫，《公元前五至三世纪阿提加的公共土地所有制》(В. Н-Андреев, Аттическое общественioе землевлавеиие V—IIIвв до н. э)，《古代史通报》，1967，第2期，页48—75；同文第二部分，《古代史通报》，1972，第4期，页7—18；格鲁斯金娜，《公元前四世纪雅典社会经济史诸问题》(Л. М. Глускина, Проблемы социалвно-экономической историй Афин lv в. до н. э.)，列宁格勒，1975，页19以下。

而且表现为城邦即所有者集体有权监督土地总量和干涉所有权关系①。

恰是由此种所有制关系决定的城邦的下一个最重要的特点，包含在所有者集体的政治组织的形式和发展趋势之中：

> 公社（作为国家），一方面是这些自由的和平等的私有者间的相互关系，是他们对抗外界的联合；同时也是他们的保障。②

所有权与公民地位的相互制约，社会的和政治的结构在原则上的重合，使得同一城邦公民在观念上是政治生活的平等参加者，主权属于全权公民的公民大会，他们又是土地所有者。希腊世界的发展，一般趋向于民主方面，正是与此相联系的③。也正是由于城邦的这一特点，在其发展过程中（例如，在雅典，从梭伦改革起）达到了废除债务奴隶制④。

最后，还必须指出公民公社的一个特点，城邦的政治组织和军事组织的（或多或少地完全的）重合。马克思在确定古代公社

---

① 科洛鲍娃赋予这一情况以特殊的意义。她指出，使城邦区别公社的其他形式的公社—国家所有制，首先表现为“公民集体对其成员的私有财产的监督”（阿甫基耶夫和皮库斯主编的《古代希腊史》（История древкей Греций, под ред. В. И. Авдиева иН. Н. Пикуса，莫斯科，1962，页 151）。安德列耶夫同意科洛鲍娃的意见（见《斯巴达是城邦的一种类型》，《列宁格勒大学学报》，1973，第 8 期，页 50）。斯巴达方面的例子见奥利瓦，《斯巴达及其社会问题》（P. Oliva, *Sparta and Her Social Problems*），布拉格，1971。

② 《马克思恩格斯全集》，前揭，第 46 卷（上），页 476。

③ 埃连伯尔格，前引书，页 51，维尔，前引书，页 422。

④ 西绍娃，《债务奴隶制》（И. А. Шишова, долговое рабство），载《古希腊罗马周边地区的奴隶制》（《Рабство на периферий античного мира》）一书，列宁格勒，1968，页 24—48。

的特征时，特别注意其军事组织的性质。

> 一个共同体所遭遇的困难，只能是由其他共同体引起的，后者或是先已占领了土地，或是到这个共同体已占领的土地上来骚扰。因此，战争就或是为了占领生存的客观条件，或是为了保护并永久保持这种占领所要求的巨大的共同任务，巨大的共同工作。因此，这种由家庭组成的公社首先是按军事方式组织起来的，是军事组织或军队组织，而这是公社以所有者的资格而存在的条件之一。①

军事组织作为财产从而作为公社本身存在的保障这一特征，不仅决定了军事上的公民兵制同作为城邦的政治组织基础的公民大会之间的联系，而且在原则上决定了二者的一致性。公民——所有者同时既是保证城邦财产因而又是保证自己私有财产不可侵犯性的战士。②

当马克思确定那产生古典公民公社的特殊性的古典所有制形式的实质及其与其他公社类型的区别时，他首先注意到土地所有制③。马克思把土地所有制这样划分出来，正是因为他注意到了古代社会的经济发展水平。

城邦的经济，基本上是以农业经济为基础的④，农业是公

---

① 《马克思恩格斯全集》，前揭，第 46 卷(上)，页 475。

② 马林诺维奇，前引书，页 267，埃连伯尔格，前引书，页 80。

③ 例如，见《马克思恩格斯全集》，第 46 卷(上)，页 481。

④ 布拉瓦茨基，前引文，页 9；加西亚—伊—别里依多，《古代地中海地区城市化的社会问题》(Гарсиа-и-Бельидо，Социалныые проблемы урбанистики в античном Средиземноморье)，莫斯科，1972，页 2；波尔开斯台因，《希腊黄金时代的经济生活》(H. Bolkestein，*Economic Life in Greece's Golden Age*)，莱顿，1958，页 17；摩瑟，前引书，页 39。

民的主要经营部门①。正因为如此，在古代城邦中没有“城市与农村”之间的对立②。马克思指出，“在古代世界城市连同属于它的土地是一个经济整体”③。城邦的自给自足倾向正是由此决定的，这种倾向又成为古代经济观点的基础④。自给自足还是自由的经济基础。不论是单独的个人或是城邦，如果他们的生存资料是依赖于别的什么人，那么他们是不会感到自己是完全自由的。对于个人来说，自给自足乃是以自己的独立经济为生的小农所有者的理想，是适合于个体的。对于城邦整体而言，自给自足则基本上是各个家庭经济自给自足的总和⑤。经济上的自给自足是以密切的方式同城邦的政治制度相联系的(力求整个城邦的政治独立性及其各个邦民的平等)。

然而，手工业的发展被置于一定的范围。按照城邦的观念，手工业只应发展到能够满足公民的现时需要的程度。马克思是这样判断城邦的经济基础的：

---

① 根据一些研究者的统计，甚至就在伯罗奔尼撒战争刚刚结束之后，在 30000 名雅典公民中，没有份地者只有 5000 名[例如，见摩瑟，《衰亡中的雅典，公元前 404—88 年》(Mosse, *Athenes in Decline, 404—88B. C.*)，伦敦—波士顿，1973，页 16]。

② 哈蒙德，《古代世界的城市》(M. Hammond, *The City in the Ancient World*)剑桥，1972，第 174 卷；汉弗莱，《古代希腊的城镇与乡村》(S. C. Humphrey, Town and Country in Ancient Greece)，载乌科，特林哈姆，布尔比编《人、乡村、都市(在伦敦大学考古研究所举行的关于考古学及有关学科研究班会议记录)》(*Man, Settlement and Urbanism*. Ed. by P. J. Ucko, R. Tringham, G. W. Dimbleby, *Proceedings of a Meeting of Research Seminar in Arehaeology and Related Subjects Held at the Institute of Archaeoloy. London University*)，达克沃思出版社，1972，页 766。

③ 《马克思恩格斯全集》，第 46 卷(上)，页 481。

④ 施塔耶尔曼，前引文，页 5。

⑤ 维尔，前引书，页 632 以下。

为直接消费而从事劳动的小农业；作为妻女家庭副业的那种工业（纺和织），或仅在个别生产部门才得到独立发展的工业（fabri〔古罗马的匠人〕等等）。①

那种明显地表现出来的公社在经济上和社会上的简单再生产的倾向，原因也在于城邦的公社结构。为了获得生活资料，

个人被置于这样一种谋生的条件下，其目的不是发财致富，而是自给自足，把自己作为公社成员再生产出来，作为小块土地的所有者再生产出来，并以此资格作为公社的成员再生产出来。②

这一观察不仅适用于集体的个别成员，而且适用于整个城邦集体：

所有这些共同体的目的就是把形成共同体的个人作为所有者加以保存，即再生产出来，也就是说，在这样一种客观存在方式中把他们再生产出来，这种客观存在方式既形成公社成员之间的关系，同时又因而形成公社本身。③

马克思特别谈到公社的简单再生产得以进行的条件：

这种共同体继续存在下去的前提，是组成共同体的那些自由而自给自足的农民之间保持平等，以及作为他们财

① 《马克思恩格斯全集》，第46卷（上），页476。
② 同上，页477。
③ 同上，页493。

产继续存在的条件的本人劳动。①

城邦，作为公社组织的一种类型，只能存在于（正是作为城邦）一个不太大的公民集体和地域范围之内。柏拉图在《法义》篇中指出，他的理想城邦应包含 5040 名全权公民（Legg，737e；745C）。亚里士多德在分析城邦规模时，于《政治学》中得出结论说，无论是城邦的居民还是它的领土都应是“一目了然”的。维尔指出，较小的规模也属于城邦的实质性特征之列，因为城邦只能有“直接民主”。② 我们认为这是正确的。因为，公民大会的主权原则是城邦政治组织的基础③。

城邦所规定的价值体系是公社关系的反映和它们的独特的调节器。它具有一系列特征。其中之一是这样一种观念，即认为从事农业，以自身劳动耕种自己的土地是最高的价值，是公民的基本的美德。④ 古代人一致认为农业是自由民的本业，是训练士兵的学校。⑤ 有时，这种思想获得更加实际的和政治上的体现。在某些城邦中（例如彼奥提亚的），

① 《马克思恩格斯全集》，第 46 卷（上），页 476。

② 维尔，前引书，页 423 以下。相同观点见芬利，《古代与现代的民主》（M. I. Finley, *Democracy Ancient and Modern*），伦敦，1973，页 17 以下。

③ 大概，在古代世界明显地表现出来的严格限制公民数量的倾向，其原因就在于此。城邦居民的增长，是必须为之斗争的明显的不可容许的现象。正是由于这样一些考虑而产生了一些很严厉的法律，例如伯里克勒斯的法律（普鲁塔克，《伯里克勒斯传》，37），规定，任何人，只有双亲皆为公民者，才能取得雅典的公民权。见乌特钦科，前引书，页 9；埃连伯尔格，前引书，页 28 以下；维尔，前引书，页 421。

④ 芬利，《古代经济》（M. I. F. Finley, Ancient Economy），亚克利—洛杉矶，1973，页 122；伯福德，《希腊和罗马社会中的工匠》（A. Burford, Craftsmen in Greek and Roman Society），伊萨卡，1972，页 29，维尔，前引书，页 632 以下。

⑤ 《马克思恩格斯全集》，第 46 卷（上），页 478。

只有土地所有者才有完全的公民权,而从事四年以上的手工业劳动的人,则丧失这种权利。① 当时完全公民权与拥有份地直接相联系的其他例子(包括在雅典历史上),还可以举出一些来。②

按马克思的话说,对土地的关系是以"素朴天真"③为特征的。土地因此被看成是"神圣的前景"。因为占有土地而获得财富被认为是得自神授的财富。④ 个体家庭经济的自给自足思想因此也表现为每个公民获得份地的意向都是全然不可遏止的,甚至以从事手工业、商业和高利贷来筹集田款。⑤ 占有份地,是社会威望的最重要的条件。⑥

最后,按这种价值体系,耕种土地不应是营利的来源,而只应是为了满足生活需要:"在古代人那里,财富不表现为生产的目的。"⑦ 对古希腊人而言,务农,这并不是一项为了交换和商业而生产商品的职业。⑧ 务农,这是最充分地符合自然、最充分地符合控制世界的那种普遍和谐的生活方式。⑨

由于所有这些,城邦的意识形态是很有传统的,它反映出公社的经济趋向恰是简单再生产。经常把"祖风"、祖先的制度当作政治论争中的最高论据来对待,就是由此而来。

最后,还需要谈一个与确定城邦实质有联系的问题。在一

---

① 维尔,前引书,页633。
② 波尔开斯台因,前引书,页17。
③ 《马克思恩格斯全集》,第46卷(上),页472。
④ 维尔,前引书,页647。
⑤ 伯福德,前引书,第30卷;哈蒙德,前引书,页181。
⑥ 摩瑟,《雅典民主的终结》,页66。
⑦ 《马克思恩格斯全集》,第46卷(上),页485。
⑧ 弗伦奇,《雅典经济的发展》(A. French, *The Growth of the Athenian Economy*),伦敦,1964,页10。
⑨ 维尔,前引书,页646以下。

些不久前的著作中,[1] 明显地表达了一种认为对城邦的通常理解不完全正确的思想。按这种观点,城邦作为公民集体,仅仅包括居于其领土之上的一部分居民。除了自身的公民外,还有外邦人和奴隶。由此而得出结论:城邦作为公民集体,这仅仅是一种政治结构。同时,城邦作为不仅包括公民而且包括居于其领土上的所有其他居民的组织,乃是一种社会经济结构。我们认为这种对立起来的看法是不完全正确的。首先,城邦即使从“狭义”看也不仅仅是政治体系,而且也是社会经济体系,因此,把这两种体系对立起来是不对的。在我们看来,可以说两种社会经济体系(城邦本身和“广义”的城邦)相互联系,相互依存,在统一的政治体系的范围内发挥职能。

但是,这一问题应从更广阔的前后关系中来考察。这种处理方式的必要性,是由城邦的,也是使其有别于其他公社结构的一个特点造成的。城邦不仅是存在于阶级社会条件下的公社,城邦乃是统治阶级的组织形式。马克思和恩格斯把这一特点列入城邦的本质特征,并且是同古典所有制密切联系在一起提出的:

> 第二种所有制形式是古代公社所有制和国家所有制。……除公社所有制以外,动产的私有制以及后来不动产的私有制已经开始发展起来,但它们是作为一种反常的、从属于公社所有制的形式发展起来的。公民仅仅共同占有自己的那些做工的奴隶,因此就被公社所有制的形式联系

---

① 维尔,前引书,第432卷;佩奇尔卡,《公元前四世纪雅典城邦危机》(J. Pecirka, The Crisis of the Athenian Polis in the Fourth Century B. C.),载《第十四届国际史学代表会议文件汇编》(*XIV International Congress of Historical Sciences*),旧金山,1975,页1。

在一起。这是积极公民的一种共同私有制,他们在奴隶面前不得不保存这种自发产生的联合形式。①

由此可见,马克思和恩格斯把城邦理解为存在于阶级社会条件下的公社结构。正因为如此,在我们的论述中,城邦不仅应"静态地"看(像我们以往在确定其最明显的特征时所做的那样),而且要从社会发展的动态观点看。这样看问题,就必然会出现很多违反上述那种"理想模式"的东西。我们认为,这是由于古希腊城邦的产生在时间上和阶段上正好与阶级社会和国家以及它们的自然产物——城市的产生相巧合:

> 城乡之间的对立是随着野蛮向文明的过渡、部落制度向国家的过渡、地方局限性向民族的过渡而开始的,它贯穿着全部文明的历史并一直延续到现在……②

正因为如此,才产生了城邦与城市这两个概念的相互关系问题。应该指出,在一些外国的著作中(即使以非常简单的形式),我们也经常碰到关于城邦(以 city 或 cite 一词来描述)和城市 (town,ville)二者不相符合的观点。③

那么,城市究竟是什么呢?

---

① 《马克思恩格斯全集》,人民出版社,1960,第 3 卷,页 25—26。

② 同上,页 57。

③ 埃马尔,《古典时代的希腊城邦:它们的政治和司法制度》[(A. Aymard, *Les cites grecques a I epoque Classique. Leurs inst tutions politigues et iudicaires*),载《城市》,第一部分,"行政和司法制度"(La ville. Partie I. Institutions administratives et judicaires),布鲁塞尔,1954(《让·博丹协会集刊》,第六辑(Recueil de la Societe Jean Bodin, vt)],页 50;海希尔海姆,《古代经济史》,第 1 卷(F. Heichelheim, *An Ancient Economic History*, vol. I),莱顿,1958,页 492。

回答这个问题并不简单。可以援引一下美国社会学家汤林森不久前的著作。①

他在其专著的第三章，研究了现有城市本质的定义。汤林森指出了这些定义的全部 15 个类型。这些类型是由他在学者们所使用的那些标准的基础上加以归纳的。我们试举出这类标准的几例：1. 城市被确定为比乡村拥有更多人口的居民地；2. 城市以居民的密度比较高区别于乡村；3. 城市的主要职能是分配；4. 城市是交通中心；5. 城市是消费中心，② 等等。

汤林森在指出所有这些标准都不能令人满意的同时，倾向于这样一种定义，其核心是作为工业活动的中心的城市与从事农业生产的农村的对立。我们在研究城市史的其他一些外国专家那里也遇到相近的观点。例如，肖伯尔格也认定城市（以之与农村对照）是各种"非农业"专业人员的"避难所"，③ 尽管他未象汤林森那样强调工业活动。

实际上，汤林森遵循着由马克思主义经典作家提出的把城市特征理解为特殊的社会机构的观点，这种观点认为城市的形成是社会劳动分工过程的结果，特别是农业和手工业之间的劳动分工的结果。④ 城市（由于这一过程发展的结果）成了一种把大部分工业（在其最早的历史形式上，手工业的形式上）集中于

---

① 汤林森，《都市结构：城市的社会和空间特征》(R. Thomlinson, *Urban Structure. The Social and Spatial Character of Cities*)，纽约，1965。

② 这一由韦伯所发挥的观点，如今很广泛地流行于西方研究古代社会的学者之间。例如，见波尔开斯台因，前引书，页 40；芬利，《古代经济》，页 125。

③ 肖伯尔格，《城市的起源与进化》(G. Sjoberg, The Origin and Evolution of Cities)，载《城市：它们的起源、发展以及人类的影响》由戴维斯作序(*Cities: their origin, growth and human impact*, With introd. by K. Davies)，旧金山，1973，页 19—20。

④ 《马克思恩格斯全集》，人民出版社，1965，第 21 卷，页 189。

己手的社会组织。①

城乡对立的产生有其自然的结果，即他们之间的交换，而城市也就成了交换的中心。城市的这一作用是如此重大，以致一些学者总是认定城市首先正是交换的中心。但是，这一现象是派生的，它是由于手工业发展的事实而产生的。然而，城市作为交换中心的作用，是其最重要的作用之一。马克思主义经典作家指出，在社会发展的这一阶段，当农业与手工业之间的进一步的劳动分工产生时，从而日益增长的一部分劳动产品直接为交换而生产，则个别生产者之间的交换本身就变成社会的迫切需要。② 在不同的具体历史条件下，过程本身可能带有取决于市场或者其他关系的不同特点——自然的或商品货币的。但是交换的产生以及它变为“社会的迫切需要”这本身就成了瓦解自然经济，加深专业化，在越来越大的程度上把商品因素引进传统经济关系的强大的发展动力。加工工业与采掘工业分离开来，他们各自再分为一些细小的部门，各个部门生产商品形式的特种产品，并同其他一切生产部门进行交换。这样，商品经济的发展使各个独立的工业部门的数量增加了；这种发展的趋势是：不仅把每一种产品的生产，甚至把产品的每一部分的生产都变成专门的工业部门……③社会生产结构复杂化及其各部门之间联系体系的复杂化这一过程的自然结果，便是市场的产生④ 和以从

---

① 萨伊科，《作为生产中心的城市的形成》（Э. В. Сайко, Становление города как производственного центра），杜尚别，1973，页 17；蒂里，《有关城市现象的理论。批评性的分析和关于一种社会学理论的材料》（J. P. Thiry, *Theories sur le phenomene urbain. Analyse critique et materiaux pour une theorie sociologique*），布鲁塞尔，1973，页 35。

② 《马克思恩格斯全集》，前揭，第 21 卷，页 189。

③ 《列宁全集》，人民出版社，1960，第 3 卷，页 17。

④ 同上。

事交易为业并且剥削直接生产者的专门的商人阶级的形成。[①] 在此阶段，社会结构已经可以从乡村——城市的双重观点加以看待了，并且“城乡之间的对立只有在私有制的范围内才能存在”。[②]

由此可见，城市作为一种特殊的社会机构，必须从下列相互联系的诸现象的前后关系中来观察：1. 农业与工业（在社会发展的这一阶段上，表现为它的第一个历史形态——手工业）之间的劳动分工；2. 工业生产领域自身内部专业化的加深；3. 获得了市场存在形式的发达的交换；4. 专门的商人阶级的存在；5. 私有制的存在。

当然，我们不能奢望在本文范围内提供古代希腊城市史的多少全面的论述。我们的任务要单纯得多，即试图借助于一些例证描述这一进程，指出它的某些一般的发展趋势。

早在古朴时代，这个进程已经很清楚地在希腊境内显露出来，主要表现是所谓“希腊大移民”。现在我们暂且不涉及它的原因问题[③]，我们只涉及这一过程对希腊经济发展的影响问题。

---

① 《马克思恩格斯全集》，第 21 卷，页 189；《列宁全集》，页 296。

② 《马克思恩格斯全集》，第 3 卷，页 57。

③ 仅仅指出，根据当前的知识，我们认为，殖民的原因不仅是土地缺乏，而且也有对金属的需要[芬利，《早期希腊：青铜时代和古朴时代》（M. I. Finley, *Early Greece: The Bronze and Archaic Ages*），伦敦，1970，页 97；斯塔尔，前引书，页 62—63]。第二，我们应该经常记住早期交换形式的特殊性。把在殖民时代之前和殖民时代的交换看成是以输出希腊的工业产品为目的的商业这样一种概念，在我们看来，是错误的。当时的交换，按其特点说，很接近于原始社会的交换。原始社会交换的产生，不是由于商品生产的发展或者剩余产品的存在，而是由于散居在广阔地域中的各个公社的生活需要。这些公社在移民进程中开拓了在不同程度上有利于其闭塞经济体系的地区[马松，《古代社会的经济与社会制度（根据考古资料）》（B. M. Массон, Экономика и социальный строй древних обществ Св свете данных археологии），列宁格勒，1976，页 78—80]。关于希腊资源的缺乏（缺乏肥沃土壤，水、矿藏，见埃连伯尔格，前引书，页 3—7；维尔，前引书，页 632；波尔开斯台因，前引书页 2 以下）。关于全部问题的更详细的论述，见布拉瓦茨基、科谢连科、克鲁格利科娃，《希腊人的城邦与移民》 （转下页）

在古朴时代，希腊移民的主流是与在地中海和黑海沿岸建立新的城邦相联系的。希腊的移民区基本上是以城邦形式建立的。正因为如此，它们的发展方向便受制于城邦经济的基本特点，即力图建立自给自足的经济机体。在当时情况下，这首先意味着占有和开垦农业地区。农业成为多数新建城邦的主要经济部门。

但是，向自给自足经济方向的发展并不意味着中断同母邦的联系（其中包括经济联系），也不意味着缺少同土著居民的联系。自给自足是城邦的理想，在多数情况下是做不到的。就中，多数城邦需要金属。连许多在西部地中海的城邦也没有自己的金属资源，这就迫使他们发展联系（其中也包括商业联系），借以满足自己这方面的需要。例如西西里诸城邦的情况，因为岛上金属矿藏贫乏，就是如此。① 最后，希腊本部既需要谷物，也需要金属。所有这些情况对于“周边”城邦转变为完全闭锁的经济体系，构成了重大的障碍。

在阐明母邦与移民区之间经济上相互关系的特点方面，必须注意到一个基本的区别。在古代社会商品交换的过程中区分出两种商品范畴：“生活必需”商品和“满足文化需求”的商品。②

（上接注④）（В. Д. Блаватский, Г. А. Кошеленко, И. Т. Кругликова, Полис и миграция греков），载《黑海北部与东部沿岸地区的希腊人殖民诸问题：关于黑海沿岸地区古代历史的第一次全苏学术讨论会的材料》（Проблемы греческой колонизации Севернoто и Восточного Причерноморья. Материалы I Всесоюзнoто Симпозиума по древней истории Причерноморья），第比利斯，1979，页 7—29。

① 芬利，《阿拉伯人征服前的西西里史》（M. I. Finley, *A History of Sicily to the Arab Conquest*），伦敦，1968，页 17。

② 维尔，《古朴时代的希腊》（E. Will, La Grece archaique），载《第二次国际经济讨论会（1962 年在埃克斯举行）文件汇编》，第 1 卷，《古代世界的贸易和政治》（*Deuxieme conference internationale d'histoire economique*, Aix-en-Provence, 1962, vol. I, *Trade and Politics in the Ancient World*），巴黎—海牙，（转下页）

移民区经济发展的特点在于:“生活必需品”,他们与母邦相比,主要是靠自给或通过同其他社会的交换来满足。他们通常拥有广阔肥沃的农业地区,来满足对食品的需要,同时他们往往比希腊本部更靠近金属资源。正是这一情况决定了移民区世界同母邦世界之间经济联系的特征。希腊在很大程度上应是靠同周边城邦的交换来满足自己对生活必需品的需求。粮食、金属、一部分木材,正是从那里输入各希腊城邦的,最发达的城邦对这些商品的需求量尤大。

正因为如此,周边城邦世界的建立,对希腊的经济发生了巨大的影响。它应当把“满足文化需求的”商品输入移民区以交换“生活必需的”商品。正是这一点导致希腊经济的改造,导致在最发达的希腊城邦的农业和手工业中商品化方向的产生。由希腊输往移民区的首先是高级的酒,橄榄油和带有特色的手工产品。① 首先,我们要指出,从公元前 7 世纪末或至少从公元前 6 世纪初起,在希腊最重要的经济中心的手工业生产中发生了决定性的转变,正是在这一时期,发展起成批产品的生产(首先是

(上接注②)1965,页 49;同一作者,《大希腊,贸易中心:方法论方面的考虑》(La Grand Grece, milieu d'échange. Reflexions methodologiques),载《大希腊的经济与社会》(1972 年 10 月 8—14 日在塔兰托举行的第十二届研究大希腊的学术讨论会的文件)(*Economie e Societa nella Magna Grecia*, Atti del dodecesimo Convegno di Studi sulla Magna Grecia, Taranto, 8—14 Ottobre, 1972),那不勒斯,1975,页 21—97。

① 戴维森和哈珀,《欧洲经济史》,第 1 卷,《古代世界》(*European Economic History*, vol. I *The Ancient World*. By W. I. Davison and J. E. Harper),纽约,1972;维尔,《古朴时代的希腊》,前揭,页 70—78。列别克对该文的评论,载同一论文集,页 101—105;贝利,《阿提卡黑画器皿的输出》(B. L. Bailey, The Exportation of Attic black-figure Ware),载《希腊研究》,第 60 卷,1940;斯塔尔,前引书,页 76—78。

陶器)，这是为市场需要而不是为定货的生产发展的一个标志。①

同样有意义的是，正是在“大殖民”时代完成了主要的技术上的和工艺上的发明和发现，它决定了古希腊许多世纪中(几乎到古典时代末)手工业生产的发展水平。②

我们认为，本文可以采用一个主要资料，即阿里斯托芬的喜剧作为例证，用来说明古典时代希腊我们所研究的那种发展倾向。它们的意义在于，作者提供了公元前 5 世纪末到 4 世纪初雅典生活的鲜明而丰富的图画。③ 在现代文献中也正是根据这一资料做出了关于古典时代雅典社会性质的最重要的结论。就中，埃连伯尔格证明，④ 长期流行的把雅典公民视为依靠履行

---

① 海希尔海姆，前引书。厄尔布发挥了近似的观点[厄尔布，《希腊古代思想中的经济与社会，经济史与社会史研究》(O. Erb, *Wirtschaft und Gesellschaft in Denken der Hellenischen Antike, Studien zur Wirtschaft geschichte und Gesellschaftgeschichte*)，巴莱，1938 年]这种观念遭到了瓦莱和维拉尔的批评[瓦莱，维拉尔，《希腊陶器和经济史》(G. Vallet, F. Villard, Ceramique grecque et histoire economique)，载《考古研究论文集：在库本领导下发表》(*Etudes archeologiques. Recueil de travaux. Publies sous la direction de P. Courbin*)，巴黎，1963，页 213]，他们认为，海希尔海姆的论题是不是正确的。因为，这时未发现生产技术上的任何变化，不论是陶器的数量还是质量，都不能成为存在大批生产(Masseproduktion，海希尔海姆的术语)的可靠证明。但是专门研究过科林斯陶器生产的维尔(在其研究基础上得出了所有这些结论)，对海希尔海姆的论题的批评比较温和[维尔，《考古学和经济史，问题和方法：几个特殊例子的研究》(E. Will, Archéologie et histoire economique. Problemes et methodes. Etudes de quelques cas particuliers)，载《古典时代考古学研究，第 1 辑(1955—1956)》(*Etudes d'archeologie classique* I, 1955—1956)巴黎，1958，页 155]。他指出，在生产技术上确实未发生变化，他特别强调缺乏劳动分工的进步。但无疑的是，对某些种类陶器的需求不断增长，因而开始大批地生产它们，而不顾质量。维尔的最后结论是，在这里可以说成批地生产陶器。

② 波尔开斯台因，前引书，页 46；斯塔尔，前引书，页 82。

③ 关于阿里斯托芬的喜剧对于说明雅典的经济生活的意义，见摩瑟，《雅典民主的终结》，页 73。

④ 埃连伯尔格，《阿里斯托芬笔下的民众：古阿提卡喜剧中的社会学》(V. Ehrenberg, *The People of Aristophanes. A Sociology of Old Attic Comedy*)，剑桥，马萨诸塞，1951，页 392。还可见琼斯，《雅典民主》(A. H. M. Jones, *Athenian Democracy*)，牛津，1957。

公民义务而获得的财富为生的“食利者”的概念，是不对的。他证明，雅典公民福利的基础是从事农业、手工业或者商业，而国家的津贴只不过是“外快”，虽然是符合愿望的，但绝非生活资料的主要来源。

诚然，上面所说并不表明阿里斯托芬的喜剧可以完全说明这个复杂的问题。它在这里只是被用来说明雅典社会发展的某些倾向的一个鲜明的例证。

阿里斯托芬的喜剧首先反映了当时雅典社会关于城邦居民职业划分的最基本原则的观念。就中，在喜剧《财神》中，这种职业结构具体表现为：农人、商人、手工业者(903—905)。现在我们不谈农业中的劳动分工问题，我们只指出，阿里斯托芬喜剧提供了在雅典手工业者领域中存在的各种行业的长长的足够典型的清单：石匠(《鸟》,1134)；伐木工(《和平》,747)；制砖工(《财神》,514)；铁匠(《财神》,163,513；《鸟》,490；《和平》—第五场中的一个登场人物)；造船工(《财神》,513)；靴匠(《财神》,162,514；《公民妇女大会》,385；《骑士》)765；《吕西斯特剌塔》,414)；擀呢工(《财神》,166；《公民妇女大会》,415)；面包师(《和平》,14)；干酪工(《骑士》,870)；熟皮工(《公民妇女大会》,420；《骑士》, 765)；鞣革匠(《财神》,167)；梳毛工(《财神》, 165)；珠宝匠(《财神》,164；《吕西斯特剌塔》,408)；陶工(《鸟》,490；《和平》——第五场中的一个登场人物)；织工(《鸟》,490)，磨面工(《云》,1358)；皮匠 (《鸟),490；《骑士》,765,870；《财神》,514)；织地毯工(《财神》,528)。在阿里斯托芬喜剧所提供的职业清单中，出场的还有几类做粗活的壮工，并且他们中的一些行业也是很专业化的。例如，在《鸟》中，就出现了运砖工(1134)。

某些职业的分化是很有意义的，它可以认为是专业化程度进一步加深从而也是劳动分工的发展达到较高水平的证明。例如，其中除有一般的细木工(《财神》,163)而外，还出现了专门制造车轮(《财神》,513)、床的匠师(《财神》,527)；除织工而外，还有专门从事染色的人(同上，530)。与陶器匠人同时还有只制造灯具的专门匠人(《云》，1065;《骑士》,765;《和平》,690)。同铁匠一起，还提到以个别种类金属品加工为业的专门人员。例如，阿里斯托芬提到制造各种农具的工匠，其中有专门制造犁的(《和平》,548)，还有单制造锄头的(同上，547)。除一般武器匠(《和平》,547)之外，还出现了专门制造标枪(《和平》,447,557)、剑(《鸟》,440)的工匠，最后甚至提到专门制造头盔缨饰的人(《和平》——第五场剧情的一个参与者)。

这个职业清单无疑是很不完全的，普鲁塔克在《伯里克勒斯传》(12)中提到过一系列其他职业。此外，在某些一般概念下面还包藏着一些不同职业的代表。例如，在陶器作坊中通常有着若干人劳动，他们各持职守；制备陶土自不用说，我们要指出，制陶过程分为成型、彩绘、烧制三个工序，分别由不同的工人完成。此外，很可能，个别作坊专门生产个别种类的陶器、照某些研究者的意见，在希腊表示陶器生产方面各种职业的大量术语的存在，是与此相关的。①

在阿里斯托芬所列举的手工业者中间，没有一个与矿业有关，尽管这在阿提卡是最重要的经济部门之一(劳里昂矿)。②

---

① 布卢姆讷，《工艺学及手艺和艺术的术语》(H. Blumner, *Technologie und Terminologie der Gewarbe und Kunst*)，第2卷，1889，页33。

② 阿尔载利翁，《古代的劳里昂矿》(E. Ardailion, *Les mines du Laurion dans l'Antiquite*)，巴黎，1897；霍珀，《公元前四世纪阿提卡的银矿》(R. I. Hopper, The Attic Silver Mines in the Fourth Century B. C.)，载《雅典英国考古研究所年刊》，第48卷，1953，页200—254。

但是矿石开采和加工，以及冶炼需要各种专业的工人。直接在矿井工作的有采矿工和运输工（在一个中等规模的矿井中，前者十人，后者十人，还有二十名辅助工。① 此外，这里还应有可以说是技术业务方面的人员：矿山测量员和地质学家。在地面作坊中，要对矿石进行加工和选洗。据劳费统计，② 在中等规模的这种作坊中干活的有三十三人，分别完成三个不同的工序（碎矿，碾矿，洗矿），这从表示前两个工序的劳动者的术语中得到证明。此外，还有表示这些工作的领导者的术语。最后在熔炉作坊（不仅提炼银而且提炼包括铅在内的其他金属）中工作的有同样是属于若干专业的八到二十人。③

在阿里斯托芬所提供的职业清单中，很概括地表示了与建筑业有关的职业、尽管碑铭资料（例如与营建埃列赫特伊昂有关的）指出了被完成的工作以及个别的职业的很大的不同。④ 同样地，尽管只是在金匠中就不少于四个专业，但阿里斯托芬只提到了珠宝匠。⑤ 我们也要指出，阿里斯托芬几乎没有提到与海洋有关的职业。他提及海洋的时候很少，但往往情绪激动地加以渲染，而且他本人的态度也在变化。在喜剧《和平》中，这种提法具有否定的色彩，⑥ 而在《阿卡奈人》中则是肯定的。⑦ 在雅

---

① 劳费，《劳里昂的矿山奴隶》(S. Lauffer, *Die Bergwerkslaven von Laureion*)，第1—2卷，威斯巴登，1955—1956，第1卷，页48。

② 同上，页47。

③ 同上，页47—38。

④ 兰德尔，《埃列赫特伊昂的工人》(R. Randal, The Erectheum Workmen)，《美国考古学杂志》，第57卷，第3期，1953，页199—210；格鲁斯金娜，《公元前四世纪雅典社会经济史诸问题》，页47以下。

⑤ 福布斯，《古代工艺学研究》(R. J. Forbes, *Studies in Anciet Technology*)，第8卷，莱顿，1964，页180。

⑥ “下海去吗？穷人是愿意的。而富人和农夫则不愿意”(第197—198行)。

⑦ “须知，雅典的堡垒，船工们将会呻吟”(第162行)。

典的生活中海洋起着巨大的作用，因而在此自然没有必要列举所有那些与船舶建造和服役有关的职业，① 以及服务于大海港的数量众多的职业。②

很难提出某种哪怕是稍微完整一点的希腊诸城市手工业居民的人数。在这个问题上，只有主要是与雅典有关的一些个别证据，它不能使我们得到全面的资料。据一些研究者的统计，这时期在阿提卡约有400名陶工同时工作。③

一个极重要的情况是，公元前5世纪在雅典的陶器生产中发生了一定的集中。在一些作坊中有约20名彩绘师工作（以及相应数目的其他人员）。这一过程也引起了陶炉结构的改变。如果说公元前6世纪，陶炉是圆形的（直径1.2—1.5米），那么，公元前5世纪则改成底面为直角的（长4.5米）。④ 这类变化显然证明了增加产品量的企图，同时也证明了在个别作坊范围内劳动分工程度的增长。

据劳费统计，⑤ 在劳里昂（当这里的产银量最盛期）劳动的奴

---

① 阿米特，《雅典和海：雅典海军研究》(M. Amit, *Athenes and the Sea. A Study in Athenian Sea-Power*)，布鲁塞尔—贝尔赫姆，1965，页17；乔丹，《古典时期的雅典海军：公元前五—四世纪雅典海军的管理和军事组织的研究》(B. Jordan, *The Athenian Navy in the Classical Period. A Study of Athenian Naval Administration and Military Organization in the Fifth and Fourth Centuries B. C.*)，伯克利—洛杉矶—伦敦，1975。

② 维利萨罗普洛斯，《商场的世界，古代历史对话，之三》(J. VelissaroPoulos, *Le monde de 1. emPorion, Dialogues d'histoire ancienne*, 3)，巴黎，1977，页61—85。

③ 库克，《制陶业对希腊商业的意义》(R. M. Cook, Die Bedeutung der bewalten Keramik für den Griechischen Handel)，《德国考古研究所年刊》，第74卷，1959，页114—123。

④ 贝利，前引文，页60—70；瓦莱、维拉尔，前引文，页211。

⑤ 劳费，前引书，第1卷，页161；还可见格鲁斯金娜，《公元前四世纪雅典社会经济史诸问题》，页144—168。

隶,只有 20000—30000 人。但这里还有一定数量的自由劳动者。

在这篇文章中,我们决不想提出此时存在于雅典的各项职业的完整清单,并且弄清它们在雅典社会生活中所起的作用。我们的任务简单得很,即是借助于这些材料表明在古典时代的雅典劳动分工曾经达到足够高的水平。可以设想,所引用的资料(尽管很不完整)是很有意义的。它不仅证明了手工业与农业的分工,而且证明了手工业活动本身的进展深远的专业化。

与生产领域的这种高水平的劳动分工相适应,则有交换领域的很高水平的劳动分工。① 阿里斯托芬所提到的大量商人职业,肯定表明当时雅典的商业具有专业化的特点。人们知道的有:面包女贩(《马蜂》——第三场中的一个登场人物);蜂蜜女贩(《骑士》,870);旧货女贩(《公民妇女大会》,49);蔬菜贩(《财神》,167;《地母节妇女》,387;《马蜂》,498);鱼贩(同上,497);香料贩(《骑士》,1141);武器商(《和平》,1208)和单独出来的贩卖盾牌的人(《和平》,447),最后,还有奴隶贩子(《财神》,521)。此外,还笼统地提到市场商人(《财神》,427;《蛙》,858);酒店老板和酒店老板娘(《财神》,426;《蛙》,549;《地母节妇女》,347)。最后,还需要把金钱兑换商归入此类(《地母节妇女》,840)。②

---

① 详见西绍娃,《古希腊商业中的 ΕΜΠΟΡΟ(商人)Ɛ 和 ΚΑΠΗΛΟƐ(小贩)》(И. А. Шишова, ΕΜΠΟΡΟƐ и ΚΑΠΗΛΟƐ В древнегреческой торговле),载《古代世界社会经济史诸问题》,丘梅涅夫院士纪念文集(Провблемы социально-экономической истории древнего мира, сб. памяти акад. А. И. Тюмэнева),莫斯科—列宁格勒,1963,页 239 以下。

② 下述考察是极有意义的:"钱庄"—"银行"的出现本身是与商品货币关系的发展相联系的,它们在公元前 5 世纪出现[见博加埃尔特,《希腊城邦中的银行和银行家》(Bogaert, *Bangues ef banguers dans les cites grecques*),莱顿,1968,页 331]。这类银行的大多数位于港口城市——重要的商业中心,著名的宗教中心,以及一些繁荣的城市,例如,西居昂,或者忒拜(页 306);在它们的顾客中,贩运商占有极为重要的地位(页 395)。

与这一大堆职业有关的，看来还必须提到从事“服务行业”的人：澡堂侍者（《财神》，965；《蛙》，710；《鸟》，490；《骑士》，1442）；理发匠（《财神》，338），医生（《财神》，416；《云》，766）。

有关市场上买卖的商品性质的证据，可以作为商品货市关系发展高水平的最重要的标志。阿里斯托芬的这方面的清单，虽然是偶尔提到的，然而很可观：面粉，谷物（单独提到黑麦和大麦）（《财神》，386；《公民妇女大会》，819；《云》，460；《马蜂》，302；《和平》，1322），“无花果”（《财神》，1122）；蜂蜜（同上）；奶油千层面包（同上）；葡萄酒（《和平》，1323），并且特别划分出开俄斯酒（《公民妇女大会》，1139）和塔索斯酒（《吕西斯特剌塔》，196；《财神》，1021）；干无花果（《吕西斯特剌塔》，564；《马蜂》，303）；蛋类（《吕西斯特剌塔》，561）；鸟类（鹅，鷓鴣，晨凫、喜鹊、鸽子、鹌鹑、鸭子））《阿卡奈人》，875—876）；鱼类（鲱鱼、鲤鱼、黑背鲱、沙丁鱼，科帕伊斯湖的鳗鱼）（《吕西斯特剌塔》，560；《骑士》，667；《马蜂》，493；《阿卡奈人》，875）；小家禽（《阿卡奈人》，878—879）；干酪（并且特别分出西西里干酪）（《蛙》，1369；《马蜂》，896）；油（《阿卡奈人》，35），并且特别提及罗多斯油（《吕西斯特剌塔》，944）；大葱（《马蜂》，496）；大蒜（《马蜂》，680）；佐料（《马蜂》，392；《阿卡奈人》，874）；醋（《阿卡奈人》，34）；薄荷（《阿卡奈人》，874）。

这一长长的清单，都是些供应雅典市场的食品。在此买卖的其他商品的清单也不短：克里特的服装（《地母节妇女》，731）；外衣（《财神》，984）；上衣（同上，983）；用最好的弗里吉亚毛料织的斗篷（《鸟》，493）；埃克巴坦那出品的斗篷（《马蜂》，493）；墨加拉斗篷（《阿卡奈人》，519）；平底鞋（《吕西斯特剌塔》，55；《财神》，983）；波斯履（《公民妇女大会》，319）和拉哥尼亚履（同上，74）；陶器（《蛙》，985）；地毯（彼奥提亚产）（《阿卡奈人》，

874)；毛料(《蛙》，1387)，并且特别分出米利都毛料(《吕西斯特刺塔》，729)；米利都地毯(《蛙》，544)；撒丁朱衣(《和平》，1174)；拉哥尼亚锁(《地母节妇女》，423)；花环(同上，448)；木柴(《马蜂》，302)；木炭(《阿卡奈人》，35)。

无疑地，阿里斯托芬喜剧所提供的商品清单，远不能充分反映雅典市场的商业规模的图景。然而，这些证据提供了雅典的社会生产专业化深入进展和商品货币关系发展的非常鲜明的概念。在这些材料的基础上，可以作出一系列的结论。第一，希腊与非希腊世界之间的商业可以说有很显著的发展：在商品中提到埃克巴坦那斗篷，弗里吉亚毛料，波斯履，撒丁朱衣。第二，有城邦间贸易的证据。[①] 在雅典市场上有开俄斯和塔索斯酒，科帕伊斯湖的鳗鱼，西西里干酪，罗多斯油，彼奥提亚的地毯，米利都毛料和米利都地毯，拉哥尼亚的锁和履。所有这一切都可以用喜剧《阿卡奈人》主角在谈到城邦间贸易时说的一句话加以概括："雅典有的，彼奥提亚并不都有。"(900)细心研究阿里斯托芬原著还可使我们得出下述结论：在他看来，战争的对立面不表现为单纯的和平，和平的最鲜明的外在表现是城邦之间的贸易。阿里斯托芬认为和平是贸易的起码的必需条件。这种想法在喜剧《阿卡奈人》中表现得特别明显。仅此一例已经可以作为城邦间的贸易在雅典社会生活中的意义的一个最明显的证据。

第三，阿里斯托芬的证据表明，市场在雅典的普通居民生活中间的作用是如此之大，居民的日常必需品即使不是全部，也是大部(例如食品)是通过在市场上购买来满足的。从公元前5—

---

① 埃连伯尔格(《阿里斯托芬笔下的民众》，页318以下)怀疑，提到的商品产地(拉哥尼亚的平底鞋，西西里的干酪，等等)真的是输入这类商品的证明。他认为，这毋宁说是指商品的品种。但是也有关于输入雅典日常必需品的直接史料证明(阿特纳伊奥斯，《智者席间谈》，I，27)。

4世纪之际开始的青铜货币，[1] 亦即作为实现小的和很小规模的交易手段，并且只在地方市场上流通的小型辅币的广泛传播，是对于这种情况的证明。诚然，在农村范围内，情形有些异样，无怪乎喜剧《阿卡奈人》中的一个主角叹息说(33—87)：

> 我厌恶城市，思念乡村！[2]
> 那里从无人喊叫："买醋啊！"
> "买木炭啊！买油啊！"
> 那里没有这一套。那里全是自己产的，
> 没有什么买主。

狄开俄波尔的这个抱怨对我们来说在两方面是重要的。一方面，它表明城市本身商品货币关系的发展比农村达到更高的程度，乡村(自然地)保存了更多自然的、闭塞的经济因素；另一方面，在这项证据中可以看到城乡之间不仅在精神上而且在经济上的差异的一定表现。

然而，在我们看来，并不可低估阿提卡农村地区商品货币关系发展的意义。阿里斯托芬也足够鲜明地描绘了阿提卡农村经济的商品化方向。当他描写农村时，剧作家所产生的联想是很有意义的。那些联想几乎从来不与大田的粮食生产，而总是与葡萄、无花果、橄榄的栽培相联系(《阿卡奈人》，987；995—999；《鸟》，588—591；《和平》，556—558；598—599；612；627—629；634；《云》，47)，有时也加上蜜蜂、绵羊和山羊群(同上，71)。在这方面，《地母节妇女》中的一场是很典型的，其中雅典农民出卖

---

① 克雷埃伊，《古朴时代与古典时代的希腊铸币》(C. M. Craay, *Archaic and Classical Greek Coins*)，伯克利—洛杉矶，1976。

② 原文中用的是"德莫斯"一词。

葡萄,以便卖得钱去买面粉(817—819)。

当然,这里选用的阿里斯托芬的证据,不能代替对于古典时代希腊经济的各方面的研究,但是,这些资料是很有代表性的。它描绘了商品货币关系深入渗透于希腊社会之中的一幅很鲜明的图景,它不仅使我们得出农业和手工业之间存在劳动分工的结论,而且得出工业生产领域内部专业化的加深,在市场关系范围内起作用的发达的交换的存在,专门的商人阶级的存在,城邦间的精神乃至经济上的差异(如果不是对立的话)等一系列结论。指出下面一点也是重要的,在古代就已经认识到劳动分工的程度以城市大小为转移。色诺芬曾清楚地表明这一点(《居鲁士的教育》,V111,2,5)。非常有意义的是(与此过程的表现有关),在公元前4世纪,"自给自足"这一概念的意义已经明显地改变了。对于亚里士多德(《政治学》,V1,5,1321)来说,自给自足的内容是,通过买卖可以保证城邦所必需的一切用品。[①]

所有这些,使我们认为当时的雅典是一个真正的城市,亦即具有其所固有的一切特征的工业生产和交换的中心。

我们依据分析阿里斯托芬的报道所知道的雅典所表现出来的那种情况,并不是独一无二的。雅典仅是当时在全希腊所见的那种一般过程的最明显的例子之一。无论如何,青铜货币从公元前4世纪开始在整个爱琴世界流行的事实,可以支持这样一种看法:除斯巴达和克里特的多利亚人的一些小邦而外,市场关系已成为在希腊极为流行的现象。[②] 也可以同意前面已经说过的那种意见,即商品货币关系的发展在希腊社会发展中起了

① 应当指出,按伪色诺芬(《雅典政制》,II 12)的说法,雅典所必需的主要原料来自海外。

② 《欧洲经济史》,前揭,页120。

非常重要的作用。市场的产生和在其中获得生活必需品以及出卖自己的产品的可能性，所有这些促进小生产者（农民与小手业者）的解放，从贵族的经济统治下解放出来，并因而成为形成古典（其中包括雅典的）民主的条件之一。①

然而，假如停留在这个结论上就不对了，尽管它非常明显地有别于当代外国的最有权威的代表在古代经济研究中所得出的那些结论。众所周知，对于古代世界的经济问题予以积极的研究，开始于 19 世纪下半叶。在上一个世纪末和本世纪前半叶，在确定古代经济的基本特征时可以看到截然对立的两种相反的概念：一是比赫尔的概念，认为古代经济未曾超出家庭自给自足型经济的范围，一是迈尔的概念，即把古代社会的经济和社会结构加以现代化。如今，这两种概念，实际上全都被摈弃了。② 正如皮尔逊所公正指出的，二者尽管表面上大相径庭，但实质上出自同一的虚构的前提：即以资本主义经济为这种或那种概念的标准，而全部争论都归结为古代经济与资本主义接近到何等程度。③

在现代西方著作中最为流行的，是追根求源出自韦贝尔的另一种概念。其观点体系的核心，是关于古代社会及其经济所

---

① 《欧洲经济史》，前揭，页 121；海希尔海姆，前引书，页 218。

② 对这些论点的批判性分析，见维尔，《古希腊经济研究七十五年》（E. Will, *Trois quarts de siècle de recherche Sur l'économie grecque antique*），页 7—19；皮尔逊，《关于经济原始性的长期争论》（H. W. Pearson, The Secular Debate on Economic Primitivism），载波拉尼，阿伦斯伯格，皮尔逊编《早期诸帝国中的商业的市场：历史和理论中的诸种经济》（*Trade and Market in the Early EmPires. Economies in History and Theory*. Ed. by K. Polanyi, C. M. Arensberg, H. W. Pearson），格伦科伊，1957；连茨曼，《关于古代希腊商品生产的产生》（Я. А. Ленцман, О возникновение товарного производства в древней Греции），《古代史通报》，1953，第 3 期，页 46 以下。

③ 皮尔逊，前引文，页 11。

表现出来的显著特征问题。这一学派最权威的代表芬利[①]指出，利用现代的概念和标准来认识古代的经济（和社会关系），是不可能的。“政治经济学”概念本身（作为各族人民财富的学说），只是在18世纪中叶才出现。希腊人和罗马人没有类似的概念，他们也没有作为现代经济基础的那些概念，例如“劳动”、“产品”、“资本”、“投资”、“企业活动”、“需求”、“供应”，等等。[②]只有拒绝采用肯定会导向邪路的现代化模式，才可能对古代经济进行研究。照芬利的看法，希腊罗马的基本的社会经济关系是发源于农民经济的家族或家庭，其中首脑的权力没有分解为社会的，经济的和个人的诸方面，那里也没有基础和上层建筑的明显的分化。芬利认为，从古代有市场关系和城市国家实行重商主义政策的思想出发分析古代经济，是不正确的。

芬利从这个一般概念出发来判断城市在古代社会生活中的地位。城乡关系可以采取不同的形式：从共生到寄生。其性质取决于一系列因素：居民的分布，城乡所生产的产品的数额，他们彼此交换的比例。城市自给自足的程度取决于诸如地租、赋税、关税、城市及其农村地区的产品的出口，水陆运输状况等因素。得到发展的有拥有良港的城市，与蛮族贸易的中心，行政中心，它们自己没有足够的农产品，而是输入农产品以交换手工业品。但整个说来，手工业对于那种有别于中世纪城市的，既没有公会又没有手工业行会和交易所的城市，是很少起促进其发展的作用的。手工业作坊的作用是微不足道的，过高估计它，是没有根据的。古代城市是消费中心而不是生产中心。城市支付其

---

① 芬利，《古代经济》，前揭。遗憾的是，在苏联的著作中，芬利（以及这一流派的其他代表人物）的观点，从来没有得到过专门的研究。唯一的例外是施塔耶尔曼对该书的评论。（《古代史通报》，1977，第2期，页165—175。）

② 又见斯塔尔，前引书，页16。

需求的能力取决于它的农业地区的农业产品的多少，有无专门的资源（首先是银和其他金属），土地财产的收入，被护民和附属民交纳的资财。按芬利的意见，就一般和整体而言，出口生产对于城市生活并没有显著影响。古代的社会心理不能容许那种通过组织手工工场使城市富有的思想。对财富的渴求不转变为创立资本的需要。依靠系统的、科学的和技术的研究以取得工艺上的经常进步的效益和可能性的概念，是不存在的。注意力几乎完全放在质量的，而不是数量的指标上。

不应怀疑，这一说法比不久前尚在西方著作中占主要地位的现代化公式更适于表达古代经济的特点。不能不同意作者关于利用现代模式不可能认识古代经济的断言，也必须同意他的意见，即在古代国家的经济政策中寻找重商主义是徒劳无益的事；同样徒劳无益的是在古代要看到争夺销售市场的斗争和商业战争。[①] 但同时，在芬利的提法中也有一些很脆弱之点。第一，它仍未说明古代经济停滞的基本原因，引证社会的心理本身也需要解释。第二，芬利实际上是从自己的古代社会经济生活的图景中排除了上述分析古朴时代希腊经济发展时所援引的事实体系[②]和来自阿里斯托芬喜剧的雅典经济生活的图景。

芬利倾向于完全否认古代社会商品货币关系的发展。他的下述意见是非常典型的，即没有一个古典作家提到有哪一个城市是靠自己的手工业产品富强起来的。这里，问题不在于事实上的错误，这可以引证——例如斯特拉波的著作（XVI，2，23），

① 又见德圣克罗阿，《伯罗奔尼撒战争的起源》（G，E. M. de Ste Croix，*The Origins of the Peloponesian War*），伦敦，1972（一般而论，特别是对于伯罗奔尼撒战争而言）。

② 斯塔尔（前引书的许多地方）不只一次地强调，芬利的观点对于古朴时代希腊的历史实际是不适用的。

他说，推罗靠颜料作坊才得到繁荣，或引证色诺芬的《论收入》一文中的论证体系①——加以澄清。问题在于那种一笔抹煞经济中商品化的发展和作为手工业生产和交换中心的城市的建立的观点体系。照我们看，把任何一种可以看到商品货币关系的发展和有市场存在的社会都比作资本主义社会，是芬利这一错误的根源。但是，商品货币关系和市场可以并已经存在于其他社会形态之下。马克思指出，各种社会经济形态本身都具有劳动分工（不管它是否由商品交换间接地表现出来），资本主义生产方式只是在以手工工场为特征的劳动分工的水平上发生的。②列宁也指出，市场是一个一般商品经济范畴，而资本主义条件下的市场关系的特点则是它的普遍流行和充分统治。③ 对于我们来说这些思想在以下几点上是很重要的：它指出，劳动分工和商品货币关系也存在于各种前资本主义形态中；还指出，在资本主义阶段发生了使这个时代的局面显著区别于以前各时代的质的飞跃，正是在此时，市场关系才达到了普遍的流行和充分的统治。所以，在资本主义以前各形态中市场关系没有达到这个阶段，同它们一起的，是另一些交换和各种经济成分的相互关系的形式在起作用。

我们正应从列宁的这一思想出发来分析我们所研究的问题。我们认为，对于城邦——城市这一双重问题的处理方法，只有当我们明确认识到它的二重性时才能奏效，企图只在这种或那种体系的范围内解决问题，那是行不通的。芬利对待这一问

---

① 见弗罗洛夫，《色诺芬的〈论收入〉一文的政治倾向》（Э. Д. Фролов, Политические тенденции Трактата Ксенофонта “О доходах”），载《古代世界社会经济史诸问题》，丘梅涅夫院士纪念文集，页204—221。

② 《马克思恩格斯全集》，人民出版社，1972，第23卷，页397—398。

③ 《列宁全集》，第3卷，页17。

题的方法就是片面的，他只是在城邦概念的范围内来分析它。芬利实际上没有分析关于商品货币关系发展以及市场作用的证据，决非偶然。他简单地把它们从自己的画面中勾除。另一方面，仅仅从城市作为特殊的社会组织以及作为工业生产和交换的集中地的概念出发来考察这一问题，同样是不对的。观察关于雅典的市场证据时，如果离开下述情况，同样是严重错误。即这是一定城邦的市场，举例说，其中手工业者和商人是作为绝对平等的交易对手而出现的，而在生活的其他领域则可能是完全不平等的，这种不平等是由他们的等级地位所决定的。

我们认为，这个问题只有在经常注意到古代希腊社会的如下特点时才能解决，即实际上在形成城邦的同时也形成城市。

城邦作为社会组织（已如前述）而产生的本身，是以社会生产力，其中包括手工业发展的一定水平为前提的。平民对于土地贵族的胜利（根据我们所具体了解的一些城邦的历史），如果没有手工业者与农民一起参加这一斗争，是不可能的。[①] 城邦作为一个独立自主，自给自足的组织的继续存在，自然要以能够满足农民的工具和武器等需求的、发达到一定程度的手工业的存在为前提。因而可以认为，社会发展的客观趋势到一定的时刻就表现为城市与城邦的同时产生。但是下一步历史发展的道路便有了分歧，作为社会组织、工业生产和交换中心的城市的发展开始使城邦结构变形。这时，城邦与城市开始在颇大的程度上表现为两种对立的趋势。这里基本的对立表现为：城市是工业生产的中心，而城邦则是农民和土地所有者的联合；城市是私有制发展的趋势，而城邦则是把私有制和国有制辩证统一地结

---

① 格洛茨，《希腊城邦》（G. Glotz, *La cite grecque*），巴黎，1953，页 20；埃连伯尔格，前引书，页 17—21。

合于自身的古典所有制形态的统治；城市是活跃的趋势，而城邦则力图再生产现实的关系和条件，从而表现为社会发展的保守趋势。

业已兴起的城邦抵制手工业的进一步发展。[①] 一些希腊城邦以法律措施限制手工业者的公民权，甚至完全禁止公民从事手工业劳动，并不是偶然的。[②] 这是农民集体对于破坏其整体性的手工业发展的自发的反应。

导致城市在城邦范围内产生的手工业和交换的发展，在不同的城邦引起不同的反应。一个典型的反应是斯巴达的。斯巴达使自己的公民完全摆脱除军事活动而外的任何劳动。[③] 这里力图把手工业、商品货币关系的发展完全摒除于拉凯德蒙人的城邦范围之外，而把它转移到依附民中间（庇里阿西人城邦和希洛人所占地域）。[④] 正因为存在这样比较广泛的制度，才使斯巴达城邦得以长期避免商品货币关系发展的影响。

另一种可能性是雅典。这里，我们看到的是力图使城邦结构适合于手工业和商品货币关系发展的很高水平。当雅典民主

---

① 马克思直接指出，古代商品货币关系的发展直接依赖于“公社生活结构”解体的程度（《马克思恩格斯全集》，第 23 卷，页 89）。

② 埃连伯尔格，《希腊人的国家》，页 28；关于斯巴达和克里特，见维尔，《希腊世界和东方》，页 632；还可以援引这样的例子：在公元前 403 年寡头统治在雅典被推翻之后，根据一些力图阻止恢复民主制的温和的“保守分子”的提议，通过了一项法案，规定只是份地所有者始得保留公民权。见波尔开斯台因，前引书，页 17；格里尼奇，《希腊政制史手册》（A. H. J. Greenidge, *A Handbook of Greek Constitutional History*），伦敦，1920，页 212。

③ 卡特利奇，《关于斯巴达革命》（P. Cartledge, *Toward the Spartan Revolution*），《阿列图萨》（*Arethusa*），第 8 卷，1975，第 1 期，页 68；埃连伯尔格，《希腊人的国家》，页 28；维尔，《希腊世界和东方》，页 443 以下；哈蒙德，前引书，页 181。

④ 关于在斯巴达城邦以其“典型”形式形成之后斯巴达手工业的衰落，见奥利瓦，前引书，页 133 以下。

全盛时期，雅典公民原则上并未被禁止从事手工业和商业。[①] 雅典公民的重要阶层都被包括在这一活动领域。一些研究者甚至认为，从公元前480年到322年这段时期，在雅典，整个政治制度是建立在海员公民（构成海军力量的核心，雅典实力的基础）与大多数城市居民即手工业者和商人之间的联盟上。[②]

在本文中，我们不可能多少详细地研究城邦和城市这两种结构在统一的政治组织范围内的相互作用问题。我们只是指出依我们看来是主要的方面。

首先，需要指出下述情况：[③] 城邦是原生结构，同时是法律上形成的，所以，城市机构的发展是在城邦制度范围内进行的。因此，第一，城邦关系给形成中的城市结构的性质打上强烈的烙印；第二，城市在城邦范围内发展到一定阶段必然导致城邦制度本身的变形。

我们正是在这种联系中来观察这些问题的。首先，关于城邦关系对城市形成过程的影响。从雅典资料最容易看出这个问题的一些方面。首先应当指出，下面一个因素的影响是显著的：在雅典手工业中有三种不同的社会地位：公民、外邦人和奴隶。尽管在市场上，他们都是作为平等的契约当事人而出现。但在其他生活领域中，他们的地位全然有别，这就必然在生产和交换

---

① 制陶匠人在很早时期具有高的社会地位的证明，是卫城上由他们提供的献词铭文。见劳比切克，《雅典卫城出土的献词》（A. E. Raubitschek, *Dedications from Athenian Acropolis*），剑桥，马萨诸塞，1949，页457；弗伦奇，前引书，页44。

② 阿米特，前引书，页70。也许，这是一种夸张。但是，无疑，如果在伯里克勒斯之前雅典最杰出的政治家出身于土地所有者，那么，以后则是出身于手工业作坊主。见康纳，《五世纪雅典的新政治家》（W. R. Connor, *The New Politicians of Fifth Century Athenes*），普林斯顿，1974，页153以下。

③ 维尔赋予这种情况以很大的意义（《古朴时代的希腊》，前揭，页59）。

本身的关系方面给他们的立场打上自己的烙印。例如，对于最贫穷的公民来说，参加埃列赫特伊昂工程和为此而得的工资并不是唯一的生活来源。城邦由于其本身的性质，而在一定程度上扶助自己的公民(完成公共义务的报酬等等)。必须完全靠自力为生的外邦人，则是另一回事。最后，奴隶要从自己的很微薄的工资中拿出一部分交给主人。我们会看到，与城邦结构的存在有联系的社会等级对于劳动者与生产的关系有一定的影响。

还应指出另一情况，雅典的手工业和商业发展本身在某种程度上是由政治因素引起的，特别是雅典同盟存在的因素。这一因素是如此重要，以致一些研究者认为，只是雅典同盟的产生才给予雅典从农业城邦变为工商业城邦以决定性的推动。① 这诚然是夸张之说，改变的过程早已开始，但否认这一因素的影响是没有必要的。② 取自同盟者的巨额资财(以各种形式)，完全用于雅典的庞大建筑工程，这就使大量雅典公民得以生存。第二，积极的船舶建造，船舰装备，舰上服役也保证了大量业已脱离农业的雅典公民的生存。由此可见，政治因素本身在这里部分地扮演了雅典工商业发展的倡始者的角色。但是，把同盟对于手工业和商品货币关系发展的影响仅仅归结为这些，是不对的。还必须指出一些情况。早在古代，人们就已经看到并正确反映了当时的实际，即公民学手艺，乃是贫穷的结果(阿里斯托芬也说到这一点，见《财神》，534—535)。雅典城邦当同盟存在时期在这一问题上的政策，是由如下情况主使的：即借助于建立“军事殖民制”来抑止这一过程，雅典贫穷公民在其中转变为土地占有者——重装步兵。据一些统计，在公元前 450 至 440 年

---

① 弗罗斯特，《部落政治与市民国家》(F. J. Frost Tribal Politics and the Civic State)，*AJAH*，第 1 卷，第 2 期，1976，页 66—75。

② 在古代，对于这一点已经有所认识(伪色诺芬，《雅典政制》，II，3—12)。

这段时期，有 4000 雅典公民移居海外。①

此外，交换的发展不可仅仅归结为市场关系这种现象。城邦也干预了这一范围，特别是在食品供应困难之时。这里纯粹是政治机构在起作用，它限制了商品货币关系起作用的范围。②

我们还要进一步指出下列情况。城邦结构经常使大量货币资金退出流通领域，以延缓的方式影响商品货币关系的发展。第一，公民对于土地的向往实际上从未消失。因此，公民常常把从经营工商业中赚得的钱提取出来购买土地。③ 虽然土地所提供的收入比起例如商业来显然是少的，但是这种收入更为可靠。此外，若无份地则社会威望是不可设想的。

第二，城邦经常利用公益捐献、非常税及类似方式向富裕的公民和外邦人索取货币资金用于非生产性开支。

城邦结构对于商品货币关系发展的影响还表现在一系列其他经济活动领域中。如所周知，大量的雅典银钱兑换商不是雅典公民。④ 格鲁斯金娜指出，城邦的排外原则妨碍着商业经济和商品货币关系的发展。⑤ 非公民在货币信贷关系领域中不能施放以不动产为抵押的债务这一限制，就是这类城邦原则的实际反映。

在矿业（特别是劳里昂矿）领域中，也看到类似情况。非公民无权开矿。⑥ 公民对这一有利的企业活动部门的垄断也是抑

---

① 梅格斯，《雅典帝国》(R. Meiggs, *The Athenian Empire*)，牛津，1972，页 260。

② 见，例如，亚里士多德，《雅典政制》，51，关于在雅典调整谷物的价格。

③ 哈蒙德，前引书，页 181。

④ 克莱尔，《雅典的外邦人》(M. Clerc *Les métèques athéniens*)，巴黎，1893，页 143，155 以下；波尔开斯台因，前引书，页 133；博加埃尔特，前引书，页 62；格鲁斯金娜，《公元前四世纪雅典社会经济史诸问题》，页 73—74。

⑤ 格鲁斯金娜，《公元前四世纪雅典社会经济史诸问题》，页 100。

⑥ 同上，页 168。

制商品货币关系发展的因素。

现在我们来考察城市现象对于城邦的影响(亦即它对于城邦结构变形的作用)。首先,手工业发展本身(在“理想的城邦”中所可能有的很狭窄的范围内)促进了城邦集体的瓦解,它使一部分公民脱离农业领域,破坏了公民集体的同质性。在古代广泛认为手工业是贱业,学手艺是贫困的结果。[①] 这类概念是公民集体的统一性在很重要的范围,即社会心理的范围内瓦解的一个征兆。

但是,另一些标志则是更重要的。商品货币关系的发展,市场的作用,商人与手工业者在其活动中面向以利润为主要动力的市场,急剧改变着价值体系,破坏着城邦意识形态的传统的价值。在古代,自私自利经常成为破坏“祖先道德”的原因,这种情况完全不是偶然的。[②]

手工业和商业的发展导致公民集体的一部分在不同程度上脱离土地,而主要靠纯粹的城市关系生活。这就不可避免地要在公民大会中建立起具有自己的局部利益,从而破坏公民集体的同质性的一定的集团。诚然,这还不能认为是公民大会已分解为敌对的集团,然而是分裂公民集体的裂隙,并且是相当明显的。下面一点也是重要的,即由于城邦政治制度本身原则上具有“直接民主”的特点,城市公民能够给予公民大会的进程以很大的影响。很有意思的是苏格拉底对雅典公民大会的评价,他认为公民大会几乎全是由于手工业者和商人组成的。[③] 无论如

---

① 希罗多德,II,167;普鲁塔克,《吕库古传》,24;波吕阿伊诺斯,II,1,7;色诺芬,《经济论》,IV,2,3;VI,5,6;德谟斯梯尼,LV11,30。

② 摩瑟,《雅典民主的终结》,页151以下。

③ 色诺芬,《苏格拉底回忆录》,II,7,6。关于此处,见摩瑟,《雅典民主的终结》,页69。

何在阿提卡农民和城市公民之间存在一定的矛盾,这是谁也不怀疑的。

还必须注意到另一些方面。马克思关于这点曾说:

> 在农业中民族的古老部落保持着自身,而在居住着外地商人和手工业者的城市里这个民族便起了变化,同样,土著居民也被吸引到有利可图的地方去。凡有奴隶制的地方,被释放的奴隶都力图从事这一类职业来谋生,后来往往积蓄大量财富。所以在古代,这些行业总是在他们手里,因而便被认为是不适合公民身份的事情。①

毋庸置疑,例如在雅典,不是雅典公民,而是外邦人,外国人在手工业、商业、信贷业中起了很大的作用。② 一些敏锐的希腊思想家已非常清楚地意识到此种危险。其中,例如,柏拉图在《法义》中,在只准许外地人——外邦人从事带来纯收入的职业的同时,非常清楚地意识到城邦的主要财政资源有可能落入他们手中的危险性。正因为如此,他限制他们在城市滞留的时间为 20 年。③

这一过程对城邦本身的命运有最严重的影响。按现有的看法,公元前 4 世纪雅典城邦危机本身正是由于我们认定是城市结构在城邦范围内发展的那些现象而引起的。佩奇尔卡这样确

---

① 《马克思恩格斯全集》,第 46 卷(上),页 478。

② 阿米特,前引书,页 18,摩瑟,《雅典民主的终结》,页 69—70;埃连伯尔格,《希腊人的国家》,页 90;格鲁斯金娜,《公元前 4 世纪雅典社会经济史诸问题》,页 73—74。

③ 皮埃拉尔,《柏拉图和城邦》[Pierart, *Platon et la cité* ...(原文如此——译注)],页 467。

定城邦危机的实质:城邦的传统结构与超出城邦的经济发展之间的冲突。[1] 按照他的观点,公元前 4 世纪新的所有制形式在城邦范围内的发展并获得巨大意义是这一现象的最重要的标志。在古代即已指出这一现象。亚里士多德已经指出获得财产的自然方式(获取生活必需品)和非自然方式(赚钱)之间的区别(《政治学》,1256b40—1257a1)。古老的传统的所有制形式(即我们所谓的古典所有制形式),第一,是以直接的形式与公民的地位相联系的,第二,这首先是土地所有制。而新的所有制形式(与其相联系的是此时那样广为传播的"无形的财富"的概念),更接近于完全的私有制。它决不与公民的地位相联系而首先是占有金钱和奴隶。[2]

这种新的所有制形式多半集中于未纳入公民集体的那部分居民手中,于是便产生了一定的矛盾:在经济上重要的居民阶层与政治结构相对立,两种结构(经济上的与政治上的)开始彼此对立,此乃城邦危机的主要原因。

还可以指出尽管并非那样重要,然而正是在同一方向上起作用的另一些情况。公元前 4 世纪可以看到外邦人逐渐渗入城邦土地所有制的范围。尽管某些研究者[3]认为,外邦人的主要活动领域既然是工商业,所以他们并不渴求占有土地,但土地占有权在阿提卡对于他们极有诱惑力,这毕竟不容怀疑。雅典人把授与此种权利视为奖赏这一事实,就是证明。公元前 4 世纪

---

① 佩奇尔卡,前引文。

② 热奈称它为"纯经济意义上的所有制"[热奈,《古希腊人类学》(L. Gernet, *Anthropologie de la Grèce ancienne*),巴黎,1968,页 411]。

③ 怀特黑德,《雅典外邦人的意识形态》(D. Whitehead, *The Ideology of the Athenian Metic*),剑桥,1977。

一些最富有的外邦人(由于对雅典城邦有功)被授予土地所有权。[①] 一些研究者[②]把这看作是城邦危机的一个最明显的征兆。对我们来说,重要的在于下面一点,即这一现象的终极原因乃是雅典工商业发展的结果。

此外,城乡之间的对立不仅在经济上而且在政治上也开始发展起来。农村依旧主要为公民所集居,而在城市愈益开始起重大作用的则是不包括在公民集体之中的以及以工商为业的人。[③] 类似的例子还可以增加。而且普遍趋向本来就是很明显的:在古希腊社会中,特别是在公元前4世纪存在着深刻的内部矛盾。其中最重要的便是两种社会结构——城市与城邦之间的矛盾,城市——这是生产(首先是手工业生产)和商品货币关系发展的化身,它与城邦相冲突,而城邦则是建立在公社原则上并且只能容纳手工业和商品货币关系有限发展的社会组织。这表现为,代表两种结构的两种倾向在统一的政治组织的范围内进行斗争。

---

① 格鲁斯金娜,《公元前四世纪雅典社会经济史诸问题》,页19—43。

② 佩奇尔卡,前引文。

③ 埃连伯尔格,《希腊人的国家》,页28;格鲁斯金娜,《公元前四世纪雅典社会经济史诸问题》,页40—70。应当指出,一些研究者指出下述事实是城邦结构变质的一个最明显的征兆,即在希腊化时期的雅典,发生了富有公民为富有的外邦人,由于共同的经济和共同的社会利益相联结而合流。见帕德古格,《古典时期希腊的阶级和社会》(R. A. Padgue, Classes and Society in Classical Greece),《阿列图萨》,第8卷,第1期,页108;摩瑟,《衰亡中的雅典》,页115以下。

古希腊罗马城邦和东方城市国家*

安德列耶夫 撰

张竹明 译

古代世界国家历史发展中的共同性和特殊性问题，仍然是当前历史科学最尖锐最迫切的问题之一。围绕着诸如奴隶和奴隶占有制生产方式、公社和私有制等等范畴的普遍性问题的争论并没有停止的趋势。不久前在这些问题之外又添了一个同样重要的问题——城邦问题。在近年内发表的一些作品里(我们要说，这些作品的作者通常都是古代东方史的专家)可以见到一种以最绝对的形式表达的意见，迄今被认为仅为古希腊罗马所固有的特殊国家形式的城邦，仿佛在东方也是闻名的，并且在马其顿的亚历山大侵占这里，希腊化时期开始之前很久，就在这里存在着，虽则名称不同。①

我们觉得，这种导致完全不合理地抹煞古希腊罗马文明和

---

* 译自论文集《古代城邦》(Áнтнчный Полие)，列宁格勒，1979。

① 参见，例如，贾可诺夫，《经济问题：论公元前二千纪中叶前的近东社会结构》(И. М. Дьяконов，Проблемы зкономикн. О структуре общоства Ближнего Востока до середины I тыс. до н. з)，《古代史通报》，1968，第4期，页31，注126；比读尼基弗洛夫，《东方和世界史》(В. Н. Никифоров，Восток и воемирная нсторня.)，莫斯科，1977年，页272。

历史早于它的前亚细亚文明之间界限的判断，是由于任意混淆了绝非同义的两个概念：城邦概念和城市国家概念。当然，谁也不会否认，包括希腊和罗马——意大利两种类型的城邦仅仅是个局部情况，是大得多的几乎无所不包的城市国家范畴的一个特定的变种。但是这个局部情况的独特性，以及，正是在古代世界希腊、意大利这一地区形成的而没有在别的任何地区形成的独特的历史地理条件对它的制约性，这些都是无论如何也不应该忽略的。① 否则我们就会完全无法了解古希腊罗马文化的那些使它成为完全独一无二的在人类文化史总背景上非常突出的现象的特点了。

一方面是典型的城邦，如雅典、斯巴达、米利都、科林斯、罗马，一方面是古代苏美尔、亚述——巴比伦尼亚、叙利亚、腓尼基的城市公社，这两者无疑存在着众所周知的类型学上的相似，这种相似性表现为例如它们都有自治和自给自足的倾向。但是这种相似仅能证明非常遥远的第二级的或者甚至第三级的同源关系，绝不能证明所有这些城市国家形式和类型的同一性。以城市型的居住地作为自己政治宗教中心的领土的或领土部落的自治公社可以被看作古典型和东方型城市国家共同的原型。②

---

① 丘梅涅夫（А. И. Тюменев）院士在他的名著《前东方和古希腊罗马》（Передний Восток и античность）里已经一贯地发展和坚持了这一思想（《历中问题》，1957，第6期）。另见施塔耶尔曼，《古典社会：历史的现代化和历史的类比》（Е. М. Щтаерман, Античное общество. Модернизация истории и исторические аналогии.），载《前资本主义社会的历史诸问题》（Проблемы истории докапиталистическн — обществ）。第1卷，莫斯科，1968。

② 应该把领土部落公社（或后来的变种——城市公社）和原始的农村公社区别开来。通过自愿协议（希腊的宗族合并）或大公社强迫小公社屈从的途径把原始的公社结成领土部落公社，乃是实现城市国家的必要前提。参见贾可诺夫，《古代两河流域的社会和国家制度：苏美尔》（И. М. ДЬяконов, Общественный и государственный строй Древнего Двуречья. Шумер），莫斯科，1959，页81。

正如不久前的研究成果表明的，城市国家从所谓“军事民主制”或“原始民主制”时期承继下来的，通常包括三个主要成分——民众大会、长老会议、首脑会议或领袖会议——的公社自治制度，对于无论西方还是东方城市在其发展的最初阶段都是同样典型的。① 在一定的阶段以前，这一最初的政治组织形式的进化，无论在哪一地区都是按同一轨道发展的，各地区仅仅具有某些地方特点而已。

如所周知，人类历史上都市主义最古的发源地是两河流域南部的苏美尔。这里看来在公元前四千纪到三千纪之交已经发生从原始公社制向阶级社会的过渡。② 这一世界历史性变革的具体表现乃是第一批城市国家的诞生。后来，在公元前三千纪到二千纪期间，这个一旦被找到的人类社会生活形式也逐步深入到前亚细亚的其他地区：传到两河流域北部（国家有：亚述、玛利、阿拉巴哈），传到印度河流域（摩亨佐——达罗和哈拉巴文明，传到迦南，传到叙利亚腓尼基的地中海岸（国家有：乌加里特、阿拉拉赫、毕布勒等）。这些地区的城市经济上和政治上都控制着自己周围的一个农业地带和不同程度上众多的农业人口，从而有权被叫做“城市国家”。但是，在这种类型的社会里城

---

① 关于前东方国家中的“军事民主制”残余问题，参见雅各布森，1)《古代美索不达米亚的原始民主》(Th. Jacobsen, Primitive democracy in ancient Mesopotamia.)，载《关于塔木兹的偶象以及美索不达米亚的历史和文化方面的其他论文》(*Toward the Image of Tammuz and Other Essays in Mesopotamian History and Culture*)，哈佛，1970；2)《美索不达米亚的早期政治发展》(Early Political Development in Me sopotamia)，同上书；列德尔，《古代东方国家的军事民主制》(Д. Г. Редер, Военная демократия В странах Древнеzо Востока)，载《莫斯科州立师范学院学术论丛》，1950，第14卷，第1集；贾可诺夫，《古代两河流域的社会和国家制度：苏美尔》，页128以下。

② 苏联科学院主编《世界通史》，第1卷，北京：三联书店，1961，页258。

市本身，本质上只不过是神庙或后来的宫廷的附属品罢了。[①]这也是完全合乎规律的。

正是神庙或者与神庙有密切联系的宫廷，在这个时期是公社全部经济生活的主要中心。保存在它的粮仓里的粮食储备可以在一旦遇到歉收或别的什么灾难时保证对全部附近居民的供应。通过神庙的商业代理人（达木卡）公社得到自己所必要的外地原料：金属、珍贵木材、石料等等。当然，所有这些得来不易的贵重物资，也还是集中在神庙中受到祭司严密监督的堆栈和宝库里。神庙管理机构在自由公社成员和它所直辖的神庙本身的全体工人头上摊派各种实物贡赋和劳役义务，并且监督他们不折不扣地完成，这样，它就起了一种独特的“生产组织者”的作用。在这些条件下，神庙经济本身必定很快地发展为强大的有许多分支的经济体，实际上包括所有手工业和农业部门。[②]

在神庙管理机构或（在较后的发展阶段上）宫廷官僚机构（虽然后者在起源上看来与前者有联系）人数不多的专门组织者控制下，这一经济体所特有的公社人力物力集中于一地（神庙或宫廷），这种现象是一系列情况造成的。其中思想方面的因素——宗教信仰、宗教偏见对那个时期人们意识的巨大权能，祭司的以及后来随着国家机器形成转移到国王和他的近臣身上去

---

① 这两个概念不是任何时候都能分得清清楚楚的。在有些地方，神庙和宫廷实际上合成一个经济宗教整体。例如在米诺斯文化繁荣时期的克里特，在迈锡尼希腊，或许还有最古的腓尼基国家：乌加里特，阿拉拉赫等地，情况就是如此。与此相应，住在宫廷神庙中的统治者兼行最高祭司职能，在有些情况下，也干脆被崇拜为神。

② 用苏美尔的材料对神庙经济或宫廷神庙经济作详细说明的有：丘梅涅夫，《古代苏美尔国家经济》（А. И. Тюменев, Государственное хбзяйство древнего Шумера），莫斯科，1956，页 66 以下，和贾可诺夫《古代两河流域的社会和国家制度》，页 83 以下。关于这个问题的全面论述，见贾可诺夫《经济问题》，《古代史通报》，1968，第 4 期，页 3 以下。

的极高的精神权威——绝非最次要的。但同时在这个体系中，无疑还有自己经济上的合理性。人力和资财集中于一地和一手，首先是青铜时代所特有的生产力状况使然的，因为主要的工业金属是极贵的和难以得到的，而它的开采和接着的加工过程要消耗大量的物力，要求全社会规模协同一致的努力，把全社会的主要储备交由公社特别信任的人支配，显得是最合理自然的解决问题的办法。在冲积地区国家(两河流域、埃及、印度河流域)另一因素(但和上述因素是在同一方向上起作用的)被推到了最重要的地位，这就是人工灌溉系统。它为了自己正常发挥作用要求大范围的劳动合作和对劳动的准确组织。

集中的神庙经济(或宫廷经济)的发生在许多世纪里预先注定了东方公社的历史命运。与这种经济一起在社会上出现了一种力量，这种力量在长时间里麻痹着公社天性里本有的民主倾向，并使公社按照完全另外的道路发展了。甚至即使假定当初神庙经济属于公社本身并处于公社所任命的高级官员控制之下，[①] 反正还是非常明显的：公社早就已经从它在经济方面所占有的指挥地位上被排挤掉了，神庙经济脱离它而变成一个独立的国家——经济部分，对它的控制权现在就整个地集中在祭司贵族的手里了。根据一切情况来看，所有这一切发生得如此之早，以致文献资料里没有保存下任何可以直接说明从一种制

---

① 司特鲁威，《古代东方奴隶社会的发生，发展和衰落问题》(В. В. Струве, Проблема зарождения, разития и упадка рабовладельческих обществ Древнего Востока.)，《国立物质文化史研究所通报》，1934年，第77辑，页39；尼科尔斯基，《古代两河流域土地的私人占有和私人使用》(Н. М. Никольский, Частное землевладение и земле пользование В Древнем Двуречье.)，明斯克，1948，页21；丘梅涅夫，《古代苏美尔国家经济》，页32以下。

度向另一种制度转变的事实本身的东西。[1] 事情往后的进程导致最初存在的关系的完全颠倒。过分发展扩大起来的国家部分不仅使公社在经济上和政治上屈从于自己，而且开始为自己的利益而剥削公社。[2] 同时在这些情况下不可避免的社会职能分层（在社会成员中分出特殊化的生产组织者集团，职业的军人、祭司等等）日益加速着公社内部分化和形成阶级的自生过程。

就这样创造着一种培养各种各样寡头制度和专制制度，其中包括最令人反感的一种制度——东方专制国家——发育成熟的环境。[3] 十分明显，在这些条件下公社如果说还不是必遭完全退化，无论如何也是必遭长时间停滞和政治上差不多绝对萎靡不振的。像长老会议、民众大会、各种审判机关这样的公社自治组织，虽然不是在完全消亡（在许多地方它们还继续存在了很长时间），但也只是在一些地方——在城市国家领土惯常分成的那些税务行政区里——还保留着自己的作用。而且就是在这些

---

① 丘梅涅夫，《古代苏美尔国家经济》，页 63 以下；贾可诺夫，《古代两河流域的社会和国家制度》，页 93 以下，页 100，页 110。

② 贾可诺夫在某些文章里坚决反驳这一几乎普遍接受的原理，但是我们觉得他没有足够的根据。参见，例如，他的论文，《苏联研究者著作中的古代东方公社》（Община на древнем Востоке В работах Советскнх исследователей），《古代史通报》，1963，第 1 期，页 33（关于这个问题的一场有趣的论战也包括在这一期里，页 179 以下）；《经济问题》，《古代史通报》，1968，第 3 期，页 17 以下。

③ 可以作为这一时期寡头共和国实例的有：阿卡德的萨尔贡侵占前的苏美尔诸城市（贾可诺夫，《古代两河流域的社会和国家制度》，页 145 以下），阿淑尔和它在小亚的殖民地[贾可诺夫，《巴比伦尼亚、亚述和赫梯王国的法律》（И. М. Дьяконов, Законы Вавилонии, Ассирии и Хеттского Царотва一）《古代史通报》，1952 年，第 4 期，页 239 以下]，或许，乌加里特、阿拉拉迦和赫南的其他国家也是[关于它们的政治制度，见盖尔策尔，《阿拉拉赫政治结构的若干问题》（М. Л. Гельцер, Некоторые Вопросы политической структуры Алалаха），《古代史通报》，1956，第 3 期；扬科夫斯卡娅，《乌加里特的公社自治：保证和结构》（Н. Б. Янковская, Общинное самоуправление в Угарите. Гарантии и структура），《古代史通报》，1963，第 3 期]。

地方它们也绝不是被民主地利用的，即不是作为表达公民群众意志和情绪的工具，而是作为传达政府指令的传声筒，同时也作为分派贡赋徭役的组织。于是，东方城市国家从它之前的领土部落公社继承来的所有这些原始民主制的组织，便逐渐丧失了自己当初的政治内容，变成了宫廷官僚政治的王室奴役机器的被动的附属品。①

东方公社独特的"休眠"延续了不是一个世纪。使公社组织保持在人为阻遏，不许进一步发展的状态中，毫无疑问，这对专横霸道的国家有利，并且得到它的有意鼓励。由此而造成了东方式公社所固有的，使它有别于古典城邦式公社的一系列十分古老的特点，其中包括自由公社成员基本群众的比较微弱的社会差别；大家庭或家庭公社这种古老社会组织形式的相对稳定性；公社内部政治生活中以家庭公社家长——他们结成长老会议——为代表的最保守分子的优势；"古典奴隶制"即剥削外来奴隶现象的相对不发达性——各种不同的被保护依附形式和债务奴役形式在东方和剥削外来奴隶的形式长期并存。②

在这同一时期(公元前3000一前2000年)古代世界另一地区，包括巴尔干半岛的希腊和爱琴海地区，公社发展的道路和上述公式也不见得有多大的不同。尽管地中海这一地区离开这一时期进步和文明的主要发祥地较远，这里所出现的社会经济情况的基本特点是符合我们观察到的东方情况的。也像东方一样，这里主要工业金属的奇缺，以及因此对外地市场尤其是对出

---

① 列德尔，前引文，页124以下；贾可诺夫，《古代两河流域的社会和国家制度》，页131以下。

② 在对东方公社的这一说明中，我们主要依据贾可诺夫的文章(《苏联研究者著作中的古代东方公社》，《古代史通报》，1963，第1期，《经济问题》，《古代史通报》，1968年，第3期)。

产金属地区(塞浦路斯、安纳托利亚等)的经常依赖，这引起了迫切的要求，要求把细小的经济细胞(初级公社)联合成比较复杂的大联合体，甚至在还没有像东方许多地方灌溉经济所具有的那样重要的要求集中的刺激因素的情况下，就也已产生了这种要求。①

和我们现在所拥有的研究前亚细亚各国社会经济史的极丰富的文献相对比，不久前才从迈锡尼的泥版档案资料里找得一鳞半爪的具体材料，实在使人觉得少得可怜，令人感到发愁。现存的这些文献资料虽则贫乏可怜，它们终究也还是使人现在已可以有充分信心地说，青铜时代东方和西方早期阶级社会原则上属于同一类型。同时作为国家经济、政治和宗教中心的宫廷或(迈锡尼型的)宫廷堡垒，保证宫廷经济正常发挥作用的发达的官僚机构，宫廷国库收入和支出的混乱的簿记，对周围居民徭役和其他贡赋的复杂的统计制度——所有这些为每一个研究古代东方经济的人所熟悉的特点，表明我们在这里——克里特、迈锡尼、派罗斯——只是在研究这个时期普遍出现的宫廷寺庙文明的一个边缘种。青铜时代爱琴社会的相对落后性表现在，我们在这里至今尚未找到任何像两河流域或叙利亚、腓尼基沿海地区形成的那种中心城市。总之，关于克里特—迈锡尼时期的希腊存在城市的问题暂时还是个尚未解决的问题。② 但是发展

---

① 这一重要情况我们觉得当时没有为丘梅涅夫院士所重视，他坚决主张，东方和已处于迈锡尼时期的希腊的历史道路有重大的不同，根据只是灌溉经济在希腊没得到充分发展。丘梅涅夫，《东方和迈锡尼》(А. И. Тюменев, Восток и Микены)，载《历史问题》，1959，第 12 期。但是，灌溉经济在许多“典型”的东方社会中(例如乌加里特，阿拉拉赫，阿拉巴哈等)，也没有特别的意义。

② 见连茨曼和布拉瓦茨卡娅在这个问题上的论战。连莎曼，《迈锡尼与荷马时期的希腊奴隶制》(Я. А. Ленцман, Рабство микенской Н гомеровской Греции)，莫斯科，1963，页 132 以下；布拉瓦茨卡娅，《阿哈伊亚希腊》(Т. В. Ълаватская, Ахейская Греция.)，莫斯科，1966，页 115。

的总趋势这里无疑和东方是一样的，或早或迟在希腊的土地上定会出现城市的生活方式，如果这个过程不是在一开始便被强行打断的话。

可惜，迈锡尼宫廷档案文件差不多没有任何材料可以说明公社、它的结构、它的法律和政治地位、它和中央政权的关系等等的。在泥版文书中碰到的“达莫”（德莫斯）这个名称目前还没有得到科学上任何明确的解释。我们甚至不知道，这个词的意思是不是指整个领土公社，例如派罗斯或克诺萨斯的全体“人民”或者只是指它的某些地方分社（类似最晚期的雅典“德莫斯”那样的初级公社）。① 然而大概无须怀疑，在官僚控制的严厉制度下——这种制度在迈锡尼线形文字文献里（尽管有那么些脱漏）有相当确定的描述——公社的权威和政治上的重要性都不可能有多高的水平；公社在这里——在希腊——也跟在东方一样，这个时期不得不满足于起十分卑微的摊派和勒索贡赋的机构作用，这种机构仅拥有为了让它可以很好地起作用所必需的最起码的内部自治。

在公元前二千纪到前一千纪之交，与由青铜时代向铁器时代的过渡同时，无论希腊还是前亚细亚各国都在形成着在许多方面大大不同于以往的新历史情况。席卷整个这一地区的民族迁移的浪潮带来了最大灾难性的后果。强大的赫梯国家从地面上消失了。在短暂的垂死挣扎之后巴尔干半岛的迈锡尼王国没有了。乌加里特和阿拉拉赫消失了。埃及、巴比伦王国、亚述、埃兰处于深刻的萎靡不振和内部涣散状态。与此同时，青铜时代大国的衰落给迄今无足轻重地仅像碎片般夹存于庞大的古代

---

① 马多里，《民（达莫斯）和王（巴息琉斯）：城邦起源研究》（G. Maddoli, Damos e basilees. Contributo allo studio delle origini della polis），载《迈锡尼及爱琴、安纳托利亚研究》，第12卷，1970，并且开列了比较早期的文献。

帝国之间的公社命运的影响显得是有利的。多利亚人迁入希腊、小亚细亚形成弗里吉亚王国和吕底亚王国、巴勒斯坦建立起以色列国家、叙利亚和腓尼基的城市终于摆脱了埃及统治者令人讨厌的监护迅速发展起来,这些都可以作为实例。

很典型的是,在许多情况下,不论游牧的还是定居的部落公社政治上的结合,向国家阶段的过渡,这个时期都正在以古代东方以往的全部历史所肯定了的城市国家形式发生着。① 随着公元前一千纪的开始,城市文化大大越出了它最初传播的地区范围,逐步包括了整个地中海。②

腓尼基的殖民活动把城市文化远远地推向西方,一直推进到摩洛哥和西班牙。另一个大的城市文化中心出现在阿拉伯半岛南部(也门诸拜星教城市),还有一个在安纳托利亚(弗里吉亚的迦尔底昂和吕底亚的撒狄)。但是成为最强大的形成城市的地区乃是南欧的两个半岛——希腊和意大利。在这里这一过程虽然开始得迟些(在希腊"城市革命"开始的时间可以断定在大约前 8 世纪中叶,在亚平宁半岛的土地上——在埃特鲁利亚——第一批城市出现在约前 8 世纪至 7 世纪之交),但却一开始就以比东方快得多的速度进行着。

新的都市化浪潮在许多方面和以往那个被认为是前四千纪末开始于苏美尔的都市化有很大的不同。相同也是不可能的。须知,由于铁器时代开始,古代文明的物质基础本身,它的技术装备,都发生了重大的质的变化。金属破天荒变得便宜了,可以

---

① 可以作为例证的有叙利亚、東安纳托利亚、北美索不达米亚的许多重建城市,巴勒斯坦的"王"的城市——耶路撒冷和撒马利亚,阿拉伯南部的拜星教城市等等。

② 对这一过程的综述,见哈蒙德,《古代世界的城市》(M. Hammond, *The City in the Ancient World.*),剑桥,马萨诸塞,1972。

取得的地方多了。因此古代社会的基本经济细胞——父权制家庭的生产能力大大提高了。由于比青铜器又便宜又效率高的铁制劳动工具的使用，家庭开始逐渐从较大的社会机构——从家庭公社、氏族、(最后)国家——的控制下解脱出来。整个社会结构变得比较灵活了，分得比较小了。随着铁的出现，已无必要进行花费很大的海外远征寻取金属以及集中保存和统计主要的金属储备了。这也意味着，作为青铜时代经济的国家部分依存基础的经济整体化制度在很大程度上不再能证明自己正确了。除了大经济联合体(宫廷和寺庙经济)而外，如今个体家庭的和家庭联合的(可以作为后者实例的有新巴比伦王国的商业之家，腓尼基城市的商人团等等)“私人企业主”活动愈益扩大。很可以说明这一点的是，甚至在像两河流域城市那样的老经济中心——那里青铜时代的传统还是很强大，这种或那种形式的寺庙经济在整个一千纪的长时间里继续存在——也可以看到走向管理权分散的完全确定不移的趋势，这表现在由寺庙本身直接剥削向着私人逐级租借寺庙财产，首先是租借土地的制度过渡上。① 而在西方(希腊、意大利、非洲海岸的腓尼基殖民地)发生的新城市里，神庙经济除了极少数例外简直就没有从萌芽状态中生长出来，因为它发展所必需的条件在这里一开始就不具备。

在西方和东方城市发展中，如已指出的基本上是随着铁器时代开始才形成的某些总的趋势即如上述。但是往下非常重要的区别就开始了，不弄清这些区别，我们就不能正确解释，为什么在这两个地区这一过程的最后结果会显得如此不同，而某些

---

① 在巴比伦尼亚，朝这个方向确定不移的变动，在公元前二千纪初(巴比伦第一王朝统治时期)就已初具规模，但是在这个时期私人经济成分的加强，如贾可诺夫指出的，只具有暂时的性质(《经济问题》,《古代史通报》,1968,第4期,页21)。

方面甚至会完全相反。

不管在部落迁徙和政治惨变的恐怖时期"前东方"国家所经历的一切震动,公元前一千纪内国家制度的主导形式在这儿依然是带有如下不变特征的专制王权,诸如:大量土地直属国王和他的近臣,向治下居民勒索税赋的庞大的官僚机构,由和王位的亲近程度决定其相对社会价值的官位等级制度,等等。专制制度这种统治形式在自己早已成为传统的地区(巴比伦、亚述、埃及)重新确立起来之后,开始向国家组织尚未定型的周围地区扩大自己的影响。这一影响可以在很大程度上解释十二个"以色列支系"的昙花一现的部落集团迅速成为有十分明显的专制制度的国家。小亚细亚和外高加索各部落这个时期政治上的进化大概还是在邻近的两河流域君主制度的"暗示"下朝同一方向进行的。弗里吉亚王国,吕底亚王国,乌拉尔图国家的历史可以证明这一点。并非偶然发生在这些地区的新的城市中心,诸如耶路撒冷,撒玛里亚,迦尔底昂,撒狄,按起源都首先是国王的城市,是附属于就在当地的王宫或堡垒的。所有这五花八门的一大批王国,公国、部落公社和城市公社——它们在一千纪前半叶构成"前东方"世界——的统一于阿赫门尼德世界大国政权之下,乃是这一过程合乎规律的完成,其结果是专制制度基础的更大巩固。

在这些条件下,城市国家的自然发展(无论在它早就存在的地方,还是在它刚发生的地方)不可避免地会发生暂时的停顿,在仅仅达到某种相当低的水平之后,它已经不能继续前进超过这个水平了。在这个意义上两河流域各城市(包括其中最重要的巴比伦),腓尼基各城市,"巴比伦之囚"以后的耶路撒冷以及许多其他城市的命运可以被认为是典型的。不管这是多么反常,而且,尽管它们的经济生活节拍非常紧张,尽管手工业、商业、银行业的发展水平在那个时代算是非常高的，这些城市的经济还是包含着不少从前一历史时期继承下来的古老特点。只要提醒一下如下的事实就够了，即直到波斯征服之前没有一个东方城市国家没有自己的铸币业，在其中的许多城市里债务奴役和对外来奴隶的剥削并行不悖，虽然不时一再有人企图通过立法途径和这种邪恶现象进行斗争。[①] 但是公元前一千纪“前东方”城市经济中最重要的青铜时代残余无疑还是寺庙经济。这种经济虽已大大变样，已不再像以往那样包罗万象，但依然继续在东方差不多普遍存在，直到马其顿侵入者到来之前。在任何一个东方城市里（我们可以举出随便哪一个），神庙总是最大的土地所有者，拥有几百甚至几千的奴隶，积极参加商业活动和信贷活动。[②] 除了专制君主的赋税压迫外，神庙经济是阻碍古代东方社会经济发展的主要力量。

不仅在前亚细亚神庙城市的经济上而且在它的整个社会结构和政治组织上都留下了不可磨灭的古老残余的痕迹。在许多城市国家，例如巴比伦，神庙公社作为最重要的结构成分加入城市公民公社本身。在别的地方，例如耶路撒冷，两种公社在实际上是一致的。与此相应，人在社会上的地位首先决定于他在神庙公社里所占的地位。而神庙公社自身的组织则是建筑在非常古老的，很可能还是新石器时代发生的世袭职业制基础上的。[③] 神职人员中最重要的宗教官员，被认为是世袭的，在若干贵族家

---

① 汉谟拉比法典以一定的期限限制债务奴役的规定，在新巴比伦时期已经不被遵守。丹达玛耶夫，《公元前七—四世纪的巴比伦尼亚奴隶制》（M. A. Дандамаев，Рабствов Вавилонин V11—1V зв до н. э），莫斯科，1974，页 110。

② 关于新巴比伦的神庙经济，见贝利耶夫斯基，《传说的巴比伦与历史的巴比伦》（B. A. Ъелявский，Вавилон легендарный и Вавилонисторический），莫斯科，1971，页 108 以下，页 222；丹达玛耶夫，前引书，页 36 以下。

③ 贝利耶夫斯基，前引书，页 106。

庭组成的同一个封闭集团内世代相传着。构成这个集团的祭司贵族不仅控制了属于公社的最大最好的一份财产：土地、钱财等等，而且也集中掌握了全部政治实权。从这一阶层的代表人物里遴选出城市议会，在大多数东方城市国家里履行最高行政和咨议机构的职能。城市议会会议上也还是由这些人里选出全部最高市政官员：军事的、财政的、司法的等等。至于说到民众大会，它的权力是很有限的，通常只涉及非常地方性的问题。①

根据一切情况看来，立法活动从来不在民众大会特权之列。编订和宣布法律的权力在东方一向属于命定得到"天惠神恩"的那些特种人物：国王或作为他们代表的法官（索菲特）。很明显，民众大会通常只是某种类乎听众的组织，出席议事会公开会议，听取议事会决议，以及经过议事会转达的国王指令，无权提出异议或进行任何干预。也常有召集人民参加公开举行的审判的习惯，但人民毋宁说只起了审判过程的消极见证人的作用，而不起法官或那怕是陪审员的作用。② 当然，在一定的情势下，例如在讨论摊派贡赋的问题时，公社的领导负责人也努力倾听"民意"。但是民意看来对于他们是从来没有约束力的。至少从流传至今的任何一项法令或别的文件里都无法直接看到民意。

综上所述我们觉得可以得出一个完全确定的结论：东方城市国家大多数都只达到社会政治发展的一个被希腊人在自己历史的古朴时期（公元前 7—前 6 世纪）就已超越的阶段。这是一个具有明显的社会等级划分的贵族共和国阶段。就这样，没有一个东方城市国家的发展达到真正的城邦制度：城邦制度最重

① 在类似巴比伦这样的大城市是差不多从不召开所有公民的全体会议的。只在地方上按城市街区或一个个的村子集会。见贝利耶夫斯基，前引书，页 224。

② 在巴比伦通常是由该公社的神庙长官领导审判过程的（见丹达玛耶夫，前引书，页 30）。

要的基础是公民平等原则和民众大会的立法权。

真正的古典城邦形成和发展的条件是什么呢？在古代世界历史的总背景上，前二千纪到一千纪之交希腊形成的情势看来是真正独一无二的。希腊人不得不在实际上重新学习政治知识和国家建设的全部课程。迈锡尼的官僚主义君主制度消失了，除了保存在神话和史诗中的模糊回忆而外，没有留下任何痕迹。荷马时代的王政（巴赛勒亚），或如修昔底德称谓的"父亲般的王权"（I，13），则是根本不同的一种制度的现象。因此希腊人这次得以避免了自己所面临的东方君主专制制度的威胁（毋庸置疑，迈锡尼宫廷国家正是朝着这个方向进化的）。关于这一现象显然应当到迈锡尼文明覆灭之后爱琴地区所处的与整个外部世界长期隔绝的状态中去寻找解释。在许多个世纪里（至少从12—9世纪），希腊人是可以自行其是的，不受任何外来影响，在没有任何外人启发的情况下自己选择最适合本地历史地理条件的发展道路。① 应当指出，在希腊几乎整个这一时期是在绝对的政治上破碎的标志下过去的。代替迈锡尼时代集中的国家形式，出现了一个村庄或一个氏族居留地规模的分散细小的公社。它们在长时间里成了巴尔干希腊和爱琴海岛屿整个这一地区人类社会生活的唯一形式。在某些地方，这些公社通常聚集在某个受崇拜的神庙周围，形成某种类似无定形的部落集团的形式，但这并不改变事情的实质。只有到了8世纪前半期，这些初级的细胞才开始在某些地方形成较大的政治定形体，根据一系列特征看，它们已经属于通行的城市国家概念。

从那个时候希腊社会经济发展的观点看，这一都市化在许

---

① 斯塔尔，《希腊文明的起源：公元前1100—前650年》，(Ch. G. Start, *The Origins of Greek Civilization*. 1100—660*B*—*C*)，纽约，1961，页116及以下。

多方面带有早熟性。我们要提请注意，在希腊经济中引起真正变革的殖民运动那时还刚开始。商业和手工业处于萌芽状态。半自然的农业经济到处是经济活动的主导形式。这个时期在希腊形成的极端紧张的人口情势，照我们看，可以被认为是造成第一批城市这么早就发生的主要因素（人口情势紧张的另一表现乃是大约在同时开始的大殖民运动）。一个地方人口过多引起的争夺土地和水源的激烈斗争迫使各别的公社联合起来建立据点，它们就成了第一批的城邦。①

根据最早的希腊诗人荷马、赫西俄德、阿尔凯俄斯等的作品给我们描述的社会面貌看，早期希腊城邦在政治方面是一种还有着相当强大的原始民权残余的贵族共和国。从社会学观点看，这是一个由经济上完全彼此孤立的也基本上和整个公社分开的家长制家庭的松散集合体。把它们团结成一个统一的公民集体的唯一因素乃是他们意识到在敌对的外部世界面前他们有共同的利益，必须共同对付邻近公社的进攻。早期城邦的内部结构具有职位等级制特性。组成统治阶层的氏族贵族在谱系上是和普通社员群众（德莫斯）分开的，他们通过那时尚未丧失作用的亲缘组织（部落和胞族）领导群众。但是，尽管希腊贵族占据特权地位，他们终究还未强大到足以完全控制公社或甚至把它变成剥削对象，象东方发生过的情况那样。② 实质上在希腊贵族不过是德莫斯（人民）的上层——一个享有一定政治宗教性

① 马克思曾指出军事因素在城邦形成中的作用（见《马克思恩格斯全集》，第46卷上，页475。）

② 在希腊历史上奴役和接着剥削整个公社的事情是周知的，斯巴达及帖撒利亚和克里特的诸城市可以作为例证。但是在所有这些场合，作为奴役者的还是整个公社，它们自身已不屈从任何人，它们的全部成员都保持有完全的政治的和公民的权能。

特权的最富裕的农民阶层罢了。从纯经济方面看,贵族的"奥依科斯"(家)和普通的社员(荷马称之为"人民中的男子")的"家"完全是一个类型的东西。它们之间的区别不在经营的方法,不在致富的来源,而只在它们采用的规模。古朴时代氏族贵族的发展没有达到可以转化为例如迈锡尼宫廷社会那样一种封闭性的职业军人和职业祭司等级(卡斯特)的阶段。这么复杂的社会职能分层必须有相应的物质基础,首先必须存在统一的全国性经济。但是如所看到的,返回到这种过时的经济制度,在迈锡尼之后的希腊实际上已不可能了。正因为如此,东方君主专制型国家在这里没有能由试验阶段进一步达到形成阶段。没有必要的物质基础,想要建立这种国家是迟早要失败的,大多数我们所知道的古代僭主政制和寡头政制的命运可以证明这一点。希腊城邦进一步发展走过的主要道路是逐步加强公社的民主制度,消除公社结构里原有的个人和氏族的强大力量。

两个主要因素决定了希腊的城市国家转到通向民主的、与停滞的古代东方国家形式完全隔绝的道路。这两个因素就是奴隶制和私有制。构成希腊大殖民时期经济生活最重要特点的,私有制的奴隶占有制关系在广度和强度上都属空前的发展,①其直接结果便是导致具有独特的阶层等级制、氏族贵族在政治和宗教方面的统治以及极其发达的氏族本位主义等等特点的古老的公社组织形式的瓦解。这同一过程虽然使公社内部和外部所有形式的阶级对抗尖锐到了异常的程度,但同时却也引起了真正的团结要求。与激烈的竞争和贫富分化的不断加深结合在

① 公社范围内定期重分土地的事很可能在荷马时代就已经停止了,对于赫西俄德来说,买卖土地则是司空见惯的交易了(著作集,341),在斯巴达和一些其他国家遵守的禁止出让土地所有权的现象,毋宁说是和已经确立的城邦有联系的一种次生现象。

一起的奴隶制经营在经济上的分散,要求奴隶主本身政治上团结起来作为补偿。但是不管这种团结以何种纲领实现,它必定要有全体自由农民群众以某种方式参加进来,他们在历史的所有阶段上都是城市国家全体公民的基本核心和主要军事力量。否则奴隶主便要孤立地和自己的“会说话的工具”单独打交道了,而这样显然是对他们不利的。因此在希腊世界最先进地区到古朴时期末叶(公元前6世纪)形成的新的奴隶制城邦,保存甚至完善了从前一历史时期继承下来的传统的军事政治组织形式,它的主轴便是包括全体自由公社成员的实际上与公民义务兵合一的公民会议。马克思已经注意到了这一继承性,他在《德意志意识形态》中写道:

> 公民仅仅共同占有自己的那些做工的奴隶,因此,就被公社所有制的形式联系在一起。这是积极公民的一种共同私有制,他们在奴隶面前不得不保存这种自然发生的联合形式。①

公社所有制或国家所有制的纯粹形式,例如斯巴达的“国有土地”制度或罗马的“公地”制远非到处都是占支配地位的所有制形式。例如古典时代的雅典这一所有制的意义就是微不足道的。但是对马克思所说的“共同私有制”,我们可以作较为广义

---

① 《马克思恩格斯全集》,第3卷,页25—26。城邦和原始公社的继承关系,当然并不意味着城邦只是原始公社的简单复制品。从这一阶段到那一阶段的转变,不根本摧毁现存秩序是不可能的。比读贝尔金,《早期阶级社会形态发生的若干问题:东方国家历史发展中的共同性和特殊性》(З. О. Ъерзин, Некоторые вопросы возникновения раннеклассовыхформацнй. Общее и особенное в историческом развитии стран Востока.),莫斯科,1966,页70。

的理解——把它理解为对私有制的一种控制权，国家对公民个人经济活动的一种干预权。[①] 这种控制的形式和方法可以是极其多样的。城邦国家从它发生的那刻起就显出自己积极干预经济，以矫正各种违反和偏离中匀农民经济理想标准的作用；城邦的创建者们认为这种标准是城邦繁荣昌盛的保证。雅典的梭伦"解负令"或被归到吕库古名下的斯巴达的重分土地都可以作为这种干预的实例。随着时间的推移，这种独特的、目的在于缓和贫富不均和解决在这个基础上发生的公民内部冲突的经济政策，愈来愈具有系统性。拟订并执行一系列综合措施，其主旨在于一方面大大地阻止和限制私有制的发展，另一方面保证对所有贫穷公民必要的物质支持，让他们可以积极参加国家的政治和社会生活。这类措施是众所周知的。它们包括：各种禁止和限制买卖土地及各种财产的法令，各种形式的特别税、充公和财产税，反对奢侈的法令，由国家给最贫穷公民分配土地，各种形式的分派职位和报酬，等等。[②] 城市国家的对外政策是所有这一系列措施的自然继续和发展，其目标首先在侵占别人的领土和奴役这些地方的公社。藉此，城邦政府可以"无痛地"先期解决自己的内部问题。[③]

城邦在它发展的这个阶段上，对内对外政策的民主方向是没有疑问的。民主措施是在基本公民群众（那时还主要是农民群众）积极参加下实现的，是为他们的利益的。与此相应，在城

---

① 安德列耶夫，《斯巴达是城邦的一种类型》，（Ю. В. Андреев，Спарта как тип полиса），《列宁格勒大学学报》，1973，第 8 期，页 50 以下。

② 阿甫基耶夫（В. М. Авдиев）和皮库斯（Н. Н. Пикус）主编的教科书《古希腊史》（Историа Древней Греции，Подред. В. М. Авдиева и Н. Н. Пикуса，莫斯科，1962，页 151）里，科洛鲍娃对这一制度作了概括的阐述。

③ 施塔耶尔曼，《古代文化的危机》（Е. М. Штаерман Кризис античной культуры），莫斯科，1975，页 15。

邦内部生活中，一些表达人民意志的机构被提到了首要的地位，这些机构如公民大会、陪审法庭、议事会和其他一些取代了旧的贵族共和国管理机关的机构。公民通过公民大会上的公开表决所表达的集体意志具有大家必须遵守的法令效力。这里表现了城邦思想体系的一个主要原则——少数服从多数、个人服从集体。由于逐步实现了希腊民主的主要口号——“伊色高利亚”（即全体公民平等地参加立法活动）和“伊索诺米亚”（即法律面前人人平等）——公民公社在实际上和国家融合起来，视国家为己身（我们再次提请注意：在这种情况发生以前，公社本身就已经在内部结构上得到了根本的改造，这导致了公社原先的等级结构以及与此联系的氏族制残余的消除）。欧洲希腊和亚洲希腊几个最大城邦的政治发展的结局即如上述。这些结局在古朴时代末期已经明确，而这方面，甚至在雅典和斯巴达这样两个通常被认为完全相反类型的城邦之间差别也已经不是那么大的了。这两个城邦到 6 世纪末形成了实质上同一形式的政治组织，我们可以把它定义为农民的民主制，或者用古人自己的话，叫做“贺浦里特制”。[①] 这两个早期城邦变种进一步发展所处的条件是不同的，这在社会经济和文化两个方面最终都导致了完全不同的结果，但起点在很大程度上是共同的。

---

① 我们坚定地相信，真正的城邦只能是民主制（哪怕是温和的民主制）。城邦为一方，君主专制或寡头制为另一方——是两个相互排斥的概念。因为只有在民主制的条件下，才可能真正实现城邦组织主要的社会政治原则。如果在城市国家里建立了寡头制度或君主专制（僭主制）制度，这可以证明城市国家或者不发达（公元前 5—4 世纪时希腊许多经济落后的公社可作例证），或者它处于危机和退化状态，在这种状态下，城邦制度实际上停止起作用（城邦危机时期以及希腊化时期的僭主政治和寡头政治提供了这种实例）。至于斯巴达这个国家，在我们的书里通常是被归入寡头制而且是极端寡头制一类的。我们觉得这是一种误解。通常引用 4 世纪时作家的话证实这个论点，他们所看到的斯巴达已处于危机和衰落状态，当时，寡头制成分在它的宪法中已对民主制成分 （转下页）

应当强调指出，在古典世界(希腊罗马)之外，以上所描绘的国家进化图是找不到任何类似者的。在大多数场合（其中包括东方国家)，公社和国家是沿着彼此愈来愈疏远的方向，绝不是沿着互相渗透的方向发展的。① 如已看到的，东方在很早的时候公社就变成了结集到国家里的贵族上层分子的剥削对象，与此相应也就丧失了大部分自己原先政治上的自主性。从这个时候开始国家作为一股敌对的外力和公社对立着，寄生地将公社生产的财富据为已有。② 国家似乎为了全公社利益履行的宗教、军事、经济等等的职能在这里很快变得不过是一种为自己的掠夺遮掩辩解的好听借口了。值得注意的是，在这些职能里我们没发现有社会控制、社会调节的职能，即在公社内部扶助公民群众的职能，或者说，我们发现它还只处于萌芽状态。③

(上接注①)居优势。然而，不曾有过一个古典作家曾经直接把斯巴达的国家制度叫做寡头制度。关于这个问题，见安得鲁斯，《古典斯巴达的政府》(Á. Ándrewes The Government of Classical Sparta.)，载《古代社会与制度：献给埃连伯尔格。》(*Ancient Society and Institutions. Studies Presented to V. Ehrenberg*)，牛津，1966。

① 施塔耶尔曼，《古代社会》，(E. M. Штаерман Áнтичное общество……)载《前资本主义社会历史诸问题》，第 1 卷，页 654；Г. А. 梅利基施维利，《关于古代近东社会的社会经济制度的几个方面的问题》(Г. А. Меликишвили, Некоторые аспекты вопроса о социально- зконо- мическом строе Древнцх ближневосточных обществ)，载《古代史通报》，1975，第 2 期，页 21。

② 贾可诺夫只承认公元前二千纪是这样的(《经济问题》，载《古代史通报》，1968，第 4 期，页 23。但是，我们认为，这样的事态可能存在得还要早些。

③ 在东方，原始的(农村)公社可以在最低的水平上履行这一职能。社员在和当局的关系上连环保的事，把无力偿还债务的人从奴隶地位赎出来的事，帮助孤儿寡妇的事，等等，都是周知的[见，例如，尼科尔斯基的《以色列和犹太一般历史与宗教史的若干主要问题》(Н. М. Никольскнй, Некоторые основные проблемы общей и религиозвой нстории Израиля и Иудеи)，载于拉诸维奇，《古代犹太宗教史纲》(А. Ъ. Ранович, Очерк истории древнееврейской и религии)一书，莫斯科，1937，页 4]。但是这种例子只能证实我们的思想，因为在古希腊罗马成了国家本质的那些趋势，在东方只有在社会结构的最下“层”才走出了一条路来。

然而在古典城邦的政治机构里正是这一职能占有特别重要的地位,如果不是最重要的地位的话。从原始混沌自由活动的经济力量中成长起来的城邦从它发生的一开始就力图驾驭这种自发势力,将它纳入确定的轨道,并尽可能地抑制它对公民公社的破坏作用。我们已知的"前东方"各国家中任何一个国家在自己的全部历史中都不仅不曾打算解决这方面的任务,甚至也没有向自己提出过这些任务。在关于东方国家社会经济史的著作中,时有所见的所谓"社会改革",大都只涉及纯财政问题,不超出降低或取消某些贡赋徭役的范围。苏美尔的"梭伦"——著名的乌鲁卡基那的改革可以作为典型实例。关于东方立法者如汉谟拉比等时或采取的企图限制高利贷而通常也是不成功的偶然尝试,上面已经讲过。① 看来这是一种肯定普遍规则下的例外。

最后应当指出,我们提出的城邦进化图完全是个近似图。这一过程的实际情况当然要复杂得多,并且包括我们无法统计清楚的许多不同的变种。我们也必须注意到,远不是所有的古代国家都发展达到城邦阶段。其中有一些一般说来超越了这个阶段,有一些迟了好久才走上这个阶段。② 古代国家组织多种

① 斯特鲁威,《巴比伦尼亚和巴勒斯坦的对债务奴役的斗争》(В. В. Струве, Ъорьба с рабством-должничеством В Вавилонии и Палестмне),载《巴勒斯坦文集》,第3辑(66),莫斯科,1958。

② 我们可以把相当一批所谓"寡头制城邦"归入后一类,例如,4世纪初之前的彼奥提亚和帖撒利亚诸城市,公元前6—前5世纪繁荣时期的埃特鲁里亚诸城市,等级斗争时期的罗马等等。相应于这种类型的国家,从严格的科学意义看,使用"城邦"这一术语未必正确。希腊作家们过于随便地对待这一术语,在这个问题上,往往把今天的历史学家引上迷途,而希腊作家们很可能只是因为他们没有别的合适的同义词可用,才用"城邦"来称呼任何城市,其中包括东方城市的。这些以及和这些相类似的其他一些国家,代表着类型上比较低的前城邦发展阶段,在某种程度上,符合我们前面已说过的那种古代"前东方"式城市国家的阶段。

多样的甚至五光十色的形式造成了相当迷离恍惚的印象，使人觉得难以确定我们所谓的“古典世界”和与之对立的形形色色的许多“前东方”文明之间的界限。但这个印象不可靠，因为这两个文化地区之间的界限毕竟还是存在的，而且是相当清楚明确的。

尽管古代世界创造了十分多样的政治形式，但只有一种形式在希腊罗马文明史上注定地起了特别的真正决定性的作用。而政治制度的这一主导形式无疑就是城邦。古典文化本身最独特的给人印象最深的特点，它在创造活动的一切方面所达到的最高成就都是和城邦制度有关系的。城邦甚至在处于希腊化东方君主国家体制内以及后来在罗马帝国体制内丧失了政治独立之后，仍还不失为一个独特的国家样板。所有别种公社都朝它的水平提高，向它看齐。起初是亚历山大的继承者后来是罗马帝国的皇帝都不断地仿造着许多它的复制品。古代世界只是在进入了死胡同再无可能进一步发展的时候才放弃了这一好不容易找到的万能国家模式。

“诺姆国家”、“地域王国”、“城邦”和“帝国”*

（国家类型问题研究）

贾可诺夫/雅各布森 撰

汪连兴 译

如果说在原始社会发展末期有时会产生广泛的部落结合（部落联盟），那么最早的国家则无论何时何地都是在一个不大的范围内形成的，即在一个地域公社的范围内，或者说，更多的情况下是在若干彼此有着紧密联系的公社范围内形成的。这样的国家，为求立足稳固，想必尽可能地要具有某些自然的疆界：环抱河谷的山岭、间隔岛屿或半岛的大海，包围着由一条干渠灌溉的一块地方的沙漠，等等。这种形成国家的特点分明的地区，我们姑称之谓诺姆。它通常以该诺姆的主神庙宇所在为中心；周围设以行政机构，并建有食品的和物资的仓库和武器库；最重要的能工巧匠也集中于此——在所有这一切的周遭筑起墙垣以保安全从而形成了城市，作为这种小型原始国家的中心。由于城市的形成过程在年代上或多或少地与阶级社会和国家的产生相一致，所以西方学术界往往把由原始公社制向阶级社会的转变称作“城市革命”。这个术语是难以接受的，因为它仅仅根据手工业中心发展的标志，而

---

* 译自《古代史通报》，1982，第2期。

没有指出原始社会末一阶段(野蛮时代)与文明时代的最重要区别——社会分裂为相互对抗的阶级。正是这一点向我们提供了一把钥匙,它不仅可以解释古代社会进一步发展的历史,而且可以说明城市的本质。如所周知,这个问题至今尚有争议而未成定论。我们的出发点在于,城市乃是剩余产品在其中汇集、分配和出售的一个交结点(据波利沙科威依和雅各布森所下的定义)。城市的一切其他职能(工商业的,文化的,政治的),都是由上述性质派生的。

社会和阶级分化在世界上首先发生于埃及和苏美尔。在那儿,这个过程有其特点,这些特点决定了埃及和苏美尔文明以后在同一个古代奴隶占有制生产方式范围内的独特的历史发展道路。早期奴隶制社会发展诸道路中的第一条途径,已经在苏美尔地区材料的基础上得到了比较充分的研究。苏美尔社会在经济上分为两种成分:一种是由神庙和成长中的国家的上层公职人员所掌握的大经济,这种经济在成文历史的最初几百年中来自对于公社自治机构的领导和管理。另一种是加入自治机构的自由居民的土地;这些土地在地域公社范围内由以族长为首的大家庭公社所掌握。大家庭公社通常传三、四代即分解,但分解后的公社依然被看作是一个亲族,可以有共同的祖先崇拜和互相帮助的习惯等等。

以后,第一种经济成分变成国家所有制,而第二种经济成分则保留了地域公社的名义上的最高所有权,并为各家族的族长所掌管;实际上,族长的管理权与完全的所有权之区别仅在于:只有地域公社的成员才能根据自己的利益和意愿使用、支配土地。

散居在后来成为国有制经济成分土地上的人,只能有条件地占有土地——交给他们作为糊口之资,以及作为他们替神庙或最高统治者服务或工作的报酬等等；在这种情况下，土地是以个体形式交付服务者使用的，交给小家庭，而不是大家族，即儿子和孙子们分别承担各自的一份差事，分别得到一块份地，而不与他们的父、祖相涉。每个人的份地都可以根据主管人员的命令被褫夺或调换。许多属于国有经济成分的工作人员一般得不到份地，而只得到份粮。不过，在国家人员中，也有一些按当时情况说来颇为殷实之户，他们使用他人劳动并拥有男女奴隶。通常这些人同时又是或可以又是公社土地的所有者，因而属于全权公民阶层。他们是官吏、上层武士以及技能娴熟的手工业者。这些人还可以享受由神庙或政府经济所属职员中的土地领有者兼耕作者所生产的部分产品。

奴隶制社会早期阶段的第一条发展道路即如上述，其特点就是两种经济成分——国有经济和公社私有经济并存，而以前者为主导，具体见于幼发拉底河下游及卡伦河与克尔黑河流域（古埃兰）。

早期奴隶占有制社会的第二条发展道路可以见诸尼罗河流域，即埃及。遗憾的是，埃及的早期经济和法律文献极少，许多东西我们无从窥测。

如果说苏美尔地区为幼发拉底河的各条独立的支流所切割，从这些支流中又可以引出许多独立的干渠，因而那里不仅形成许多小型的“诺姆”国家，而且得以长期维持，在短暂的统一后又重归分立，那么整个上埃及都像一条沿着唯一的水动脉——尼罗河蜿蜒伸展的狭长的带子；只是到了下埃及尼罗河才化为扇状支流，形成三角洲。显然，正因为上埃及的诺姆彼此紧相毗邻，拥挤在尼罗河与大沙漠之间，那种可以利用邻邦间多方面的角逐和竞争而为各个诺姆及其自治机构提供足够的独立保障的政治集团，在那里未能出现；诺姆间的冲突，必须早早地导致它们在一个最强大的政权之下形成“连锁”结合，甚至导致对于桀骜不驯的邻邦的彻底消灭。所以，上埃及在很早的时代就出现了以凌驾于各诺姆及整个国家之上的专制政治为标志的统一的王权；这些国王后来又攫取了下埃及。在早期埃及，很可能也有国家经济（神庙与王室的，或许还有显宦之“家”的经济）与公社—私有经济相并存；虽然如此，以后公社—私有经济却似乎被国家经济吞没得无影无踪了；至少，研究埃及学的专家们未能根据他们目前所拥有的公元前二千年及以后时期的材料找出有行政上独立于国家经济之外的全权自由公民公社存在的明显证据来。这并不妨碍甚至在国有经济范围内产生经济上自治的单独的庄户，而王室服务人员则结合成为独特的“次生形态”的公社。

但是，这一切没有构成埃及与下美索不达米亚社会之间的原则区别。或此或彼，由王室直接经营的奴隶制大经济归根结蒂都是非赢利性的，区别仅在于，埃及私有奴隶制经济的发展发生在形式上属于国有的土地上，这些私有经济除了拥有自己的奴隶外，还从国家的储备总额中汲取劳动力（黑劳士式的）。劳动者必须为他们所隶属的经济完成某一定额，生产的超额部分可以归他们利用，他们有权支配这部分产品。但即便如此，这些财产也应该看作不是属于他们所有，而是有条件的占有；众所周知，在家长制下的依附者，包括古典时代的奴隶在内，也可以支配自己占有的财产，奴隶甚至可以积累钱财以备赎身之用，这一点却是古代的黑劳士所不可企及的。这样，我们所谈的就是同一个被剥夺了生产资料所有权的被剥削阶级了。他们所受的剥削是不经过市场的超经济削剥。

早期奴隶占有制社会的第三条发展道路。在不拥有大河流域的冲积淤泥所带来的丰饶收成的土地上，阶级社会是按这种现象所共有的规律即河流灌溉地区社会发展中也具有的那种规律形成的。但是，首先，为了达到那种能在这儿的农业中也取得剩余产品的较高的技术水平，需要在这样的土地上花费更多的时间。同时，与掌握谷物栽培技术一起，这儿通常还有其他因素在起作用，例如：专门化的畜牧业、葡萄、橄榄的栽培以及金属冶炼，使他们可以通过交换参与吸收农本地区的剩余产品。其次，这里没有必要建立和维持工程浩繁的土地灌溉和土壤改良系统。还有，这儿的神庙和祭司长所起的作用也小得多，因而公社—私有经济成分的比重远远超过了国有经济。诚然，由于这些社会达到阶级社会和文明水平的时间较晚，埃及和下美索不达米亚得以向他们施加强烈的文化影响，使其，譬如说，正好加强神庙和王权的威望。因此，走第三条发展道路的早期奴隶制社会，在国有经济和公社—私有经济的相互关系上呈现出形形色色的图景：有的地方前者较强大，有的地方则后者较强大。这里的"强国"（阿哈伊亚、赫梯、米坦尼、中期亚述、新王国时期在叙利亚的埃及"帝国"），更多地具有军事联盟的性质，其中较弱的城市或"诺姆"国家必须向较强的中心国家纳贡和提供军事援助。属于早期奴隶制社会发展第三条道路的有公元前三千年代，但主要是二千年代的整个小亚和前亚社会（下美索不达米亚和克尔黑河、卡伦河平原除外），还有东地中海的爱琴海周围地区社会。公元前一千年代初，属于这一类型的看来还有前亚和小亚高原地区、希腊，以及可能包括意大利（埃特鲁里亚？）在内的各种社会。

在公元前一千年代，正如我们下面将看到的，这条发展道路又分为两种截然不同的类型，主要系于商品货币经济和国际贸易的发展水平。其中一个类型发展为独特的、古典的发展道路；在这里产生出一种特殊的公社—私有经济成分—城邦所有制和经济，与此同时，国家经济成分长期地退到了次要地位。希腊和意大利就是这种情况，下文我们将详细论述。其他许多国家，公社—私有经济只保持在城市中，而农村居民则由于征服的缘故几乎全部处于王室土地所有制的范畴内。这就整个地改变着亚洲大多数和非洲一部分国家的全部经济性质。但这一切已经属于奴隶制社会发展的最后时期了。

古代奴隶占有制社会的各种不同发展道路实际上可能不止上述三四个类型。例如，在公元前一千年代的印度半岛上大概出现过一条特殊的发展道路，其特征是有一个某些方面不同的，比在第一、第二和第三条发展道路下更为严格的等级制度；应该怎样描述中国的发展道路，目前还不太清楚。

在全世界范围内，公元前第三千年代和第二千年代是早期奴隶占有制关系（在阶级社会范围内）占统治地位的时代：至于这个时代的印度和中国社会，我们所掌握的材料还不够，无法从历史发展道路的角度，对这么早的阶段进行评述。因此，根据我们现有的知识程度，可以认为古代社会的早期阶段就是奴隶占有制发展的第一、第二、第三条道路占统治地位的阶段。

一、古代阶段

文明的发生与生产力发展的飞跃相联系：生产达到了这样的水平，即开始出现为维持和服务于统治阶级以及与此相适应的整个社会上层建筑（即其国家组织和文化设施）所必需的剩余产品。这些上层建筑的机构一旦产生，就必须力求扩大和发展，为此，必然要剩余产品数量不断增长。可是，在每个独立的社会内部，在文明伊始的第一批光辉成果之后，剩余产品的增长就受到严重阻碍甚至停滞不前了。其原因在于，劳动生产率，首先是农业这个最重要的经济部门的生产率，虽曾随着土地灌溉以及主要手工业技术手段（陶轮、织布机、铜和铁的冶炼、青铜和钢的锻铸，汲水机械、金钢石钻头，以及许多其他东西）的掌握和发展而屡见提高，但以后却几乎不再增长，有时甚至还下降了。例如，在美索不达米亚的农业中经济价值较高的作物（小麦）由于地力衰竭和土壤盐渍化而被经济价值较低的作物（大麦）所排挤。剥削程度的递进也达到了它的自然极限。终于，连扩大剩余产品绝对量的最后潜力——居民人口的自然增长——也告枯竭。在文明时代初期，这种人口增长量与原始时代相比确实是很可观的，而且发生了人口播散的过程，增加了居民点的数量。不过，儿童的成活率大概停留在每个妇女有二三个孩子这个平均数左右的某一点，亦即大体上与仅足以保持既有人口数量所需要的标准相适应。导致这种形况的因素，一方面是城市人口极度稠密，以致在完全缺乏社会卫生措施的条件下往往导致毁灭性的流行病和地方性的儿童高死亡率；而流行病和儿童高死亡率不可能不同样波及农村居民。使人口水平得以稳定的第二个因素就是周期性的农业歉收以及随之而来的饥荒；应当指出，在公元前第二千年代，地球的气候大概有过一段长久的干旱时期。

国家不得不寻求另外的剩余产品来源。

通过军事袭击抢掠邻邦，榨取贡赋，以及把战俘带回本国充作奴隶或黑劳士，这早已不是什么新鲜事情了；自从阶级社会发生以来，所有的国家都是这么做的；然而，这种战争的结局过分地取决于变幻无常的军事成败，而在同一个方向上进攻的持久胜利又只能导致这些近邻国家的毁灭和战利品来源的枯竭（这样的例子有如：巴勒斯坦的迦南人文明实际上被毁灭，不仅因为新来部落的攻击，而且还因为在此之前法老埃及的竭泽而渔式的统治）。

依靠外界资源来扩大剩余产品量的另一条途径，即增加劳动力的数量，在原则上也是可以预料到的。这个目的，可以通过攫取新的领土和居民（庞大的地域国家就是这样建立起来的）或者把劳动力掳掠回国来实现。掳掠来的人口，或充作奴隶，或充作黑劳士，以及其他各种范畴的非自由劳动者。

最后，掠夺邻邦的第三种方式，就是依靠不平等贸易。诚然，剩余产品在流通过程中不会增加，这是人所共知的，但是它可以通过交换而被重新分配。按一般规律，经常性的，原则均等的国际市场在古代社会早期阶段是不存在的，输入国内所迫切需要而通常又不能生产的商品的商人，可以获得令人难以置信的高额专利。这里所说的既包括奢侈品（小亚细亚的银子，努比亚和印度的金子，阿富汗的天青石，黎巴嫩的、即腓尼基的雪松，腓尼基的纺织品和紫红染料），也包括生活必需品（蜂蜜、锡、铁、纺织品——不过，部分纺织品也属于奢侈品的范围）。所以，国家从古时候起就经常采取占领或摧毁商业中心的办法，力图将贸易控制在自己手中。

依靠外界资源来扩大剩余产品额的其他方式，当时还没有发现。还只是或者对邻邦的直接军事掠夺，或者从它们那里掳取劳动力，或者在国际贸易上的寄生式剥削。当然，这些方式丝毫也无助于世界范围内剩余产品的增长，也丝毫无助于生产力的进步：最多只能说是对既有产品或财富的再分配而已。

建立帝国，乃是兼用所有这三种扩大剩余产品额方式的一个无意识的尝试。但是，在帝国产生过程中，还加入了其他一些经济过程的作用，因此，帝国的出现是和古代社会后来的一切存在不可分割的。

应该考虑到古代的区域性劳动分工的性质和与此相适应的国际交换的某些重要特征。这个问题在 H. Ъ. 扬科夫斯卡雅的著作中已得到详细研究，我们在以下的论述中将依据她所提供的资料。如果从古代统治阶级的角度看，这里所指的是扩大剩余产品量，那么，从整个社会的角度出发，这里所说的就应该是保证扩大再生产了；没有这一点，生产力就不可能有任何进步。扩大再生产要求社会生产的两大部类——第一类是生产资料的生产，第二类是生活资料的生产——之间有确定的比例。包括古代文明所有地区以及与之相邻的地区，都可以从它们在社会劳动分工中的作用以及属于第一或第二生产部类的角度加以研究。具体说来，主要的农业国（他们大都又是纺织品生产国），从社会劳动分工的观点看，属于第二生产部类（生活资料）；与此同时，生产原料（尤其是矿物）以及从事畜牧业的地区，则属于第一部类（生产资料）。我们把畜牧业地区归入从事生产资料而不是生活资料生产的地区，乍看起来好像很奇怪；确实，从畜牧业本身看，牲口首先是生活资料。但是，我们在考察这个问题时，不应该从畜牧业着眼，而应该立足于基本上是农业性质的古代社会的整个经济。这样我们就可以发现，肉类和用畜产品制造的其他消费品的供应，在农业地区对于扩大再生产来说并非少不了的东西；在古代世界的定居地区，畜产品从来就不是必需的生活资料，那就更不待言了。在这个时期的所有非游牧中心地区，劳动群众（包括奴隶和非奴隶）的基本食物是谷类产品——面包、酒，辅以数量不多的葱、蒜和植物油。这类居民对于皮毛以及亚麻、棉花（例如在印度）的需求，完全可以靠地区的内部资源得到满足。畜牧业地区对于整个古代社会来说主要是供给耕畜、驮畜和手工业原料一毛皮，亦即第一生产部类（生产资料）的产品。

所以，必须不仅仅简单地把对于邻邦的三种掠夺方式（单纯的经济破坏、掳掠劳动力、侵占商业中心和控制贸易）结合在一起，而且必须在适当的比例上对第一和第二社会生产部类（生产资料生产和生活资料生产）实行强制的、暴力的结合。从新亚述（公元前9—前7世纪）开始，在古代世界领域内一个接一个交相兴替的帝国，大概正是为着解决这个问题而出现的。

二、古代的“世界”大国

帝国，或所谓“世界”大国，与大的国家统一体有重大区别。后者的规模仅仅取决于统一大河流域（埃及、下美索不达米亚）的经济一政治需要，或者说，乃是一系列自治政治单位的集合体（新王国时期埃及在亚洲的政权、赫梯、米坦尼、中亚述、中国的周朝，也许还有阿哈伊亚人国家）。区别首先在于，帝国的疆域远为广袤，而不限于某一个即使是很大的地区——其各部分由于密切的经济、地理或部族关系而自然互相靠拢的地区。与此相反，帝国必定是把经济和经济需要不同，地理条件不同，居民种族成分和文化传统不同的各地区结合在一起的。这些不同的地区被强制结合在一起，为了保证第二生产部类比较发达的地区同属于第一生产部类的地区进行强迫的交换，这种交换对于后者或者完全不需要，或者不那么需要，而且无论如何不需要这样的形式。其次，区别还在于，以前的各种大的国家统一体虽然也力图在被征服地区安插自己的傀儡和王族成员等等，但基本上不打破已臣服地区的传统管理机构；与此相反，帝国则分为若干相同的行政单位（地区、省、行省），整个国家由一个唯一的中心实行总体管理，自治单位即使还保存于帝国境内，也只具有完全是第二等的意义；帝国力图把它们降低到一般地域行政区划的水平。同时,征服国的公民在被征服地区往往拥有比臣服者为多的权利和经济机会。

不言而喻,在这个很有意思的时期,所有国家都企图采取这样或那样的方式征服邻邦,扩张地盘,增加本国的劳动力数量,以及从国际贸易中捞取好处。然而,并非所有国家都能建立帝国。既然建立帝国首先有利于高度发展的农业文明(第二生产部类),因而似乎可以设想,正是他们成了帝国的创建者。然而事情并非如此。建立帝国的,每次都是拥有最优秀军队(与其说从数量看,不如说从军队的装备和训练素质看,因为最初的成功总是会给胜利者带来新的必要的数量补充)的国家;国家及其军队所处的战略地位也具有不小的意义。例如,建立了第一个“世界”帝国的亚述,在战略上处于极为有利的地位:前亚一系列最重要的通道(沿幼发拉底河、底格里斯河、横贯上美索不达米亚,穿越通往伊朗和阿尔明尼亚高原的山口)或者直接经过亚述,或者非常靠近,亚述能在其他条件相等的情况下比任何别的国家(人口数量和最初版图与之不相上下的)都更轻易地占有它们。

帝国作为一架掠夺许多近邻民族的庞大机器,不可能是一个稳固的组织,因为,无论帝王及其智囊们有什么想法,正如我们已看到的,问题并不在于靠在被征服国原来的统治阶级与征服国的统治阶级之间实行再分配来扩大征服国内部的剩余产品量:这不能保证扩大再生产和发展生产力。随着国家机构的扩大和征服国统治阶级的需求不断增长,由征服者带给整个古代社会的总消耗也在不断扩大。帝国的掠夺政策与各被征服地区之间对于正常劳动分工的需求发生冲突;商路不久也改道而越出了帝国境外(例如,地中海的贸易中心,以前是在沿海的毕布勒和西顿,后来为岛城推罗所取代,再后又转移到希腊各城市和迦太基,与东方的帝国之间隔着一个辽阔的海域)。

帝国愈扩展,就愈显得不稳固,然而,一个帝国崩溃了,随之马上就会产生另一个帝国。其原因盖在于,第一和第二社会生产部类的各地区之间强制性交换机构已经成了古代社会——直到它最终解体——生活中所不可或缺的因素。总的看来,帝国的稳定性取决于加入进来的各种成分结合的成功程度(在经济和地理方面)。从这个意义上说,最为成功的要算是罗马帝国了:它的各个组成部分在经济上相当协调地互相补充,而且,它囊括了整个地中海区域,这就使得那些主要商路不可能再越出其疆域范围。

不久就看出,对于一个帝国来说,除了军队和全国的行政机构外(它们能够在庞大的国家版图内组织强制性交换,但是从发展生产的意义上看所起的作用即使不是完全消极的,至少也是模棱两可的),还必须有另外一种机构。这种机构应该保证奴隶制的扩大再生产得以实施,同时保证自己不受王权的任意干涉。这种机构是非常缓慢地逐步形成的,在最初阶段受到帝国军队和行政机构的强烈反对,他们把这一机构的出现看成是对帝国垄断统治的破坏;然而,它依旧产生着,发展着,同时在古代世界的所有帝国中都按一个完全确定的方向发展着。这种机构就是一系列内部独立和自治的城市。在美索不达米亚,这些城市的形成途径可以简述如下:还在早王朝时期(公元前三千纪),统治者就依靠公民大会来逐步限制长老会议的权力,巩固自己的个人地位。应当指出,类似的过程后来也发生在希腊(斯巴达的僭主政治和变革尝试)以及罗马(个人独裁,然后是帝权)。但是后来在美索不达米亚的地域大国中一些最重要的城市取得了特权,使他们能在相当大的程度上独立于王权之外。在这些城市里,以市执政官为首的长老会议重新登上了前台,在城市和中央政权之间，围绕着取得特权及其使用范围问题不断地进行斗争。地域国家的首都通常都是些无足称道的或重新修建起来的城市，而这决非偶然：这里没有显赫的贵族（公职贵族则是完全从属于国王的），也没有同样很显赫的、特别受人崇敬的神庙祭司集团。由于这样发展的结果，在公元前一千纪下半叶，美索不达米亚那些享有特权的城市在许多方面都变得酷似于古典城邦了。正因为如此，它们很容易地就并入了希腊化的、然后是罗马帝国的政治经济结构。如果说城市境外的农业地区由于帝国的征服照例整个地加入国有经济成分，它的居民也逐渐地沦落到奴隶类型的非自由人阶级的水平，那么，自治城市——正如人们所知道的，它们的存在对于帝国本身至关紧要——现在就代表了公社—私有经济成分，不管它们在古代阶段经由哪条发展途径，这种成分在各地获得了比过去任何时候都更重要的经济和政治意义。这些城市之所以特别繁荣，因为在庞大的帝国疆域内通常没有任何东西妨碍社会生产的两个部类间进行贸易交换。

帝国统治者有目的地推行建立城市的方针，不仅是为了把它们作为工商业中心或军事据点，而且作为一个虽然在中央政权控制下，但拥有一定的自治权的公民集体。只有这些城市的公民才是该国境内的全权自由民。王权和城市的联盟从整体上看对双方都有利，至少，当这种自治尚有助于保证公民的现实特权，包括有可能取得农村居民所生产的一部分剩余产品时，情况是这样的。

在世界性强国内部，与公民自治集体的数量扩大相并行，中央管理机构也在成长着。这种机构的存在是必不可少的。但是，中央机构过分强大，官吏数量过分增多，就可能导致和实际导致（例如秦朝末年的中国，公元前2—前1世纪的埃及）这种机构转变成一种孤立独在的力量，吞噬掉劳动人民生产的主要剩余产品，转而导致经济衰落和社会斗争尖锐化。

这样，在世界性强国的管理机构自身内部就包含着两种对立的倾向，由此而产生了它们的不稳定性（最为稳固的世界大国，正如我们所指出的，是罗马，它在长达几个世纪的时间内，成功地把受到一定限制的地方自治同中央集权的官僚机构结合到了一起）。

三、城邦和古典式发展道路的产生

以上所描述的过程，逐步包括了古代世界的所有的阶级文明，而不管其发展道路如何；在这个过程中，参与作用的既有走第一条道路的社会（巴比伦和埃兰——两种经济成分并存而以国有经济为主导），又有走第二条道路的社会（埃及——国有经济占绝对优势）；类似的过程，——当然要晚一些，已经越出了我们目前所考虑的时间范围——同样发生在印度和中国（对这些社会按其发展特征所做的分类尚告阙如），以及走第三条道路的地区。这时，各条发展道路间的区别已在颇大程度上失去了它的鲜明性，因为类似这样的独特的国家经济几乎到处都停止了它们的存在，而比较起来不很庞大的私有经济（包括私有奴隶制经济），无论在国有土地上，还是在公社—私有土地上，到处都成了一种普通的现象。不同经济成分的区别仅在于，国家可以比较容易地干预处在王田范围内的经营单位的经济活动，直至完全控制它们，并且把土地占有者降低到丧失一切生产资料和遭受超经济剥削的地位，也就是说，国家能够把他们从中等阶级的代表者变成为下等的被剥削阶级的代表者，尽管当时的情况是，国有土地上的农村经济随着国有经济本身的消失迟早必然组织为公社,因为古代的农业没有这样或那样形式的合作是不可能生存的。但是,这些发生在国有土地上的公社本身被用作了剥削王田农民的工具。

在古代社会历史的第二阶段,最初的三条发展道路之间的重要区别,在帝国范围内在相当大程度上被消除,还由于以下一些原因:在它们被波斯征服的过程中,当地传统的管理机构,无论是国家的还是社会的,都不可避免地被铲除了,而代之以统一的帝国行政机关。这个过程本身导致帝国境内的大部分土地转变为国家所有。居住在这些土地上的人,不管他们过去是公社成员还是王田农民,都变成了国家所属的非自由人。不过,各地都在不同程度上以城市、神庙、自治部落等等形式保存了一些自治的公社组织的基地。这样,帝国境内的所有社会都变得类似于第一条发展道路(例如下美索不达米亚)的早期社会了,区别在于,过去城市是国有经济的中心,农村则保留着公社—私有经济,而现在恰恰相反,公社—私有经济大都存在于城市里,而农村则几乎整个儿置于国有经济成分的控制下。国家形式本身——以神化的专制君主为首的君主政体,往往导源于巴比伦、埃及等地。

从这一建立帝国的过程中(这一过程不能专称之为“东方式”的,因为归根结蒂还有西方的欧洲参与其间),古代世界有个地区曾一度停止参与这一过程,那就是地中海沿岸,首先是希腊诸城市,包括欧洲大陆上的、小亚沿海地区的及各岛屿上的希腊城市。在这儿——*而且只是在古代社会发展的第二阶级上,破天荒第一次*——出现了独特的、*古典的发展道路*。沿这条道路前进的社会,在其早期阶段起初属于公社—私有经济成分与国有经济成分并存的第三条发展道路。但是,由于一系列的历史事变,在迈锡尼(阿哈伊亚)文明衰落以及随后的毁灭性战争和移民过程中，这儿的国有经济成分在大多数情况下总是被扫荡和摧毁了①，也就是说，在一个比较完全的规模上发生了某种类似于下美索不达米亚在乌尔第三王朝覆灭时以及大概还有印度河流域在其原始文明消亡时所出现的那种变化。

在希腊，新的国家正是作为城市国家，并且只能作为城市国家而开始形成的。国家经济在这里没有恢复的必要：在发达的青铜和铁器时代，它不可能发挥任何有益的社会职能，希腊的城市国家与前亚的"诺姆"国家之区别也正在于此。新的城市国家实际上只是在公社—私有经济成分的范围内形成的，并且由自治的公社组织——公民大会、议事会和一些选举产生的公职人员进行很有成效的管理。国家经济成分并不是说完全没有——它包括矿山、未经分配的牧场和全部储耕地——而是说，找不出任何理由来解释这些财产为什么不能由同一些自治的城市公社来进行管理。这样的城市国家就是城邦。从这里产生了古代所有制的一种类型——城邦所有制；其实质在于，对生产资料首先是土地的所有权只能由城市公社的全权成员来实行；除了对自己的私有土地、奴隶、以及其他生产资料的所有权外，城邦公民还有权参与对城邦自治和全部收益的管理。在社会心理方面，一个极其重要的现象是，在过去任何一种其他类型的公社中，没有像城邦公民所具有的这样强烈的一体感；城邦的这种团结一致的精神，既是公民的权利，又是公民的义务，以至于他们普遍地不仅在口头上，而且在行动上（正如保存下来的历史资料所证明的那样）把城邦的利益置于个人或狭隘家庭的利益之上；甚至

① 然而，在一些比较落后的国家中（例如斯巴达），情况恰恰相反，就像在埃及一样只形成了国有成分——诚然，没有国家产业，而由私人使用属于国家的黑劳士进行生产。不过，正如我们现在所知道的，这种现象在埃及（从中王国时期开始），以及部分地在赫梯和公元前二千纪的其他前亚强国，也有代表性。

劳动义务(公益捐献)也成了显贵和富裕的氏族理所当然地承担的一项光荣义务。同时,贫困的城邦公民也有权指望从自己的公民集体方面得到全力支持。在所谓“东方的”公社里(确切些说,是在古代社会早期的公社里),贫困的公社成员可以指望得到的是来自同公社成员方面的某些往往是不无私心的支助;要是他们彻底破产了,那就沦为债务奴隶,变成失去公社成员身份的流浪汉(哈皮鲁),最多的是变成“国王的人”,因为庞大的王室经济可以容纳几乎是无限量的劳动力。而在城邦中,贫民(所谓古代无产阶级或流氓无产者)可以靠城邦维持生计。城邦的团结一致和互相帮助的力量是如此强大,以至像摧毁高利贷资本和彻底废除债务奴役这样的事,汉谟拉比国王所没有做到的,希腊城邦却做到了。

事情很清楚,只有相当富裕的城市国家才能克服高利贷和养活贫民,而且,为了避免大批的人陷于高利贷,他们不仅应该有钱,还应该拥有相当程度的商品生产。这意味着什么?让我们试析一下。

可以回想一下,在古代社会早期,由于农业和畜牧业、农业和手工业、最后是种植各种不同作物的农民之间的劳动分工,在公社内部产生了交换的需要,在这种情况下,贫富分化的加剧导致个体农户种籽不足。由于交换的自然性和生产的季节性,这样的交易相当大一部分是以借贷的方式进行的,而借贷必以利息为条件。公元前二千纪的东方高利贷正是在这个土壤上发展起来的,它破坏社会经济并且阻碍了它的发展。在公社内部进行交换的条件下要想避免高利贷,只可能在那种地方,即为市场而生产,因而生产者在任何时候都可以有现钱——不一定是铸币:它可以是分量的金属(银子、铜块等)、粮食、牲畜和各种其他商品。

因此，高利贷活动停止[1]的前提就是商品市场的存在[2]。实际上，希腊的城市国家与古代社会早期的国家不同，已经拥有广阔的国际市场以容纳自己本身的和过境的商品。这样的市场有小亚、前亚和北非的帝国和王国，还有所谓“蛮族”聚居的周边地区，即地中海和黑海周围的那些部落。他们已经进入铁器时代，由于社会生产力开始猛力增长，他们已出现在阶级社会的大门口，并且开始生产剩余产品以用于国际间的交换。

城邦公民的经济在颇大程度上带有商品性质（为市场而生产），这种情况决定了这经济的特殊性质。正如我们所知道的，在古代社会早期，公社成员们不得不保持大家族的团结，脱离大家族的个体家庭不是绝灭，就是重新繁衍为一个大家族组织。在城邦中，个体经济为市场而生产，完全有能力独自营生，而若终于破产，也可以指望得到国家的接济（在城邦条件下，国家完全与一个地域公社或若干地域公社的综合体相一致）。

这种状况具有重大的社会心理效果，其影响竟超乎百代之上。集体主义及公民的团结一致，同个人主义和个人的崇高价值竟相处得十分融洽。正是这种巧妙的结合，使得希腊人能够在前不久（阶级社会早期阶段）才表现出来的世界观和处世态度的基础上，亦即在神话世界观的基础上，在一个很短的历史时期内培养出批判的哲学和科学思想，培养出创造性的艺术和文学，培养出哲学伦理学和严格的逻辑思维技巧。在我们所考察的这

---

① 当然，这里说的是农业和自由手工业中的高利贷；在商业中，高利贷当然还保存着并且具有相当发达、相当复杂的形式。

② 不过，应该说就是在公元前1世纪的近东国家中，高利贷虽然没有完全消失，但所起的作用与过去相比极为有限。这种现象一部分也可以解释为由于商品生产的增长，另一部分原因，则可能应该解释为国家政权为了自身利益而对“国王的人”采取的保护性措施；行政部门在必要时可以用各种形式向他们支付他们劳动所得的相当大一部分报酬。这个问题暂时还没有得到充分的研究。

个时期之末，屹立着亚里士多德的令人惊叹的形象，他是人类有史以来最伟大的思想家之一，即便中世纪把他的某些假说变成了教条，也不能抹去他迄今为止对于人类的整个科学，首先是逻辑科学的巨大影响。这一切都是与非常古老的公社崇拜和宗教神话相并存的。

在城邦条件下，还创造出了完全独特的国家形式。早在古代社会初期，人们就知道某些地方存在着共和制的管理形式，那儿的国家首脑（或一群充当这种角色的人）必须对集体的管理机构负责，并且可以由后者任免。但是，一方面由于客观条件，一方面由于来自经济上先进的地区（这些地区当时已经具备了专制形式的国家机构）的直接的思想影响，那儿的共和国很少能够长期生存从而给予人类历史以重大影响。与此相反，在城邦世界，也就是走古典式发展道路的社会中，共和制国家机构乃是一种典型的现象。各城邦“结构”间的区别仅在于，是所有的城邦公民都可以在不同程度上参与国家管理呢，还是这种权利有所限制。在新建的城邦中，居于领导地位的起初是最受尊敬、最为显赫的氏族首领，即贵族；但是高利贷解体后不久，起主要作用的就是代表着城邦全体公民的公民大会了；这种性质的民主政治往往从人民中，或者从某个因为某种原因而得到人民的好感和信任的显贵氏族中，临时性地推举出权力不受限制的独裁代表但是在绝大多数情况下，真正地积极参与政治事务在国内要受财产资格所限，而这对于一个金钱已经开始起如此重要作用的社会来说，乃是很自然的现象。

在希腊以东地区，经济上先进国家的国家组织（专制政体）为其他国家所效法；与此相类似，在地中海区域，共和制的国家组织也为没有这种经历（它决定了占主导地位的希腊城邦的建立）的国家所效法。它们甚至扩及于政治经济制度完全不同的国家，例如斯巴达，它与邻近的科林斯或雅典相比，经济上更像埃及。

我们所描述的这种形式的城邦，不管对于人类以后的全部发展多么重要，但是它所生存的时间不长：在闭塞的城市国家范围内，发展的可能性是有限的，而私人的国际贸易的可能性也是有限的，何况在城邦各自独立的情况下，这种可能性不可能得到城邦国家所拥有的微不足道的军事力量的足够保护。在帝国中，如果不使帝国本身与从属于它们但又实行自治的、能够保证扩大再生产的城市并存，那就谈不上进一步的发展；同样地，如果没有囊括各城邦，从而为它们创造了国际贸易的可靠条件的帝国的帮助，那些自治而独立的城邦也不可能继续发展。在希腊化国家和罗马帝国之中，城邦一经失去政治上的独立，也就逐步地失去它们同东方一些享有特权的城市之间的主要区别。从罗马到中国，由于建立了带有自给自足特点的大庄园，无论城邦还是特权城市到处都在逐步消失，至少是在逐步丧失它们那传统的结构；在那里，大庄园主越来越坐大，俨如一方之君，而商品经济，在这种封建化时期则逐渐衰退。与此同时，像汉朝和罗马这样的帝国也寿数将尽，开始崩溃了。这种自然的结局随着帝国各地区经济条件的逐步平衡，或早或迟总会到来。那时候，这些地区不再是互相补充的伙伴（即使是非自愿的），而是转变为相互竞争的对手了。帝国，也从而失去了它的经济意义。

斯巴达是城邦的一种类型*

安德列耶夫 撰

施治生 译 廖学盛 校

斯巴达是城邦吗？看起来，我们在提出这样一个问题时是在没有问题的地方制造问题，因为还在古代对此问题就有了直接而明确的答复。例如，修昔底德(I,10,2)把斯巴达称为“未经统一运动的城邦”，其公民“按照古代希腊人的习俗散居于村落之中”。看来，这位历史学家本人及其同时代的人都认为，统一运动，即公民(至少是公民中的大部分)聚居在共有的城墙界内，是城邦最具有代表性的特征之一。但是对于斯巴达说来，在这里算是例外：它已是一个城邦，虽然没有经过统一运动。对于生活在公元前5—前4世纪的许多希腊人来说，斯巴达不啻是个城邦，而且仿佛是城市国家的一种标准，是希腊其他一切城市的楷模。亚里士多德(《政治学》，II,1263a,33)把斯巴达归入“得到良好治理的”城邦之列，难以怀疑他持有庸俗的亲斯巴达观点；在此场合下，他只不过是遵循了早在他以前就已形成的文献传统而已。相似的说法在柏拉图的著作中也可看到。当时斯巴达的许多特点被两位哲学家用到了他们所拟定的理想国家的

* 译自《列宁格勒大学学报》，1973，第8期，历史、语言、文学类，第2辑。

空想方案中,按照他们的构想,理想的国家只能采取城邦的形式。①

古代人对斯巴达的看法就是这样。但是,尽管如此,在现代的学术著作中往往将斯巴达排斥于“真正的城邦”之外,人们把它看成是偏离希腊和整个古代世界历史一般规则的某种反常现象。② 例如,埃连伯尔格从20年代起就撰写了一系列关于斯巴达的专门的研究著作,在自己最近发表的一部著作中断言,仅就这样一点而言,斯巴达也不能算是城邦,即其国家名称(拉栖第梦)和公民名称(斯巴达公民)不相一致,而在埃连伯尔格看来,这是与城邦组织最具有代表性的特征——国家和社会的同一性——相抵触的。③ 另一个德国历史学家基尔斯滕,明显忽视上面所引用的修昔底德的见解,指出,斯巴达人按村落居住的方式本身,足以说明它并不是城邦,而只是一个部落(埃特诺斯)。④ 著名的奥地利研究者沙歇尔迈尔持有同样的观点。⑤ 他把基尔斯滕的论证略加深化,指出,除了斯巴达人总是同“城市

---

① 古代对于斯巴达的这种理想化,详见奥利埃,《斯巴达的幻景》(Fr. Ollier, *Le Mirage Spartiate*),第1—2卷,巴黎,1933—1943;蒂格尔斯特德,《古典时代斯巴达之传说》(E. N. Tigerstedt, *The Legend of Sparta in Classical Antiquity*),第3卷,斯德哥尔摩,1965。

② 举例来说,科昂把斯巴达称为“历史上的例外”[科昂,《希腊和古典世界的希腊化》(R. Kohen, La Grece et l'Hellenisation du monde antique),巴黎,1934,页92]。

③ 埃连伯尔格,《希腊人的国家》(V. Ehrenberg, *Der Staat der Griechen*),苏黎世—斯图加特,1965,页109;又见《国家的新的创建者》(*Neugründer des Staate*),慕尼黑,1925,页22以下;《古代斯巴达的平民》(Der Damos im archaischen Sparta),载《赫尔墨斯》,第68卷,第5册,1933,页301。

④ 基尔斯滕,《作为地中海地区的历史和地理问题的希腊城邦》(E. Kirsten, *Die griechische Polis als historisch — geographisches Problem des Mittelmeerraumes*),波思,1956,页103以下。

⑤ 沙歇尔迈尔,《希腊史》(Fr. Schachermeyr, *Griechische Geschichte*),斯图加特,1960,页126—128。

式的生活”格格不入以外，在他们的国家机构中贵族因素也表现得过于弱小(还在很早时期贵族就已和公民大众融合起来，他们和公民大众一样被迫服从“吕库古法”的严峻的律令)，而这一点又使得斯巴达不能被认为是真正的城邦。

从某种意义上说，现代历史学中这种对待斯巴达的审慎态度，可以看作是 19 世纪末到 20 世纪上半叶西欧(特别是德国)文献中对于斯巴达过分颂扬的反动。我们都记得，在这个时期的许多作品中，斯巴达被宣扬为“城邦本质真正的和最显著的体现”，因为正是在这里，构成城邦思想体系基础的少数服从多数和个人服从集体的原则，最彻底地付诸实现。① 有一种情况值得注意，即现代西方的历史学家用来判定斯巴达归属何种类型问题的标准相当随便，并不总是准确的。这显然是由于现代科学丧失了古代人的思维所特有的自发地确定城邦的实质是特殊类型的国家和社会，因而迄今为止对此概念尚未作出多少确切一点的定义之故。②

苏联历史学家把城邦看作是奴隶占有制社会形态最重要的发展阶段之一③，通常根据的是马克思和恩格斯在《德意志意识

---

① 凯尔斯特，《希腊化史》(J. Kaerst, *Geschichte des Hellenismus*)，第 1 卷，莱比锡—柏林，1917，页 14；又见卡尔施忒特，《希腊国家法》(U. Kahrstedt, *Griechische Staatsrecht*)，第 1 卷，哥廷根，1922，页 380；哈塞布勒克，《波斯人时代以前的希腊经济与社会史》(J. Hasebroeck, *Griechische Wirtschafts und Gesellschafts — geschichte bis zur Perserzeit*)，杜宾根，1931，页 201 以下；布克哈特，《希腊文化》(J. Burckhardt, *Griechische Kultur*)，柏林，1941，页 18。

② 尽管本地世纪初一些学者如佩尔曼、韦贝尔、布佐尔特等人，在城邦研究中作出了巨大的贡献，但这个问题仍然没有得到彻底解决。

③ 见科瓦略夫主编，《古代世界史》(ИСТОРИЯ Древнегомира, Под Ред С. И. Коэалева)，第 3 卷，第 2 分册，莫斯科，1936，第 11 章(作者丘梅涅夫)；阿甫基耶夫和皮库斯主编，《古希腊史》(История Древней Г реции, Под ред. В. И. Авдиева и НН. Пикуса,)，莫斯科，1962，第 6 章(作者科洛鲍娃)；库德里亚弗采夫，《公元二世纪巴尔干半岛的希腊人诸行省》(О. В. Кудрявцев, (转下页)

形态》中对古代所有制所作的论述：

> 第二种所有制形式是古代公社所有制和国家所有制。……除公社所有制以外，动产的私有制以及后来不动产的私有制已经开始发展起来，但它们是作为一种反常的、从属于公社所有制的形式发展起来的。公民仅仅共同占有自己的那些做工的奴隶，因此就被公社所有制的形式联系在一起。这是积极公民的一种共同私有制，他们在奴隶面前不得不保存这种自发产生的联合形式①。

从这些话中可以看出，马克思认为古代城市国家是统治阶级面对被压迫者而建立起来的一定组织形式，因而也是奴隶占有制生产方式本身在其发展的一个阶段上的非常重要的因素。诚然，这种组织的原则本身仍不十分清楚，因为马克思思想的表述在这里很是简要。首先，应当如何理解构成古代所有制形式的基础，因而也是构成城邦基础的“公社所有制”？在我们的学术著作中对此问题有着各种不同的解答。例如，科瓦略夫认为，

(上接注③)Эллинские провинции Балканского Полуострова во II веке н. э.)莫斯科，1954，页6以下；乌特钦科，《罗马共和国的危机与衰亡》(С. Л. Утченко, Криэис и падение Римской респуникн)，莫斯科，1965，页5以下；施塔耶尔曼，《古典社会。历史的现代化和历史的类比》(Е. М. Штаермап, Античное Общество. Модерниэация истории и исторические аналогии)，载论文集《前资本主义社会的历史诸问题》(Проблемы нстории докапиталистических обществ)，第1卷，莫斯科，1968，页653以下。在这里，我们有意不涉及在苏联历史学中独树一帜的别尔格尔的观点[《古希腊民主派的政治思想》(Политическая мысль древнегреческой Демократии)，莫斯科，1966，页10以下]。按照他的说法，城邦只不过是“古希腊国家的雏型”(在别尔格尔看来，5世纪的雅典已不是城邦)。讨论这个问题会使我们离题太远。

① 见《马克思恩格斯选集》，人民出版社，1972，第1卷，页26。

公社所有制(Gemeindeeigentum)这个术语从上下文来看应按字面来理解,理解为直接属于国家的财产,比如罗马的公有地(ager publicus)。[①] 但是,根据这个观点,我们就应该把一些城邦,譬如雅典,排斥在外,因为在它们的经济生活中,如众所知,国有土地(在产生军事殖民地之前)不起什么显著的作用。[②] 乌特钦科对马克思的这个原理提出另一种解释。[③] 按照他的意见,古代所有制形式的实质首先在于:在古代社会中,真正意义上的私有者只能是公社成员,是全权公民。据此,乌特钦科把城邦看作是

> 在一定历史条件下最好地保证私有者集体实现土地私有权以及支配(管理)这种私有权和保护私有权的组织。

对于这种解释虽然难以从实质上提出什么反对意见,但依我们看来,毕竟是过于笼统,未能充分揭示城邦同譬如说是东方或日耳曼的农村公社相比较而具有的特点。[④]

在我们看来,科洛鲍娃对于马克思的话的理解比其他人较

---

① 科瓦略夫:《马克思和恩格斯关于古代生产方式的学说(С. И. Ковалев, Учение Маркса и Энгельса об античном способе проиэводства),载《国立物质文化研究所通报》,第12卷,第9—10辑,1932,页27。又见丘梅涅夫:前引书,页54。

② 在马克思看来,土地直接归属国家所有,在古代所有制形式的范围内仅仅是局部的现象[见马克思,《资本主义生产以前的各种形式》,《马克思恩格斯全集》,人民出版社,1979,第46卷(上),页474—477]。

③ 乌特钦科,前引书,页8;又见库德里亚弗采夫,前引书,页7以下;施塔耶尔曼,前引文,页653;卡扎马诺娃,《城邦》(Л. Н. Казаманова, Полис),《苏联历史百科全书》,第11卷。

④ 贾可诺夫以类似的方法推论,他在自己最近发表的作品中断言,城邦制度不只是古典世界特有的,古代在古典世界之外也是相当广泛存在的[《论近东社会结构》(О структуре общества Блнжнего Востока),《古代史通报》,1968,第4期,页31,注126]。又见施塔耶尔曼,前引文,页654。

为正确。在她看来,使城邦不同于公社其他形式的公社一国家所有制,首先表现在"公民集体对其成员的私有财产实行监督"①。作为这种对私有财产实行监督的例证,科洛鲍娃提到的有:土地买卖限于城邦范围之内;富有公民对国家承担义务(公益捐献);规定土地占有的最大限量。"国家采取这些办法,"她接着说:

> 目的在于力图不许削弱公民集体的团结一致,从而保护作为生产资料和劳动工具所有者的自由生产者阶层。②

如果要进一步发挥这一思想,我们便可把城邦当作一种独特的、团结着国内所有公民的社会政治联合体,而不论公民的社会和物质状况如何。城邦组织最显著的特点之一就是国家实行特殊的经济政策,其内容可以归结为这样的综合措施:限制一点私有财产的发展,维护和增加一点直属公社的财产(其中不仅有不动产,而且还有国家的货币收入,例如雅典的同盟国的岁帑)。至于说到限制私有财产发展的措施,则可能有三种:或表现为抑制私人财富的增长(土地占有最大限量、贸易垄断);或表现为把奴隶占有制经济的剩余产品的一部分在公民之中重新分配,宛如由国家本身使用它一样(公益捐献、财产税、没收财产等);或最后表现为对奴隶主本身消费这些产品实行监督。最著名的在古代世界广泛流行的监督私人消费的方法,就是所谓"反奢侈法",尽管它明显地带有蛊惑人心的因素,但在城邦思想意识发

---

① 阿甫基耶夫和皮库斯主编,《古希腊史》,页151。

② 又见勃莱基,《希腊城邦的社会经济基础与柏拉图的法制国家》(B. Borecky, Die Sozialökonomischen Grundlagen der griechischen Polis und Platons Gesetzestaat),载《和平》,第2卷,1964,页91。

展过程中，特别是在城市国家形成的早期阶段，起了相当重要的作用。①

回头来看斯巴达，我们在这里可以发现上面所说的古代所有制形式的许多具体表现。虽然斯巴达没有城墙，斯巴达公民有着“非城市的”生活方式，以及这个国家具有与我们通常所说的城邦观念相矛盾的其他一些特点，但可以肯定地说，它正好体现了统治阶级组织的这种类型。从理论上说，在斯巴达占据主导地位的所有制形式是对土地和奴隶的公社所有制。如众所知，这种情况的形成是由于征服了拉哥尼亚和美塞尼亚，并奴役这两个地区相当部分的居民。既然征服是依靠整个斯巴达公民公社的力量实现的，因而每个公民便都可以同样地要求成为所占领的土地以及固定于土地之上的奴隶的主人。另一方面，国家本身则关注自由居民和被奴役的居民在数量上保持一定的平衡。显然，建立土地使用制度正是为了追求这个目的，这种土地使用制度以不可分割和不得转让的“古老的”份地为基础，每块

---

① 应当指出，反奢侈法无疑是一种最古老的城邦制度，它在氏族制度占统治地位的时代是完全不知道的. 在现代的落后民族中，巨额财富并不被认为是某种不体面的东西，只要所有者在增殖财富的同时经常慷慨地对待自己的邻居和同族人就行。美洲西北部印第安人的所谓“波特拉奇”可作为例子[见阿维尔基耶娃，《北美洲西北海岸印第安人社会中氏族公社的解体和早期阶级关系的形成》(Ю. П. Аверкиева, Раэложение родовой ошибны и формирование раннеклассовых отношений В обществе индейцев северо — эападного побережья Северной Америки)，莫斯科，1961，页 34 以下，页 115 以下，页 179 以下，页 225 以下]。同样未必偶然的是，希腊传统通常把反对奢侈与致富的措施和具体的立法家的名字(梭伦、扎列吕科斯、佩里安德罗斯、吕库古等)联系在一起；这样就使这些措施或多或少有个准确的年代。因而，不应当把城邦看成是自然地移植到新的历史条件中的部落公社的简单模塑品。显然，马克思在论及公民维持城邦(“自然成长的团体形式”)时所指的继承性，并不排斥过渡到城市国家阶段时公社制度的根本破坏和改造 (见别尔格尔，前引书，页 10：贾可诺夫：前引文，页 82)。

份地应当维持一个或者也可能是几个斯巴达公民战士连同他们家属的生活，在法律上被认为是国家的财产。① 我们不知道斯巴达国家享有最高所有权达到怎样的广度和自由程度，是否存在着某些由它支配的备用土地。②

很可能，在实际生活中，斯巴达经济中"国有部分"的作用并不很大。如同希腊大多数城邦一样，斯巴达国家的经济主权，与其说是表现在直接掌握某种真正能够作为国家经济基础的财产，不如说是表现在对各个公民的私产实行监督和采取各种限制措施上。属于这些由斯巴达政府实施的措施之列的，首先应是禁止土地买卖，其中包括其隐蔽的形式如馈赠和遗嘱（普鲁塔克，《阿基斯传》，5；参见亚里士多德，《政治学》，II，1269b；本都的赫拉克列伊德斯，II，7；普鲁塔克，《斯巴达的制度》，227）。其次，禁止将黑劳士卖到国外，以及释放为自由人（斯特拉波，

---

① 正如普鲁塔克描述的（《吕库古传》，8；16：《阿基斯传》，5；8。又见本都的赫拉克列伊德斯，II，7。《希腊史学著作辑录》，11，211），这种制度只有在最终征服美塞尼亚之后才能产生，也就是说不早于公元前 7 世纪末，因为单是拉哥尼亚的土地不足以配置 9000 块份地，每块份地拥有 82 麦迪姆诺斯大麦的收入［见迈尔，《古代史》（Ed. Meyer, *Geschi — Chte des Altertums*），第 3 卷，斯图加特，1937，页 273 以下；卡尔施忒特，《斯巴达的农业经济》（U. Kahrstedt, Die spartanische Agrar wirtschaft），载《赫尔墨斯》，第 54 卷，1919，页 279 以下；克里梅斯，《古代斯巴达》（K. M. T. Chrimes, *Ancient Sparta*），曼彻斯特，1949，页 286］。

② 据普鲁塔克记载（《吕库古传》，16），部落长老从 9000 块份地中选择一块份地，并主持把它交给新生的斯巴达公民的仪式，这大概纯属象征性的。孩儿获得的份地多半是已经属于他父亲的（参见《阿基斯传》，5）。值得注意的是，不论色诺芬（《斯巴达政制》，V—V11），还是亚里士多德（《政治学》，II，1263a），都引证了关于斯巴达人财产公有的许多事例，但从未提起过直接属于国家的土地。从另一方面来说，分地给被释放的黑劳士和所谓"涅奥达莫斯"（修昔底德，V，34.1），只有在全部国家土地在公民之中还没有完全分完的情况下才能实现［见克里梅斯，前引书，页 286 以下；基希列，《拉哥尼亚与斯巴达》（F. Kiechle, *Lakonien und Sparta*）。慕尼黑—柏林，1963，页 219］。

V111, C,365)。最后,除了闻名于世的铁币以外,法律禁止使用其他任何货币(普鲁塔克,《吕库古传》,9;参见色诺芬,《斯巴达政制》,V11,5,6)。①

大概上述任何一种措施,从一开始起就不足以防止私人财富的增长和势必随之而来的大批公民的破产。② 斯巴达的立法家(或立法家们)由于明瞭这一点,所以力图尽一切可能,正如特奥弗拉斯托斯所说的(普鲁塔克,《吕库古传》,10),使“财产不再成为财产”。任何原始城邦所固有的平均化的倾向,在其他国家中通常表现为反奢侈法,而在斯巴达则形成了整套制度:发布了许多的官方禁令和律令,详细规定每个斯巴达公民从出生到死

① 如上所述,斯巴达的土地和奴隶国有制只有理论性质。事实上,斯巴达的国有地。如同格拉古改革以前罗马的公有地(ager publicus)一样,已经变成了私人的财产。甚至,如果假定斯巴达像克里特一些多利亚人城市那样(亚里士多德,《政治学》,II,1272a,12以下),存在着分出来作为储备的由国家奴隶耕作的土地的话,那么,即使在这种情况下,也只能说是有着十分原始的国家经济的雏型,何况,它起源于特殊的情况(征服),实质上基于所谓“纳贡”,也就是战胜者公社对被征服的公社进行剥削。所以,我们无论如何也不能同意贾可诺夫的观点,他把斯巴达当作一种与私有部分相比较“国有部分占有无比优势的单一经济”的范例。贾可诺夫认为,斯巴达开创了城市国家的这样一系列历史类型,其中先是“单一”经济明显地表现为国有经济占据优势地位,而后则为苏美尔和叙利亚的城市、克里特和迈锡尼希腊的王国等为代表的“双重”经济所代替。以后它们又让位于“单一”经济,但这回却是私有部分与国有部分相比明显地占有优势,雅典、科林斯、共和时期的罗马等城邦便可作为此种类型的楷模(《论近东社会的结构》,《古代史通报》,1968,第4期,页32)。在我们看米,这里所提出的分类既严重歪曲了历史发展的真实情景,又与事实不相符合。如果根据斯巴达和雅典这两个城邦各有的国有经济发展程度把它们作一番比较的话,那么,大概不得不让雅典属于首位,因为它的财力远远超过包括斯巴达在内的所有其他希腊国家。

② 许多历史学家所指出的斯巴达公民总数的缩减,大概远在通过所谓“埃皮塔德吕斯法”之前就已开始(普鲁塔克,《阿基斯传》,5)。例如,公元前418年斯巴达全权公民人数按最高估算为4000人,而在公元前480)年则为8000人(见齐恩,《斯巴达的人口问题》(L. Ziehen, Das Spartanische Bevölkerungsproblem),载《赫尔墨斯》,第68卷,第2册,1933,页218,注1)。

亡的全部活动的准则。在这种奇特的制度中，所有一切事情，直到公民的衣着款式和须发式样，都有明确的规定(修昔底德，I，6，4；阿特纳伊奥斯。IV，143a)。斯巴达“秩序”的基石是“公餐”——一起进餐，充满着粗野的平均主义和严格的互相监督的精神。法律规定固定数额的费用(普鲁塔克，《吕库古传》，12；阿特纳伊奥斯，IV，141e)，公餐的所有参加者消费同样的份额(阿特纳伊奥斯，IV，141a—c)，这些都应作为斯巴达整个国家制度基本原则的平等原则的鲜明表现。①

公餐制度和斯巴达的军队直接联系着(希罗多德，I，65)，又与国家地域行政划分为所谓“村落”或“奥伯”②相适应，它是斯巴达城邦组织最重要的构成部分。另一个这样的构成部分，则是同公餐制紧密交织在一起的按年龄分级制度。③

现在大多数学者倾向于认为所谓“吕库古立法”乃是文学性的虚构，在其背后隐藏着大约发生在公元前6世纪中期的一系

① 与色诺芬、普鲁塔克等作家有关古典时期公餐的记载相反，阿尔克曼的一些诗文片断，特别是著名的第49片断(迪尔所编)，叙述贵族的美味佳肴与“人民所吃的粗茶淡饭”适成鲜明的对照。显然，在公元前7世纪诗人生活的时代，“平等者公社”还不存在。在公餐中，不仅普通成员的份额，而担任公职的显要人物如国王和长老们的优待份额，也都规定了标准(希罗多德，VI，57，普鲁塔克，《吕库古传》，26)，因而使荷马时代贵族的最重要特权之一限定于一定范围之内。同时，与公餐相联系的是富裕公民承担公益捐献性质的义务(色诺芬，《斯巴达政制》，V，3；普鲁塔克，《吕库古传》，12；阿特纳伊奥斯，IV，139—141)。

② 阿基斯四世企图在斯巴达恢复吕库古时代的制度，打算设立15个大公餐组织，“每个大公餐组织有400或200人”(普鲁塔克，《阿基斯传》，8)，因此，斯巴达5个村落各有3个公餐组织。

③ 关于这两种制度，详见尼尔逊，《斯巴达生活的基础》(M. P. Nilsson, Die Grundlagen des spartanischen Lebens)，载《克利奥》，第12卷，1912年；让梅尔，《青年和战士》(H. Jeanmaire, *Cou roi et Couretes*)，里尔，1939，页463以下；克里梅斯，前引书，页220以下。

列改革。① 这些改革奠定了斯巴达"秩序"的基础,这是我们从始于色诺芬的一些晚期作家的著作中知道的,它们可能是美塞尼亚战争期间遍及整个斯巴达的强大民主运动的反映(亚里士多德,《政治学》,V,1306a)。在分配作为"平等者"公社物质基础的掠夺来的美塞尼亚土地的时候,也实行了旨在使斯巴达社会健全和民主化的一整套社会政治措施。在这些措施中,包括着创设公餐制度、国家对青年进行教育,以及确定国家对包括国王和贵族在内的全体斯巴达公民的私人生活和经济活动实行监督。② 可能,监察委员会地位的上升同这些改革也直接有关,它在公元前5—前4世纪成了斯巴达"生活方式"(modus vivendi)的主要监护者。③ 监察委员拥有僭主般的权力,用希罗多德的话来说(V11,104),这是"法律专制"的明显表现,所有斯巴达公民必须服从。

不管"吕库古法"的创立者是谁,不管他是贵族还是平民出

---

① 近来发表的著作,可见高姆,《对修昔底德的历史评注》(A. W. Gomme, *A Historical Commentary on Thucydides*),牛津,1950,页129以下;米切尔,《斯巴达》(H. Michell, Sparta),剑桥,1952,页22以下;罗寒尔,《斯巴达》(P. Roussel, *Sparta*),巴黎,1960,页41;基希列,前引书,页247以下;蒂格尔斯特德,前引书,第1卷,页44,页68以下;本格松,《希腊史》(H. Bengtson, *Griechische Geschichte*),慕尼黑,1960,页112,页115;沙歇尔迈尔,《希腊史》(Fr. Schachermeyr, *Griechische Geschichte*),页127。

② 尽管像公餐和按年龄分级这些制度,可能早在多利亚人入侵之前就已在斯巴达存在,但是,恐怕不能认为公元前6世纪的改革仅仅是"古代多利亚人习俗的复活"(见基希列,前引书;蒂格尔斯特德,前引书,页69)。所有这些习俗都受到根本的破坏和改造,以适合奴隶制国家的需要(见我们的论文《斯巴达骑士》(Спартанские Всаднники),《古代史通报》,1969,第4期,页34以下)。

③ 英明的希隆"最先使监察委员同国王并驾齐驱"(第奥根尼·拉尔修,I,68),他本人在公元前558/555年担任此职。见罗塞尔,《斯巴达》,页41以下;基希列,前引书,页239;埃连伯尔格,《斯巴达(历史)》[V. Ehrenberg, Sparta (Geschichte)],《实用古典科学百科全书》(R—2)。第6分卷,1929,第1380栏以下。

身的人，其反贵族的倾向则是毫无疑问的。平民的生活方式，以及他们的风俗习惯，在斯巴达取得了法律的效力。虽然贵族大概还保存着自己的一些特权，但却又在公民大众中被同化和融合到如此地步，以至于一些历史学家时常提出疑问："斯巴达是否曾经有过贵族?"①

在一定意义上说，由于公元前6世纪的变革而形成的斯巴达社会政治制度，类似"重装步兵政体"，即在梭伦和克利斯提尼改革之后产生于雅典的农民民主政治。② 但与雅典不同，斯巴达民主政治未能进一步发展，因为随着"吕库古制度"的确立，商品货币关系的发展受到严重阻碍，刚刚开始形成的工商业阶层永远地被排斥于国家政治生活之外。有意扶植起来的半自然的农业经济很快地把斯巴达变为经济上最落后的希腊国家之一。而由公元前6世纪一些改革奠定基础的民主萌芽，在长期的军国主义、严酷军纪和隶属关系的环境之中(这是我们所知道的公元前5—前4世纪斯巴达很典型的情况)，就这么着未能得以充

---

① 例如，迈尔，《古代史研究》(Ed. Meyer, *Forschungen der alten Geschichte*)，第1卷，哈雷，1892，页255注2；埃连伯尔格，《古代斯巴达的平民》(V. Ehrenberg, *Der Damos im archaischen Sparta*)，页299；蒂格尔斯特德，前引书，页63。

② 蒂格尔斯特德，前引书。把斯巴达当作纯粹的寡头制国家典型的那些人的主要错误(参阅阿甫基耶夫和皮库斯主编，《古希腊史》，页162以下)，在于他们将亚里士多德等比较晚期的作家的论述硬套到公元前6世纪下半期至5世纪斯巴达繁荣时代的内部政治生活中。在该时期中，公民大会大概在国家管理方面起着首要的作用，并且参加大会的人数也比公元前4世纪末多得多，并非象通常所想的那样仅仅是"表决机器"[见安德鲁斯，《古典时代的斯巴达政府》(A. Andrewes, The Government of Classical Sparta)，载《古代社会与制度：献给埃连伯尔格》，牛津，1966，页2以下]。还要指出，古典作家无论在什么地方都没有把斯巴达直接称为"寡头制"。亚里士多德指出在斯巴达的宪政中存在着寡头制因素(《政治学》，IV，1294a)，但他又说明它们是和民主制因素混合在一起的(他认为监察委员的权力便是其中之一，因为他们不同于国王和长老，是从全体公民中选举产生的)。

分发展，最后在统治阶层经济上不断衰退的条件下势必逐渐消亡。

让我们作个总结。在希腊诸国中，斯巴达无疑据有十分特殊的非它莫属的地位。从某种意义上说，它确是一种反常现象，不合乎希腊历史的常规。但是，斯巴达的这种变得反常的特点，并不在于它是城邦古典文明传播范围内的某种完全异己的经济结构或文化典型的体现者①，相反，恰恰在于城邦制度的一些特点在这里得到极端的，也可以说是精巧和奇妙的发展②。斯巴达和民主的雅典不同：雅典有着公益捐献、补贴和公职人员报酬制度，藉以缓和从内部来瓦解城邦的社会矛盾，它们或者是依靠盟邦的岁帑，或者是依靠对城邦上层的财产课税来实行的（实质上这是企图将国家收入在所有公民之中实行某种程度的平均分配）；而斯巴达则选择了另一种乍看起来比较简单易行的③道路，以确认“共同的私有制”原则，建立起经过周密考虑和仔细拟

---

① 在我们看来，苏联一些研究者的作品中存在一种明显的错误倾向，即把斯巴达和克里特的城市看作是古典奴隶占有制经济范围内古代东方经济结构的某个小岛。卢里叶：《希腊史》（С. Я. Лурье，История Грецни ），第1册，列宁格勒，1940，页5，页166；卡扎马诺娃，《公元前5—4世纪克里特社会经济史纲》（А. Н. Каэаманова，Очеркн соццально — экономической истории Крита V—IV веков до н. э.），莫斯科，1964，页26。

② 我们要强调，这里所涉及的不是城邦全部的，而只是它的某些特点。企图把斯巴达说成是“希腊城邦基本思想最充分的体现”（凯尔斯特，前引书，页14以下；布尔克哈尔特，前引书，页18），或者，甚至说成是“希腊民主”的“最高的”和最“激进的形式”（哈塞布勒克，前引书，页201以下），在我们看来，都是没有任何重要依据的。

③ 正是斯巴达城邦组织的这种简朴，引起了公元前4世纪危机时期一些城邦理论家的深切注意。斯巴达国内生活中占据统治地位的均等原则，完全以农业为基础的经济制度，保障公民获得稳定的收入以及使他们不必“操劳于聚敛财富”，所有这些，对于像柏拉图和亚里士多德这样一些思想家来说，乃是消除引起城邦公民公社分裂的内部矛盾的根本的而且无痛苦的方法（见奥利埃，前引书，页45）。

订的对公民日常生活实行直接监督的制度，首先是对他们消费由受奴役的黑劳士的劳动所提供的产品实行监督。落后的农业经济占据优势，经常面临被奴役居民的起义，被奴役者人数又超过斯巴达公民许多倍，在这样的条件下，这种制度无疑是保持公民集体团结一致最简便和合适的方式，虽然它导致斯巴达整个社会生活的僵化，使之与外部世界几乎完全隔绝，其结果是文化急剧衰落和精神堕落。与雅典和其他许多希腊国家相比，古典时代的斯巴达确是一种相当原始的城邦类型，但是，也不应该夸大斯巴达的落后性。① 城邦制度在斯巴达虽然采取了很特殊的和单方面的形式，但却达到了相当高度的发展，不论是在希波战争时期，还是在较晚的伯罗奔尼撒战争岁月中，都显示了它的军事和政治的效率，后一战争是以确立斯巴达对希腊世界大部分地区的霸权而告终的。

---

① 斯巴达发展道路的特点，不应当像卡尔施忒特那样以平庸的进化论来理解（《希腊国家法》，页1，页380）。恐怕不能把斯巴达和公元前6世纪初处于停滞不前状态而期待梭伦改革的雅典相提并论。社会中明显的阶级划分，国家建立在地域原则的基础之上，排挤氏族组织的男子结盟制度，第一流的军队，所有这些在公元前5世纪的斯巴达都已具备，而在梭伦时代的雅典则是几乎完全不存在的。

古代也门的城市组织*

伦　金撰
廖学盛 译

通常认为，与东方比较，古希腊罗马社会的基本特点之一是城邦组织——作为社会主要基层组织的城市——自由公民的拥有主权的公民公社。近年的研究，主要是苏联学者的研究表明，可能在古代东方的所有社会中（也许埃及是例外），都存在过类似的公民公社——城市。而且是在古代社会历史的所有时期，从苏美尔直到纳巴特亚。的确，这种材料非常零碎，常常只是提供这样一种可能性，即可以确定该国的一个城市中存在过公民公社，或者只是可以说明这个公社的生活的某些方面。但是，这种状况只能用现存史料的不完整性来加以解释。史料中的颇大部分属于希腊化时期。

因此，一些学者，主要是研究古希腊罗马的学者，继续表示怀疑。如果说不是对古代东方存在城市公民公社（城邦）表示怀疑的话，那么，至少也是怀疑这种社会组织的作用。他们认为，这些城市公民公社只是由特殊条件引起的、偶然的、只

---

* 译自论文集《古代历史和文化诸问题》，第 1 集，（Проблемы античной истории и культуры，I），1979，埃里温，页 149－155。

具有次要意义的组织（“庙宇”城市西帕尔、耶路撒冷等等，腓尼基的沿海商业城市，叙利业的“商队”城市）。但是，看来，只要研究者拥有足够数量的史料，在一切场合都能发现城市公民公社的痕迹。

也存在这样一种意见（例如安德列耶夫和科谢连科），即认为古希腊罗马的城邦与古代东方的城市有质的差别。可惜，谁也没有着手确定使城邦区别于东方的城市公社的特征（应当提请注意，例如，亚里士多德认为迦太基是城邦）。作为讨论的基础，我们暂且列出下述特征：1. 公民集体拥有主权。2. 有自己的崇拜对象：城市的神或者共同神祇的特有化身（这位神祇的特有庙宇）。3. 有按会商原则行事的管理机构：长老议事会（布列），公民大会。4. 有行政官员的体系和公益捐献的体系。5. 公民没有阶层分化（除开奴隶）。非公民（麦特克）只有作为其他城邦公民的权能。居民分为公民和非公民是社会的最一般的社会地位划分，就像划分为自由民和奴隶一样。

这些特点，在同等程度上，既是古希腊罗马城邦所固有，也是东方城市的公民公社所固有。古代也门的材料是可以做为这一论断的例证的，古代也门的材料可以排除从希腊借用、引进城邦组织因素的可能性。可以认为阿拉伯南部的文化是阶级社会发展的一个独立的源头，存在于地中海文化区之外、虽然和它有不断加强的接触。

古代也门的文化建筑在灌溉农业的基础之上。地理和气候条件造成比较不大的闭塞地区：拥有独立灌溉系统的绿洲或盆地（瓦季）和盆地地段。每个这样的地区组成一个政治单位，并且通常有一个主要居民点——城市（hgr）。在史料中，一般用两个术语来表示这类地区：hgr“城市”和 $S^{c}b$“部落，部族”。只是在少数情况下，为了说得更准确，与“城市”并提的还有 bḍc“周围地区,地区(乡区)"。但是,所有它们通常都有一个专门名称。这些术语表示:hgr—中心居民点和政治组织,Sᶜb—居民,公民公社,bḍc—领土。

在比较详细地描述政治组织的时候采用过这样的表示方法:N/W′hgrhW/W′bdᶜhW"某一城市或某一地区的"(专有名称)。类似的术语既适用于也门的一些大国[萨巴,RES(《闪米特语铭文汇编》)3946,1;阿弗桑,RES 3945,6],也适用于只是碑铭中提到过一次的一些小城市(萨伊班,RES 3945,9)。

城市是也门社会的主要基层组织,是从公元前10世纪到公元6世纪古也门文化的整个历史中的主要政治单位。因此,城市组织是古代也门生活的基础。

在战争与和平上,在对自己的公民以及其他城市和国家的关系上,城市作为拥有主权的组织出现。它是土地的最高所有者。这不仅涉及城市国家(纳山,RES 3945),也涉及归属于巨大的政治联合体的一些城市。例如,对于萨巴和阿弗桑的战争的描述,是由对萨巴的统治者反对各别城市[武斯尔(首都)、阿纳夫、纳萨姆,等等]的一系列征战的描述所构成。提到了这些城市的独立的军队甚至"王"。萨巴人在阿弗桑掠得的土地,也由各别城市的统治者转交给萨巴。

甚至是与该城市所归属的国家的统治者的关系中,这个城市也是作为一个独立的参加谈判的一方出现[西尔瓦赫 CIH(《闪米特语碑铭集成》)601,RES 3951]。

阿拉伯南部诸国,甚至一些最大的国家,都是作为两三个城市的联合体(西诺伊基斯莫斯①)而出现的。例如,玛辛是卡尔

① [译注]"西诺伊基斯莫斯"是对古希腊文 Synoicismos 的音译。意指若干公社合并成一个城邦或城市。至于合并的具体途径,在不同时代可以有很大差别。

纳武(玛辛)和雅西尔的联合体。萨巴是马里布、西尔瓦赫和库塔尔的联合体。参加联合体的也可以是处于从属地位的城市(部族),有时,它们大概不是直接依附于联合体(国家),而是依附于该国之中的一个城市。例如,"苏姆萨巴部族"可能是作为从属于西尔瓦赫的公民公社而加入萨巴(CIH37)。

城市的特点是有自己的崇拜对象——城市的神。这位神以土地的主人和人民的父亲的身份出现,也就是作为城市组织的化身出现。作为这样的神的可以是整个阿拉伯南部的最高神阿斯塔尔(在卡尔纳武),也可以是处于三流地位的神(在库塔尔的扎特—希米阿姆,在伊特夫的纳夫舒姆)。在城市合并(西诺伊基斯莫斯)过程中,它们的神也融合在一起:在玛辛国出现了"玛辛和雅西尔之神";在萨巴国出现了阿斯塔尔(萨巴—马里布城),阿尔马卡赫(法伊山—西尔瓦赫城)和扎特—希米阿姆(拉格凡—库塔尔城)。

随着国家的巩固,城市的神逐渐被联合体的"部族"神所排挤:在萨巴国是阿尔马卡赫,在卡塔班是阿姆,在玛辛是瓦德。但是城市的崇拜对象逐渐演化为共同神祇的特殊化身而加以奉祀:在马里布,阿尔马卡赫作为阿瓦姆之神;在西尔瓦赫,阿尔马卡赫作为山羊之神,在卡塔班的首都提姆纳有阿姆—祖—达夫努姆,在哈拉巴特城有阿姆—祖—拉伊马杜姆。

城市中的最高权力属于长老议事会(布列)mśwd 和民众šcb 即公民大会。其他的集体机构也被提到,但其职能和性质不都总是足够明了的。领导行政机构的有特殊的行政官员 Kbr "长老",mkrb"穆卡里布"("收税人"——最高行政官员),mlk "王"(说得确切些——狄克推多或将军)。城市行政官员体系中的"王"一职的性质,可从卡塔巴追溯清楚,在那里这个职务是由首都安巴伊阿的城市神的"长子"(bkr),也就是卡塔班民众的长

子 šcbn/qtbn 担任。“城市的民众”可以根据以他们的名义刻制的一系列碑铭弄清楚(卡塔班的,RES,4329,Ry—497,萨巴的,Ja 653, 735, 851,等等)。

议事会和公民大会的职责包括营造公共建筑,奉祀城市诸神,立法和收税,土地利用问题,也就是城市生活的一切方面。城市有自已的军队(由市民组成的民兵)。

行政官员体系没有得到足够的研究,行政官员们的职能不是总是清楚的。但是现在已经可以说,有过非常发达和职司有别的机构。已经知道的有 kbr/yt̲1“雅西尔的卡比尔,dbr/tmn[c]“提姆纳的管理者”(RES 4337, 6),qyn/mryb“马里布的卡因”(GI1719+1717+1718)等等。特别值得指出的行政官职有 mlK“王”,可能是在战争或立法改革时期的非常官职(狄克推多之职)。城市的职官体系和国家行政机构的职官体系完全一样,看来是以同样原则为基础的。

职官任免的规则不清楚。看来,在多数情况下,他们是在城市贵族中世袭的。但是也有证据说明行政官员是选举的,虽然是采用了按照神示任免官职这样一种原始的方式。

在公共建筑(城墙和塔、庙宇等等)和履行祭祀义务(奉献牺牲,举办宗教仪礼会宴)方面可以见到公益捐献制度。这些活动的费用靠向城市的神(庙)交纳的税款来支付。

在论述城邦制度时,城市用来支持贫困公民而发放的“津贴”具有重要意义。没有关于在阿拉伯南部诸城市中实行这种措施的直接资料。但是,看来,宗教会宴和奉献牺牲起了同样的作用,神庙税收的颇大部分用在这个方面。应当指出,后来穆斯林的活动中的类似的税(什一税)保留了“为穷人而征的税”的名称(参阅萨尔基西扬的报告)。也有关于在“民众”中直接分配这类神庙税款的记述(RES 4176)。

城市的居民组织成城市公民公社—公民集体。它不包括奴隶和处于依附地位的人。在公民公社内部没有等级划分：所有公民都用一个名称表示 b^{c}I，复数为^{z}b^{c}I“主人，公民”。

属于国王的人不进入公社。甚至国王屯垦兵士也没有公民权，他们的地位由执政者和城市之间的特别协议加以明确规定（CIH601）。

从其他城市来的人（商人，移民）组成另外的公社，用专门的名称 hwr/M“居民”以及按出生地点表示。他们只有作为原来城市公民的权能，而在新的居住地只得到有限的权利（麦特克的权力?）。他们履行城市的公益捐献。例如，在建筑防御设施方面（RES 4329，Ry497）。

外国的商人也组成单独的公社：m^{c}n/btmn^{c}“在提姆纳的玛辛”（RES 3854，VL9）。他们的权利由单独的命令加以明确规定（RES 4337）。有时他们在某些法权方面得到与公民同等的对待。

只是在也门历史的晚期（公元 2—4 世纪）才出现公民的等级划分。分出了下述阶层：qwla/wmśwdn/wmr`sn/wkl/ `b^{c}l/mrb“长伊利、长老议事会、贵族和马里布的所有公民”（Sh7、8）。卡伊利是希姆雅尔国家的最高贵族，看来，不算作城市公社的成员，而是与国王，或者是与城市之外的地产联系在一起。他们的地位与晚期罗马帝国行省城市中的元老的地位相似。mśwd“长老议事会”，无疑是现任职官（德库里奥①）的整体，而 mrs“贵族”相当于库里阿利斯阶层②。可见，晚期也门的公民等级划分与罗马—拜占庭帝国诸城市中的等级划分是一致的（参

① ［译注］“德库里奥”是对拉丁文 decurio 的音译，有的书中意译为“市议员”。

② ［译注］“库里阿利斯”是对拉丁文 curialis 的音译，指罗马帝国晚期自治市的议事会的成员。

阅利阿斯特的报告)。

阿拉伯南部城市的历史可分为三个阶段,无论是从时间顺序上看,还是从所起作用看,都是与古代也门社会历史发展的三个阶段相一致的。

在阶级社会形成时期(公元前 8—前 4 世纪),具有代表性的是拥有主权的独立的城市国家(诺姆国家),它看来,作为公民公社还未最终形成,其成员中包括有公民和属于王的人。

与发展了的阶级社会(奴隶占有制社会)相一致的是拥有主权的城市—城邦:拥有主权的公民公社。在阿拉伯南部,城市不如希腊的城市那样独立,通常和其他同样的公社或者和国家订有条约。但是,即使是古典时期的希腊城邦通常也是在联合体的范围内存在——在近邻同盟或者霸国的范围内(甚至是在波斯强国的范围内)存在。而罗马的自治市是在强国的范围之内存在。

城市之间的关系各不相同,从西诺伊基斯莫斯(融合)到几乎是完全从属,但是保留了城市组织和内部独立。

在也门历史的晚期,即奴隶制发生危机和封建关系产生的时期(公元 2—6 世纪),具有特征的是处于强国范围内的自治的城邦。看来,小城市丧失了内部组织,只有大中心保留了自治。在城市中存在着公民的等级划分,类似于拜占庭城市中的等级划分。

古代也门文化的独立发展创造了存在于古代希腊或者意大利的同样的城市(城邦)组织形式。不仅如此,这些形式的演化沿着同样的方向,甚至具有大体相同的速度。

因为,我们得出结论,城邦组织不是古希腊罗马世界与东方相较所具有的特点,而是在阶级社会和奴隶占有制形成阶段古代社会发展的合乎规律的必然的因素。古代不同社会中城邦形式的区别,不涉及城邦组织的根本问题;看来,它们并不比个别希腊城邦——例如雅典和斯巴达社会制度方面的区别更大一些。

古代东方和世界通史*

——《古代东方史》(1979 年版)序言

库吉辛 撰

王乃新 译　廖学盛 校

在漫长的历史发展进程中，人类社会经历了许多时期、阶段，每个时期、每个阶段的经济生活、社会关系、行政制度和文化的状况与水平，都有一定的特点。人类社会发展中的大的时期、阶段称为社会经济形态。世界范围的人类社会历史发展过程就是原始公社制的、奴隶占有制的、封建制的、资本主义的社会经济形态依次更替的过程。1917 年伟大的十月社会主义革命后，苏联的各族人民，此后还有一系列其他国家的人民，开始在共产主义社会经济形态的第一阶段的社会主义制度下生活。

作为原始公社的社会经济形态的特点是：简单的经济形式、民族关系，没有阶级、阶级斗争和国家机器，具有特殊的意识形态。

人类社会发展的下一个大的时期是向奴隶占有制社会、向奴隶占有制社会经济形态过渡。在这种社会经济形态存在的许多世纪之中，人类社会建立了相当复杂的经济，划分成了社会阶

---

* 译自库吉辛主编，《古代东方史》(История ДревнегоВостока Под Ред. В. И. Куэищина，莫斯科，1979)。这是该书的序言。

级和等级。出现了阶级矛盾和社会矛盾，以及作为一个阶级统治另一个阶级的工具的国家，作为已被分裂成一些敌对阶级的社会的许多关系的调节者的国家。精神生活更加复杂化了。

奴隶占有制社会经济形态的发展取决于物质财富的奴隶占有制生产方式（这是生产力和生产关系的统一）的运动、技术的完善、新的类型的原料的发现和新的工艺的发明、人们生产经验的积累。这一切导致人们在生产过程中相互关系的变化，导致新阶级和等级的形成，也就是导致生产方式的变革，导致旧的奴隶占有制生产方式的消灭和导致新的封建生产方式的出现。随着生产方式的变革，从前的奴隶占有制社会经济形态逐渐衰亡，并让位给新的封建社会，让位给比前者更加进步的封建社会经济形态。

奴隶占有制的社会经济形态是整个世界历史进程必不可少的环节。在其内部，人类创造了经济生活、阶级和等级结构、国家组织、思想和宗教生活的这样一些形式，创造了这样一些文化标准，这些形式和标准成了后来人类社会发展的出发点。

在大学的世界通史课程中，奴隶占有制社会、奴隶占有制社会经济形态的历史称作古代世界史。它分为两大部分：古代东方国家史和古典世界（античность）（古代希腊和古代罗马）史。古代世界史的这种两分法反映了古代东方国家和“古典古代”（Классическая древность）国家或古典世界，在同一的奴隶占有制社会经济形态范围内发展的深刻特点。在古代东方诸国中，奴隶占有制生产方式，社会结构本身，与在古代希腊城邦和古代罗马普遍存在并居统治地位的所谓古典奴隶制或古典世界奴隶制相比，有本质上的区别。

古代东方各民族的历史在时间上持续很久。我们研究古代东方史，从公元前第四千年纪下半叶在尼罗河和幼发拉底河河谷出现第一批阶级社会和国家组织开始，并以公元前 4 世纪 30 年代至 20 年代的近东历史为终结。其时，希腊和马其顿的军队，在马其顿的亚历山大率领下，占领了整个近东、伊朗高原、中亚南部和印度的西北部。从马其顿的亚历山大远征开始，在这些领土上出现了一些所谓希腊化国家，对它们的历史在《古代希腊史》教程中进行研究。

至于说到中亚、印度和远东，那么，对这些国家的古代史的研究以公元 3—5 世纪为下限，也就是到封建社会在这里取代了奴隶社会，奴隶占有制社会经济形态的时代结束了，封建的社会经济形态的新阶段开始了的时候。因此古代东方各民族的历史是整个世界史上历史事件最多的一段，算起来约有 2500—3000 年。

古代东方史教程所涉及的地理范围是怎样的呢？在本教程中，对有条件地称作古代东方的广大地区的历史进行研究，自西而东，从现在的突尼斯(古代东方的一个国家迦太基就座落在那里)起，延伸到今天的中国、日本和印度尼西亚，而从南向北，则从现在的埃塞俄比亚直到高加索山和咸海的南岸。在这个辽阔的地区之内，有过许多在历史上起了重大作用的国家：伟大的古代埃及王国、巴比伦同家、赫梯强国、巨大的亚述帝国、乌拉尔图国，在腓尼基、叙利亚和巴勒斯坦境内的一些小国，特洛耶王国、弗里基亚王国和吕底亚王国，伊朗高原诸国，其中有世界规模的波斯君主国(它的版图几乎包括了全部近东和中东的一部分)，中亚的一些国家，印度斯坦、中国、朝鲜和东南亚境内的一些国家。

在自然条件方面，古代东方的不同地区各有自己的特点，尽管它们也有共同的特征：这基本上是一个亚热带气候的地区，夏天很热、干旱，冬天气候温和；在这里具有肥沃的冲积谷地的一些河流经过的地区同砾石遍地的沙漠、广袤的高原和崇山峻岭相互交错。在古代东方诸民族的历史命运中起过特别重大作用的是一些大河：尼罗河（长约 6700 公里）、幼发拉底河（长约 2700 公里）和底格里斯河（长约 1900 公里）、印度河（长约 3180 公里）、恒河（长约 2700 公里）、黄河（长约 4850 公里）、长江（长约 5800 公里）、湄公河（长约 4500 公里）。这些世界上最大的河流形成了具有肥沃的便于灌溉的冲积土的宽阔盆地，它们具有对人类来说特别重大的特点：这里可以居住和从事经济活动，只要对河流的情况经常进行调节，用水池和水库把水贮存起来，然后通过人工河渠系统灌溉土地，就像在尼罗河、幼发拉底河河谷所做的那样，或者把多余的水排出和对土壤进行改良，同洪水作斗争，就像在恒河、黄河、湄公河河谷所做的那样。

大自然给这样一些河流，诸如底格里斯河、恒河、黄河或者湄公河以丰富的水源，造成了汛期水位猛增，随时有可怕的水灾的威胁。由于有水灾的缘故，借助堤堰、拦洪坝和其他工事去加固河岸是必要的。

为了在上述河谷地区安排好正常的生活，居住在这里的人们需要付出巨大努力，以便利用土壤的肥力与优良的气候和创造丰产的农业。开发大河流域和组织灌溉农业，集体劳动是必要的。这种必要性激发了这些地区的人们的热情和创造力。它有利于发展生产力，有利于利用现有原料，有利于创造新的劳动工具，有利于积累生产经验。河中有鱼，鱼是居民的一种很好的辅助食品。在环绕着幼发拉底河和底格里斯河的山前地带，在位于尼罗河谷地附近的阿比西尼亚高原，在湄公河河谷，生长着许多野生的禾本科植物；它们被培育成农作物，从而开始了大麦、小麦、黍、稻和其他粮食作物的种植。种类繁多的动物的存在提供了驯养一系列动物，并过渡到家养畜牧业的可能。

与此同时，在冲积河谷，通常很少有组织正常经济生活所不可缺少的石头、建筑木材和各种金属(铜、锡、金、银)。相反在大河河谷毗邻的山区、沙漠和高原却有这类原料。因此,相当早的时候,从公元前第四千年纪起,冲积河谷(尼罗河、底格里斯河和幼发拉底河)的居民同山区和沙漠(同努比亚和西奈、亚美尼亚高原、托罗斯山脉以及其他地区)的居民,建立了必要的接触,进行产品和原料的正常交换。在生产和商业水平不高的情况下,这些接触常常表现为掠夺性的战争。战争的结果是征服者从被征服的各族人民那里强行掠走原料和产品,或者把它们所居住的地区连同原料产地并入征服者的国家版图,从而建立起既包括大河谷地,又包括沙漠和高原地区的巨大军事强国。

大河流域所具有的便利人们生活的优越条件,同山区和高原居民的接触,导致了生产力的迅速发展。相当大的居民点出现了。在某些村镇内聚居了大量的人口,在这里(早在公元前第三千年纪)建立了规模宏伟的公共建筑物,出现了防御敌人袭击的自卫性的城墙,也就是出现了城市。

城市是当时历史上一种完全新的现象。它成了管理和宗教祭祀的中心。城市内集中了发达的手工业生产。这些手工业既为满足城市居民、执政者和他的行政管理机构、祭司的需要服务,也为邻近的农业地区服务。建立生产经济、农业和畜牧业,学会冶炼金属(铜、青铜)以便用于制造劳动工具、武器和生活用具。首批城市的出现,这在古代东方人类社会的发展中是一种真正的革命。这种革命的结果是简单的原始公社关系的解体,人类集体内部社会结构的复杂化,或多或少单一的氏族社会分解成了一些阶层,他们按财富、门第和在同一部落的人们和亲属中的影响而有所区别。同时,新的社会制度——在氏族社会内部还不大显著的奴隶制度出现了。当个人在劳动过程中不仅能提供必要的产品,而且能提供多余产品,因而在劳动过程中采用奴隶制成了有利可图的事的时候，在人类社会及其生产力发展的这样一个阶段，奴隶制不仅成为可能，而且成为必要的了。这就是为什么不再把战争中掠来的俘虏当作多余的人口杀掉，而是把他们变为奴隶，即剥夺他们的一切权利，并且迫使他们进行劳动。为自己的主人——奴隶主劳动，成了奴隶的基本职责。奴隶制使氏族社会内部的财产差别和其他差别更加复杂化：出现了富者和贫者、贵族和平民；一部分公社成员由于歉收、自然灾害、经济力量薄弱而降到奴隶的地位。

从各种不同的渠道得到补充的奴隶数量不断地增加。同奴隶一道还出现了一个没有生产资料、被迫在国家和神庙经济中劳动而由此取得口粮的阶层。尽管他们保持了法律上的自由，有家庭，但实际上这些人是近似于奴隶的不自由的劳动者。

这样一来，随着经济的复杂化和生产力的发展渐渐地形成了社会阶级，即“这样一些集团，这些集团在历史上一定社会生产体系中所处的地位不同，对生产资料的关系（这种关系大部分是在法律上明文规定了的）不同，在社会劳动组织中所起的作用不同，因而领得自己所支配的那份社会财富的方式和多寡也不同。所谓阶级，就是这样一些集团，由于他们在一定社会经济结构中所处的地位不同，其中一个集团能够占有另一个集团的劳动”①。

在古代东方国家中逐渐形成了三个基本阶级：奴隶和近似于奴隶的不自由的劳动者阶级、自由的小生产者阶级和统治者阶级，属于统治者阶级的有土地所有者贵族、宫庭贵族、官僚贵族、军官、僧侣、农村公社富有的上层。三个基本阶级中的每个阶级都不是铁板一块和成分纯一的，而是由彼此之间按照法律

---

① 《列宁全集》，人民出版社，第 29 卷，页 382—383。

的和日常生活中的地位、按照富有的程度加以区别的某些阶层组成的。构成奴隶阶级的有这样一些阶层:等同于物品的奴隶、保留行使法律规定的一些权利的债务奴隶、家庭中地位相当于奴隶的辈分低的成员、近似于奴隶的法律上自由的非自由劳动者。自由的小生产者阶级包括:按其财产状况划分的自由和半自由的农民、手工业者。古代东方国家统治阶级的特点是紧紧地同国家机器联系在一起。他们明显地分为国家官僚集团、僧侣、军官、大私商、土地占有者、船主和手工业作坊主。

古代东方社会中三个基本阶级的存在决定了阶级的和社会的相互关系的特殊性。关于古代东方社会阶级斗争和社会斗争的资料,关于起义的资料保存下来了。一起参加起义的有奴隶、非自由的劳动者和自由小生产者阶级中最受压迫的阶层,主要是农村公社的普通成员。在统治阶级的各个阶层中也有过摩擦,有时演变成为军事贵族和僧侣贵族之间、僧侣和以国王为首的官僚贵族之间的尖锐冲突。

相当复杂的阶级结构和社会结构的出现证明了古代东方社会的不断发展。同时需要指出,古代东方国家历史的发展速度同古代希腊城邦和古代罗马的历史的发展速度相比是相当缓慢的。这表现在古代东方的经济停滞不前,商品经济发展微弱,技术和工艺改进缓慢,表现在劳动分工不深入。奴隶占有制关系本身没有达到像古代希腊和罗马那样的深度和广度。

古代东方地区社会制度的最重要的特征是公社的存在。它是基本的社会单位和地域单位。任何一个古代东方国家,除少数城市外,都是由许多农村公社组成的。每个公社有自己的组织,是一个与世隔绝的小圈子。古代东方国家的公社从其起源来说,来源于氏族公社,但是就其内容、性质和内部结构来看,它们已有新的现象。公社失掉了氏族的性质,变成了邻人之间的组织。这些邻人居住在一定的地区之内,因在彼此之间,在对待其他公社和国家方面承受一定的权利和义务而结合在一起。地域公社本身包括许多独立的家庭经济单位,大家族或家庭公社。

在公社内部,存在着公社成员的财产上和其他方面的分化,分为富有的和显贵的上层和贫民、租种他人土地的佃农。富有的和显贵的公社成员拥有自己的奴隶,因为奴隶制渗进了古代东方公社的内部。尽管有内部分化,公社仍保留着生活和生产的集体主义的形式,这就阻碍了私有制关系的发展。在日常生活和生产中牢固地保留公社组织和集体主义的原则,可用古代东方经济、社会组织和国家政权形式的特点来加以解释,首先是农业经济的存在,为了调节大河的状况,农业经济的经营要求从事集体劳动。单独一个家庭,不大的一个公社,不能对付严重的与河流有关的自然灾害。要求在统一的国家机构的领导下把许多公社的力量联合起来,以便建造足以制服这样一些河流,诸如尼罗河、幼发拉底河、底格里斯河、恒河、印度河、黄河的变幻无常的河渠、水库、堤堰、拦洪坝系统。

许多公社的力量联合一致、协同动作的必要性,在古代东方国家中引起了国家政权作用的增长,促成了这种政权的特殊形式——无限的君主制的建立。这种君主制常被称作“古代东方专制制度”。这种政权形式的实质,如同古代东方的任何其他国家形式一样,在于为了奴隶主统治阶级的利益而镇压被剥削者(奴隶和自由小生产者)的反抗。古代东方国家的特点就在于履行这样一种职能,即建立人工灌溉和调节河流状况的系统,这些河流为国家的正常经济生活,或者用马克思的话来说,为组织公共工程的主管部门所必需的。政府积极干预国家的经济生活导致了按官僚主义原则(分成等级、存在从属关系、社会地位依官阶的位置而定)组成的人数众多的行政管理部门的出现。

因为古代东方的统治者和他的官僚机构对人工灌溉系统，而归根结底对整个农业和其他生产起组织者的作用，国家政权机关便把得到灌溉的土地视为自己所有的土地：即国家的或国王的土地。但是，完全所有的概念对古代东方国家的国有土地或国王的土地未必适用。这并不是现代词意的所有，只是支配、监督和收取一定赋税的权利。实际上大部分可以得到灌溉的土地和可耕地都是由为数众多的村社世代相承地加以占有（而在公社内部在公社成员之中进行分配）。一部分土地分给廷臣、士兵、贵族，他们建立了私有经济。所有这些经济，为了拥有土地的权利，通常向国家交纳土地税，承担某些徭役。但是，在交纳完地税和完成徭役之后，占有者就可以支配土地直到把它卖掉。

与此同时，相当大一部分土地直接集中在古代东方专制君主和通常依赖于他的僧侣手中。在这些土地上形成了巨大的王室经济和神庙经济，成群的奴隶和为数众多的佃农在其中劳动。这样，专制君主手中集中了大量国内生产出来的农业和手工业产品，集中了直接从王室经济中或者以赋税的形式从全体居民中搜刮来的其他物质财富。

东方专制制度，作为奴隶占有制君主制的一种特殊形式，是在不断地克服氏族民主制度传统的长期过程中形成的。早期的原始的君主制形式逐渐地变成这种或那种古代东方专制制度。国家的首脑，即作为专制君主的统治者的特殊地位是东方专制制度的重要特征。在发达的专制主义条件下的专制君主，在原则上不仅被视为全部政权，即立法、行政、司法权力的体现者，而且被视为超人、神的代理人、神的后裔，或者干脆就是一个神。对作为国王的专制君主人身的神化是东方专制制度的重要特征。但是，在古代东方的不同国家中，专制主义的程度有时是非常高的，例如，古代埃及的专制制度；有时却是很有限的，例如，赫梯的王权。此外，在不同的历史时期，例如，即使就是在同一个埃及，专制主义的程度也不是一样的。专制制度的形式在古代东方国家中是最普遍的形式，然而，那里也有非君主的国家形式，有过某种寡头政治的共和国，例如，在北部印度的许多国家之中，在腓尼基的某些城市中。

在古代东方辽阔的土地上有过各种各样的居民，他们属于不同的人种，或者属于由大的人种集团分解成的小的共同体：有欧亚大陆或欧罗巴人种的，有赤道人种或澳大利亚—黑色人种（古代纳巴达和麦洛埃——今天的苏丹——，以及南部印度的古代王国的部分居民）的，有亚细亚—阿美利加人种或蒙古利亚人种（在远东）的各种部落和部族。欧罗巴人种又分化成许多属于多种语言共同体的为数众多的部族、部落和种族集团。

在一系列地区形成了一些较稳定的大的语系。这些语系又分成语族和语支。在前亚细亚地区，有过属于人数众多的闪含语系或者亚非语系的一些部族和部落。闪含语系包括人数众多的闪语族、埃及语族或含语族、柏柏尔—利比亚语族、库施语族及其他语族。阿卡德人、阿摩列伊人、阿拉米人、亚述人、迦南人、犹太人、阿拉伯人和一些其他较小的部落都属于说闪语的部落和部族。说闪语的部落基本上分布在美索不达米亚和地中海东部沿岸地区、叙利亚—美索不达米亚草原和阿拉伯半岛。

古代埃及的居民属于埃及语族或含语族，生活在尼罗河河谷以西的众多部落说柏柏尔—利比亚语族的各种语言，尼罗河上游地区的一些部落说库施语族的各种语言；他们相对来说晚一些才进入古代东方诸国的历史领域。

属于印欧语系的部落和部族分成安纳托利亚语族或赫梯—卢维语族和印度—伊朗语族。属于前一个语族的有赫梯人的一些部落、吕底亚人、卡里亚人和小亚细亚的其他一些小部落。米底人和波斯人、帕提亚人和巴克特里亚人、西徐亚人和塞人、古代印度的所谓雅利安人，说的是印度—伊朗语族的各种语言。米坦尼国的部分居民大概也属于印欧语系。小亚细亚的许多部族说的是印欧语系的色雷斯—弗里基亚语族的一些语言。

胡里特——乌拉尔图语系自成一家，说属于这个语系的一些语言的有胡里特人和乌拉尔图人的一些部落，还有小亚细亚的被称为原始赫梯人的赫梯人的前驱，以及来自扎格罗斯山的库提人。远古的印度居民属于达罗毗荼语系，古代中国的一些部落说的是属于汉藏语系或藏汉语系的一些语言。此外，还有一些语言也为人们所熟知，例如，苏美尔人（美索不达米亚南部的古代居民）的语言、生活在扎格罗斯山的加喜特人的语言以及其他一些语言，它们不能归入某种语言共同体而自成一体。

军事政治的、商业的和文化的紧密联系，种族的接触和混居是古代东方的许多部落、部族和种族集团的生活特点，这一切导致居民的融合，导致新的更加复杂的种族单位的出现。所有这些为数众多的部落、部族和人种集团都非常积极地参与了创造古代东方的文明。没有任何理由去特别突出、强调人种或种族的优越性和某些部落集团的决定性历史作用，不论是美索不达米亚的一些部落、古代埃及部族，还是雅利安人的一些部落。

不平衡的历史发展规律在古代东方诸国的长期发展过程中也有所表现。其中有些国家达到了高度的社会经济、政治和文化水平。可以指出，古代埃及、美索不达米亚、腓尼基、赫梯、古代印度、古代中国的文明的程度是很高的。这些地方形成了一些高度发达的文化和社会经济关系的强大的中心，它们影响了周围比较落后的地区，促进了这些地区生产力、阶级关系、国家管理制度和独特的文化的发展。在公元前第四千年纪和第三千年纪，古代东方的许多地区（埃及、美索不达米亚、印度）是孤立地向前发展的，可是，到了公元前第二千年纪的中叶，在近东的不同地区之间，建立了经济、政治和文化的接触，而在第一千年纪，形成了以各种不同的关系紧密地联系起来的国家体系。这些国家间的交往丰富了每个地区的文化。这样一来，整个古代东方世界的某种同一性形成了。这种同一性在整个世界历史过程不断向前发展中起了显著的作用。

由于史料残缺不全和对史料作出合乎历史的诠释的复杂性，研究古代东方国家的历史困难很大。当问题涉及研究古代东方社会的社会经济关系的性质的时候，尤其是这样。大多数资产阶级学者低估了社会经济关系在历史进程中的作用。出自最大的资产阶级东方学者马斯伯罗、迈尔、杜拉耶夫以及《剑桥古代史》的一些作者之手的，关于古代东方史的一些概括性的著作中，都把主要注意力放在描写政治史和文化史（包括宗教）上了。资产阶级文献中的一个最普遍的观点是认为大多数古代东方社会是封建性的，并且把封建主义理解为某种社会政治制度，对于经济关系的作用却很少加以注意。

在苏联的历史著作中，研究社会经济关系，确定制约整个古代东方文明的结构的物质财富的生产方式的特点，占有中心地位。对古代东方的经济、土地问题、奴隶占有制关系和其他依附形式的结构所做的详细研究使得可以把古代东方社会看成是奴隶占有制社会。在探究古代东方国家的奴隶占有制社会的概念方面，司特鲁威院士起了巨大作用。一系列其他学者，如阿甫基耶夫、皮奥特罗夫斯基、科罗斯托夫采夫、贯可诺夫等支持这个概念。司特鲁威认为，古代东方的奴隶制是家长制奴隶制或家庭奴隶制，带有氏族公社制的残余。苏联学者在社会经济史方面的大量研究著作，使这个观点更加准确了。现在，古代东方奴隶制不再认为是家长制奴隶制、家庭奴隶制，不认为是由典型的

(Классичеекое)古典的(ангичнсе)奴隶制所取代的初期阶段,而认为是一种特殊型的奴隶占有制社会,它是在同一的奴隶占有制社会经济形态范围内发展的,但是,是按照在具体的自然和社会环境中由具体的历史生活条件决定的独特途径发展的,有自己的形成、繁荣和衰亡阶段。

古代印度共和国*

（问题与主要资料）

列文 撰

李怀国 译　高祥玉 校

对古代东方国家形成和发展过程的理解，在许多方面依赖于国家制度问题的正确解决。由于近些年来的大量工作，以前占统治地位的观点，即关于古代东方国家的产生始于专制形式，多半已得到修正。现在可以断言，许多国家（古代的两河流域、赫梯王国、巴勒斯坦、努比亚、中国）在专制制度以前，曾存在另一些更民主的国家政权形式。在东方，专制的国家形式并非有史以来就存在。① 但可惜的是，在对上述问题的研究中，印度史

---

* 译自《古代史通报》，1966 年，第 3 期。

① 见贾诃诺夫，《古代两河流域的社会和国家制度》（И. М. Дьяконов, Общественный и государственный строй древнего Двуречья），莫斯科，1959，页 120—150；同一作者，《苏联研究者著作中的古代东方公社》（Община на древнем Востоке в работах советских исследователей），《古代史通报》，1963，第 1 期，页 16—34；同一作者，《古代两河流域专制国家的产生》（Возникновение деспотического государства в древнем Двуречье），博士论文提要，列宁格勒，1957；列德尔，《古代东方国家的军事民主制》（Д. Г. Редер, Военная демократия в странах древнего Востока），《莫斯科州立师范学院学术论丛》，1950，第 14 卷，第 1 集，页 117—127；伊万诺夫，《赫梯的术语 panku—'会议'的起源》（В. В. Иванов, Происхождение хеттского термина panku-'собрание'），《古代史通报》，1957，第 4 期；1958，第 1 期；卡茨涅尔松，《公元前 6—前 4 世纪努比亚国家制度的若干特点》（И. С. Кацнельсон, Некото рые черты государственного （转下页）

的资料却没有引起足够的重视，然而正是这些古代印度的史料，对于研究古代东方国家政权发展的特点，显得极为重要。

对古代印度史料的分析，不仅可以说明，在古代印度，君主政权没有达到像古代东方某些国家那样的专制形式，[1] 而且还可以说明，在中央政权最巩固的时期，仍然保留过旧的政治组织的明显残余（其中包括国王大臣会议——帕利沙德的作用）。[2] 最引人注目的是，古代印度的史料证明，在古代印度，与君主制并存的还有一些共和制形式的国家，它们曾有过几个世纪的历史。这些国家的形成在古代印度历史发展中产生过极大的作用。可以认为，忽视有关共和国内部组织的文献证据，对正确理解古代印度或整个古代东方国家政权的特征，不仅会产生困难，

（接上页注①）строя Нубии в Ⅵ—Ⅳ в. до н э.），载《第二十五届东方学学者国际大会。苏联代表团的报告汇编》（《ⅩⅩⅤ Международный конгресс востоковедов. Доклады делегации СССР》），莫斯科，1960；佩列洛莫夫，《公元前5—3世纪中国的公社自治机构》（Л. С. Переломов, Об органах общинного самоупра-вления в Китае в Ⅴ—111вв. до н. э.）载论文集《远东的历史和文化》（История и культура Дальнего Востока），莫斯科，1962，页45—57；卢宾，《古代中国的民众大会》（В. А. Рубин, Народиое собравие в древнем Китае），《古代史通报》，1960，第4期，页22—40；同一作者，《关于东亚古代诸国的民众大会（在第七届人类学和民族学国际大会上的报告）》[О народбом собрании в древних государствах Восточной Азии（Доклад на Ⅶ Международнсм конгрессе антрополотических и этнографических наук）]，莫斯科，1964；沃尔夫，《古代以色列的原始民主制痕迹》（C. N. Wolf, Traces of primitive Democracy in Ancient israel），《近东研究杂志》，1947，第2期；雅各布森，《美索不达米亚的早期政治发展》（Th. Jacobson, Early Political Development in Mesopotamia），《亚述学及相邻学科杂志》（*Zeitschrift für Assyriologie und verwandte Gebiete*），Ⅷ(52)，年1957。

① 列文，《孔雀帝国国家结构的若干特点（史料和问题）》[Г. М. Бонгард-Левин, Некоторые особенности государствеиного устройства имнерии Маурьев（нсточники и проблематика）]载论文集《古代印度的历史和文化》（История и культура Древней Индии），莫斯科，1963，页21—33。

② 见列文，《孔雀帝国国家管理体系中的帕利沙德》（Г. М. Бонтард-Левин, Парицад в системе государственного управления империи Маурьев），载论文集《古代世界》（Древний мир），莫斯科－列宁格勒，1962，页399—409。

而且会造成曲解。

虽然在印度学的文献中,屡次提出过关于刚那和僧伽以及它们的组织特征等问题,但是迄今为止,学者们对古代印度非君主政权问题,没有作出多少确切的解答。在印度学中,无一篇论述此题目的综合性著作;学者们的观点也是十分矛盾与混乱,甚至在“刚那”与“僧伽”两个术语的译法上意见也不一致。对这些结构形成的政治和社会状况,迄今为止没有进行过确切的分析。

甚至在米什拉[①]的专门记述离车刚那史的新的专著中,也几乎完全没有研究刚那的内部结构,及其国家的体制。

著名的英国印度学专家戴维斯是对古代印度佛教时期的僧伽和刚那给予应有注目的第一个人。但是,他在自己的《佛教印度》一书中,把僧伽与刚那描写为“宗族”(clans),并未指出它们之间在社会和政治生活发展水平上的显著区别。[②] 长期以来,所有的刚那与僧伽仅仅被看作是宗族。后来,印度学者 K. 杰亚斯韦尔的理论十分流行,可是,他却陷入了另一个极端,即把所有刚那与僧伽均宣布为共和国。[③] 据丹吉的公正说法,杰亚斯韦尔写此著作之目的,是“为了驳倒不列颠统治阶级代表的论点,即国会民主制的制定不适于印度,并表明早在古代印度就曾有过共和国和自治的民主制。”[④] 这种把术语“刚那”和“僧伽”所表示的一切政治结构纳入到同一定义下的倾向,在当代许多

① 米什拉,《吠舍厘的早期史》(Y. Mishra, *The Early History of India*),德里,1962。

② 戴维斯,《佛教印度》(Rhys. Davids, *Buddhist India*),伦敦,1903。

③ 杰亚斯韦尔,《印度政体》(K. P. Jayaswal, *Hindu Polity*),卢克诺,1953。

④ 丹吉:《印度从原始共产主义到奴隶制的解体》(C. A. Данге, Индия от первобытного коммунизма до раздожения рабовладельческого строя.)莫斯科,1950,页24。

著作中都有所表现。①

学者们不仅在刚那与僧伽内部组织的一般评价上观点不一,而且在解释这些政治结构的某些史料方面也存在分歧。②显然,系统研究刚那与僧伽内部结构的基本特征,正确地评价它们的政治和社会组织无疑是重要的。

本文的目的在于介绍有关古代印度共和国某些印度史料,并把在研究刚那和僧伽内部组织过程中所产生的主要问题的现有资料加以系统化。

在这方面,研究恒河谷地首批国家产生和发展的历史具有特殊意义。它不仅有利于探究国家政治结构(这些政治结构处于社会发展不同阶段并具有自己的特色)的内部组织的某些一般的和特殊的特征,而且还可以揭示出国家体制的各种不同形式。

在我们假设可以确定与公元前 6—前 3 世纪(恒河谷地的国家形成时期)③有关的史料中,就有时包含有名为刚那 (gana)

---

① 例如,见《帝国统一时代》(*The Age of the Imperial Unity*),德里,1953,页 330—334。

② 例如,见班达尔卡尔拉意见,他断定帕尼尼著作中的僧伽和刚那是"为一定目的而建立的个人同盟"。按马朱姆达尔的看法,帕尼尼著作中的僧伽意味着"由法规和规则结合起来的一定组织"。学者们的观点在较具体的专有名词内容上同样不同。例如,班达尔卡尔认为,ayndhajivi sangha 为国王军队的等级之一。关于基本的观点,见戈沙尔,《印度历史和文化的研究》(U. N. Ghoshal, *Studies in Indian History and Culture*),加尔各答,1957,第Ⅺ章。

③ 关于我们在本文中所使用的史料年代问题,也象一般古代印度的古文献那样,是极其复杂的。我们首先依靠佛教和耆那教文献资料(主要为经典的),对于这些资料的引用照例是极不充分的,特别是对历史性质的著作来说更是如此。佛教和耆那教经典显然形成于公元前 4—3 世纪,因此,利用经典文献研究公元前 6—3 世纪的古代印度政治和社会发展的基本趋向,对我们来说是完全有理由的。说一切有部的梵文经典(首先使我们感到兴趣的是吉尔吉特文献),显然形成于巴利文经典之后,但在这里我们找到了与恒河谷地(公元前 6—前 3 世纪)诸国的建立、形成和发展相联系的广泛历史年代所特有的现象的反映。 (转下页)

或僧伽(saṅgha)的政治结构的详细资料。① 对这些证据的分析证明,在这一时期,某些刚那利僧伽是非君主制(共和制)政体的国家,尽管君主制无疑是古代印度最普遍的国家政权形式。此外,在给作为国家的刚那和僧伽的政治结构下定义时,应该持十分谨慎的态度,这些术语也可以指人们的原始共同体。

已经在吠陀古文献中,甚至在梨俱吠陀中,我们发现了大量有关刚那(ganas)存在的资料。它在这一时期无疑是部落共同体。② 在吠陀文献中,常常谈到神、魔鬼、马鲁特的刚那,它们反映了人类的共同体组织。许多资料还指出了刚那组织的军事性质。在那里,每一个成年的同部落人都能够携带武器。③ 显然,后期吠陀"以武器为生的僧伽"是与这些组织有关的,虽说关于吠陀时期的刚那同摩揭陀时期的共和国刚那有着进化的血亲关系的提法是极其轻率的。我们从较晚期的史料中,也清楚地知道了刚那和僧伽的存在。在反映较长历史时期的现象与事件的史诗(首先是《摩诃婆罗多》中,叙述了僧伽和刚那,即处于社会和政治发展不同水平上的政治结构。在它们中间可以发现这样一些政治组织,有的显然可以被认为是非君主(共和)政体的国

(接上页注③)在这方面,对生活在公元前5—4世纪的帕尼尼的材料的分析也可以得到证明。比较复杂的是确定《政事论》的年代。这本政治论文的形成,显然属于公元1世纪,显然在《政事论》中也反映了更早时期的现象。可以认为,"它的基本部分是由一个政治派别创作的,时间还在孔雀王朝统治时代(可能在旃陀罗笈多时期),但后来文献经过了多次校订……"(《孔雀帝国国家机构》,页16)。当然,基本上每一次都应当估计到,特别是那些古文献年代的假定性,它好象是包含有古印度各个时期材料的史诗。

① 在文献中,对这些术语的解释曾引起很大的争论。刚那(Gaṇa来自动词Gaṇ"计算")可以有一系列意义:"组、多数、集群,一伙人"等等;僧伽(Saṅgha)"结合、集群、人群、组、社会、公社"等等;关于这些术语的各种解释,见下。

② 详见沙玛,《古代印度政治思想和制度的诸方面》(R. S. Sharma, *Aspects of political Ideas and Institutions in Ancient India*),德里,1959,第6章。

③ 同上书,页84—85。

家;有的仍处于氏族部落的水平上。[1]

但是,就我们感兴趣的问题来说,最重要的资料保存在佛教文献中,它全面地反映了古代印度的政治状况(主要是公元前6—3世纪印度东北部。像所指出的那样,巴利文佛教经典的形成可能正属于公元前4—3世纪)。巴利文经典作品中存在的关于僧伽和刚那的大量资料,也许可以用下列情况来解释:按传统的说法,佛陀本身出生于释迦族——北印度的刚那之一;在印度东北部的僧伽和刚那中,特别是在离车、末罗和释迦中间,佛陀很快找到了自己的信徒。[2] 其次,僧伽和刚那政治结构的特点给予佛教公社——僧伽的内部组织以极大的影响。[3] 在佛教文献(例如《大般涅槃经》)中,将政治的僧伽与刚那同佛教的僧伽这两种组织原则进行比较,不是偶然的。再次,刚那和僧伽作为政权的形式在这一时期是很普遍的,而在刚那和僧伽政权统治下的各种结构,在北印度政治史上起了重要的作用。有关佛教经典的巴利文文献保存了最详细的关于公元前6—3世纪僧伽和刚那的证据,它们清楚地表明,"僧伽"和"刚那"这些术语通常被理解为是与君主制相对立的政治结构,但是却处于社会和政治发展的不同水平上。它们始于部落的联合,终于非君主政体的发达国家。

---

① 见杰亚斯韦尔:《印度政体》(K. R. Jayaswal, *Hindu Polity*),班加罗尔,1955,第14章;U. N. 戈沙尔:《印度政治思想史》(U. N. Ghoshal, *A History of Indian Political Ideas*),牛津,1959。

② 见劳,《在佛教和耆那教早期文献中所描写的印度》(B. C. law, *India as Described in Early Texts of Buddhism and Jainism*),伦敦,1948;米什拉:《佛陀在吠舍厘的活动》(Yogendra Mishra, The Buddhas Activities at Vaisali),《印度史杂志》,第25卷,1957,第1期,页7—36。

③ 详见德:《早期佛教僧伽的民主制》(G. De, *Democracy in Early Buddhist Sangha*),加尔各答,1955;《印度政体》第6章;戈沙尔,《印度历史和文化的研究》,页371—380。

在保存下来的有关政治的僧伽和刚那的印度史料中，特别值得注意的是帕尼尼的语法著作——《八章书》①，该书较晚期的几位注释者卡提亚那、帕檀阇利和诃什伽以及著名的政治论文《政事论》。帕尼尼和他的注释者关于僧伽与刚那的证据的特殊价值，就在于他们的无倾向性：帕尼尼所以吸收关于国家制度以及其他为他所知的一些现象和制度的资料，只是作为解释各种文法范畴时举例说明的材料。②

在帕尼尼的著作（假定是公元前 5—4 世纪）中，我们常常看到把僧伽分成许多集团。更为明显的是，帕尼尼和他的注释者把僧伽看作是一种不同于君主制的政权形式。在僧伽中间，帕尼尼划分出许多 āyudhajīvī — saṅghas ["靠武器生活的僧伽"]集团。显然这些集团多半是军事民主制时期的结构。帕尼尼在划分 vrātas，pūgas（它们还处于社会发展的更低级水平，是地域公社，保留着氏族部落制度不同阶段的特征）时，同样把 āyudhajīvī saṅghas 也分成若干集团。同时，帕尼尼和他的注释者占有许多关于政治上发达的僧伽的资料，已经可以认为这些发达的僧伽是非君主政体的国家。

《政事论》关于僧伽的资料（论文的作者对此列有整章），首先令人感到兴趣的是，它揭示了君主国对这些显然具有相当军事潜力的政治结构的政策。难怪《政事论》的作者提醒君主（eka — rāja）"把僧伽（saṅgha — labha）吸引到自己方面要比把军队或同盟者吸引到自己方面更为重要"，"因为僧伽的团结对于他

---

① 见阿格拉韦拉，《帕尼尼所了解的印度》（V. S. Agrawala, *India as Known to Pānini*），卢克诺，1953，页 455—475。

② 普利：《巴檀阇利时代的印度》（P. N. Puri, India in the Time of Patañjali），孟买，1957；D. 蒂姆，《帕尼尼和帕尼尼文法》，（P. Thieme, Pānini and the Pāniniyas），《美国东方社会杂志》，第 76 卷，1956，第 I 期，页 1—23。

人来说是不可战胜的”。①

总的来说，反映国家的产生和发展时期的那些古印度的史料，通常把僧伽和刚那解释为一种在政治组织上不同于君主国的政治机构。因此，在僧伽和刚那中间，存在共和政体的国家，它们与君主政体相对立，并作为一种特殊的政权形式分立出来。此种情况在许多古代印度史料中得到反映。帕尼尼和他的注释者们特意把君主制和非君主制国家结构区别开来，并把国家(janapada)政体分为两个范畴：君主政体 (ekarāja)和刚那或僧伽政体。②

类似的分法我们还可以在其他许多史料中找到。在著名的佛教文献《撰集百缘经》中，叙述了来自中国(Madhyadeśa)的商人对南印度诸国的访问。南印度的一位国王问商人们：“谁统治你们的国家(kas tatrs rājeti)”。商人们回答：“一些国家(deśa)由君主统治，(rāja — adhīna)，而另一些国家由刚那统治(gaṇa — adhīnā)。”③

在另一佛教文献《衣事》中，曾叙述一名摩竭陀国王的主管大臣(agrāmātya)因受官员们诽谤，害怕遭到国王残酷的惩罚，决定离开自己的国土。“但是，我往哪里去呢?”他想，“我去舍卫城，那里由国王统治(rāja-adhīna)。”这种制度(evādhīna)在波罗奈、王舍城和瞻波那里也有。这就是说，在这些国家里，政权掌握在一个人手中(ekadhīnatva)，而在吠舍厘则是刚那政权

---

① 《政事论》，莫斯科—列宁格勒，1959，页 430。

② 例如，在卡提亚那的著作中有明显的对立：kṣatriyād-ekarājāt saṇghapratiṣedhārtham(Ⅳ，Ⅰ，168，1)——见阿格拉韦拉，《帕尼尼所了解的印度》，页 425；杰亚斯韦尔，《印度政体》，页 29。

③ 斯派尔编：《撰集百缘经》(J. S. Speyer，《Avadāna-Sataka》，Ⅱ，)彼德格勒，1920，页 103。

(ganādhīna)，它(大概)由10人组成而不是20人。① 在此更加明显地看到划分君主政权与非君主政权之间的界线。并在这一划分的基础上指出了它们的区别——在君主国，政权集中在一个人手中，在非君主国，政权(刚那政权)集中在许多人手中。

耆那教文献《阿查兰伽经》(I，3，160)的作者，在君主政体(ekaraja)之外，按政体把国家分为若干无君主类型的国家：有年轻王子(juvarāyaṇi)统治的国家；有彼此对立的两个君主(dorajjāṇi)统治的国家；还有刚那统治(gaṇarāyani)的国家。② 在古印度的各种史料中(这些史料在某种程度上可以同国家的形成和发展时期相对照，即明显地在后吠陀时期)，我们发现作为特殊政权形式的刚那或僧伽的存在，而且这种政权形式与君主制政权迥然不同，这是不足为奇的。对于古印度人来说，非君主政体国家——刚那和僧伽——的存在并非是偶然的或者是十分罕见的现象。在史诗、早期佛教文献、政治与语法文章中，甚至在题铭学中，不仅可以看到把与君主政体相对立的政治上的刚那和僧伽确定为特殊的政权形式，而且也能看到关于刚那和僧伽政体以及它们的内部管理、社会组织、风俗习惯的相当详细的描写。

十分值得注意，印度的史料认为刚那和僧伽政体不是暂时无专制政体的国家形式，而是完全自治的并与君主政体不同的国家形式。权力集中在刚那(gaṇa-adhīna，gaṇa-rājya)手中可作

① 尼拉纳克沙，达特编：《衣事，吉尔吉特手稿》Nilanaksha，Dutt，“Givaravastu. Gilgit Manuscripts”，Ⅱ，1，斯利那加，1942，页5；巴塔查里亚，《吠舍厘共和国一瞥》(U. Bhattacharya，Glimpses of the Republic of Vaisali)，《印度史季刊》，第23卷，1947，第1期。

② 阿尔特卡尔，《古代印度的国家和政府》(A. S. Altekar，*State and Government in Ancient India*)，德里，1958，页109。

为它的特征。史料从不同角度描写了这些国家类型。在印度的传说中(特别是在婆罗门政治家那里),曾提到无君主统治(arājaka-rāṣṭra)的王国,它被描写为处于无政府状态,在这里弱者吞食强者,而自由人变成为奴隶(adāsaḥ kriyate dāso);在这里任何人也不能享受自己的财产;在这里商业、经济走向衰落,饥饿笼罩全国。[①] 在佛教传说中,也提到刚那和僧伽统治的国家,这些国家完全是另一种情况,它们被描绘成内部牢固统一的繁荣国家。

值得注意的是,不仅仅古印度人把印度的这种非君主政体看作是自治的并明显有别于专制政体的,而且希腊人——亚历山大远征队的参加者,以及以他们提出的证据为基础,后来记述印度各民族(首先是西北部)的一些作家的资料,都清楚地区分出君主专制政体统治下的地区(例如普鲁、阿姆布西、呾叉始罗、阿比萨拉等国)和所谓"自治的"即独立的国家与城邦。此种划分法十分清楚地反映在狄奥多洛斯的作品(Ⅰ,39)中:

> 大多数城邦是民主的(获得民主政体),而在若干民族中,君主政权一直保留到亚历山大远征之前。

在公元前4世纪末访问过印度的麦伽斯提尼的记述中,也曾按政体形式把领土分为两个基本类别,即君主制的与非君主制的。当他谈到居民的第六等级——"观察员"时,曾写道:

> 关于印度所发生的一切,他们……都要向国王报告,如果"城邦"是无君主政权,则向当局报告。(狄奥多洛斯,

① 《摩诃婆罗多》(Mbh.,)Ⅻ,67,2—6;HJPJ,页197—199。

Ⅱ,41)

麦伽斯提尼关于印度的耕种农民向国王或自治城邦纳税的看法也是十分重要的(阿里安:《亚历山大远征纪》,印度,Ⅺ,9)。

对于这些作家——十分熟悉希腊城邦民主政体的印度远征的参加者和塞琉古使者麦伽斯提尼来说,"独立的,无君主政权"的印度城邦和自治的印度人不是落后的野蛮的民族,而是发达的民族,其中许多民族拥有发达的政治结构。据狄奥多洛斯(ⅩⅦ,91)所说,这种政治结构给予希腊人以深刻的印象。

十分典型的是,希腊人把印度西北部和西部的许多民族的政治结构列入"自治"的城邦和地区,这些民族在印度的史料中具有象刚那和僧伽的性质。例如,可以指出,古希腊作家认为属于"自治"民族类型的奥萨基、奥库德拉科和末罗,印度的史料认为它们象僧伽一样。奥萨基相当于梵文的 vasāti,这个词在刚那目录(Caṇapaṭhā)中当列举僧伽时曾被提到;[①] 奥库德拉科和末罗相当于梵文的 Kṣudrakas 和 Mālavas,这两个词也被帕尼尼的注释者们包括在僧伽之类中。

根据目睹者的描述来判断,在被认为是"自治"类型的(无君主政权而自治的)印度人中间,曾有比较发达的国家居民(关于各种官吏、城市、阶级分化等资料)和仍处于军事民主制水平上的联合。关于"自治的"城邦和地区的古希腊的证据,完全与古印度僧伽和刚那相符合。对其证据的分析可以找出它们政治结构的一系列特点:无专制承袭的统治者;[②] 领袖与首领的选举

---

① 见《帕尼尼所了解的印度》,页 453;《印度政体》,页 64。

② 例如,见鲁福(Ⅸ,8)《关于萨布拉卡人的报导,萨布拉卡人由人民的政权管理,而不是受君主政权统治》(Inde Sabracas adii, validam Indiae gentu, quae populi, non regum regebatur)。

制;各种政体(民主和寡头的)存在;在某些方面保留贵族会议和长老会议的重大作用(《孔雀帝国国家结构的若干特点》,页 6—50)。

可见,在大约与恒河谷地国家形成和发展时期有关的许多印度史料中,我们找到了有关刚那和僧伽作为处于社会组织不同阶段的政治结构的报道,但它们通常是与君主制政权形式相对立的。这些印度的史料在古希腊作家的作品中得到了清楚的证实,偶而在同期的地方文献中大体也得到证实。

对这些证据的分析,提供了找出刚那和僧伽某些特征的可能性。如果说这些特征非为大多数刚那和僧伽所固有,则为许多最发达的刚那和僧伽所固有。以此我们可以说明,它们具有共和国的性质。主要的资料同时与北印度的最大的和高度发达的刚那和僧伽——离车、释迦、末罗、马拉瓦、舒德拉伽有密切关系。①

还有一种与所研究的古代印度的刚那和僧伽有关的看法。由于史料的性质和难以确定史料准确的日期,不得不分析我们假定的与公元前 6－前 3 世纪有关的古文献的证据。总的来说,在缺少清楚的年代断限的情况下,我们认为必须精确地计算出僧伽和刚那的发展过程。这种计算应以刚那和僧伽的社会和政治组织的重要内部变动作标志。如果说在公元前 6－前 5 世纪,一些刚那和僧伽尚未形成国家,仍是氏族部落结构,那么在公元 1 世纪,它们则成为十分发达的甚至以刚那的名义造币的

① 并不是在所有情况下我们都能精确地划定这些民族的国土,虽然有关他们所处位置的史料相当多。关于所提到的那些刚那国土,详见雷乔杜里,《古代印度政治史》(H. Raychaudhury, *Political History of Ancient India*),加尔各答,1953,马拉拉塞克拉,《巴利专有名称词典》(G. Malalasekera, *Dictionary of Pali Proper Names*),Ⅰ—Ⅱ,伦敦,1950。

国家。①

研究刚那和僧伽的下一步骤，无疑应该是研究它们具体联合管理的历史。这不仅可以使之发掘出某些刚那和僧伽政治与社会结构的一般特点，而且也能使之显露出它们独特之处。当代印度学者已开始了这项工作。

一、阶级结构与社会经济发展水平

当代印度学占有的资料令人信服地说明，最发达的刚那与僧伽是国家，它们占有一定的领土，这些领土常被划分为由省中心管理的较小的行政单位。② 它们已经过了氏族阶段，进入阶级社会。

明显的是，史料将共和国描绘成具有高度发达的手工业、繁荣的商业、颇多城市的生气勃勃的国家。例如，根据《大品》（VIII, I, 1）的说法，离车的都城吠舍厘是一座各种食品极大丰富，人口众多的城市，《大游戏经》也描绘了类似的图画。③《大事》也把迦毗罗卫描绘成繁荣、富庶、人口众多的城市。在许多城市中，主要是在若干大的刚那的都城中，生活着各种类型的手工业者和商人（《大事》，III，112—113）。史料谈到了在这些刚

① 笈多，《古印度部落共和史上钱币的印记》（Parmeshwari. Lal. Gupta, *Bearing of the Numismatics on the History of the Tribal Republic in Ancient India*），IHQ，1951，27，3，页 197—209。

② 在说明这些结构的政治组织时，学者们没有取得一致看法。见主要著作，巴塔查利亚，《吠舍厘共和国一瞥》（N. Bhattacharya, *Glimpses of the Rupublic of Vaisali*），IHQ，23，1947 年，1；马俊达，《离车和释迦的制度》（R. Majumdar, *The Constitution of the licchavis and the Sakyas*），IHQ，27，1951 年，4；戈沙尔，《印度历史和文化的研究》，第 11 章；阿尔蒂尔卡，《古代印度政治组织的几个方面》，CHM，Ⅵ 1960 年，2。

③ 《大游戏经》（Lalitavistara），李弗满，哈利编，1902，页 38—39。

那和僧伽中明显表现出来的阶级差别和财产不均。

我们见到不少关于财产集中在刚那的某些个别居民手中，多半是集中在刹帝利与吠舍手中的证据。例如在耆那教作品《乌瓦沙伽达绍》中，叙述了一个十分富有的家长，他占有大量的土地和牲畜。[1] 关于刚那财产的不均从佛教文献中也可以清楚地知道。在《佛本生经》中，不止一次地提过这些结构中的富有的刹帝利和吠舍以及穷人。财产的不均在一些等级的内部也存在，例如在刹帝利。《大事》(III，179)叙述了释迦的刹帝利加入佛教团体的情况。按史料所说，他们出门时，依据自己的地位(财产状况—— svakasvakehi vibhavehi)，第一等人乘大象，第二等人乘马车，第三等人骑马。

史料还报道了，离车的中心城市吠舍厘分为三个地区(skandhas)——上等、中等、下等。三个等级的居民依赖自己的社会地位与财产地位在这三个地区中生活。[2] 我们从《佛本生经》中也了解到吠舍厘所划分的三个地区。

在《大事》(III，112—113)中叙述了释迦—迦毗罗卫城居民拜见佛陀的情景。文献在谈到各种职业的代表人物(从大臣、军事长官、婆罗门一直到手工业者)后作出结论："无论哪一些人无不在上、中、下三等人之列(ete dānye ca uccāvacā janatā hinotkṛṣṭmadhyamā ...)"。

在这些居民的等级中间，存在颇大的财产差别。史料说，上等人地区有 7000 座金质塔楼的房子，中等人地区有 14000 座银质塔楼的房子，下等人地区有 21000 座铜质塔楼的房子。[3] 当

---

① 《乌瓦沙伽达绍》(Uvāsagadasāo)，霍埃林利编译，Ⅱ，加尔各答，1890，页 52—54。

② 《乌瓦沙伽达绍》Ⅱ，页 4—6；uccha-nīya-majjhimāim Kulaim。

③ 《衣事》，页 4；又见《佛陀的生平和他的教派的早期历史(西藏著作)》，罗克希尔译，伦敦，1907，页 62。

然，引用的数字真伪难说，但是，这些数字之间的对比关系可以证明，在非君主制的共和国中，存在显著的财产不均和社会地位不等。现有的资料还允许推测，不仅财产资格是划分三个等级的基础，而且种姓的隶属也是划分三个等级的依据（较详细的，见下面）。

除了财产的显著不均外，还研究了发达刚那的阶级划分。它分为两个基本范畴——自由人和奴隶。虽然关于刚那奴隶的资料不太多，但是，它们仍然可以揭示出奴隶的地位和使用奴隶劳动的主要特征。

帕檀阇利（II，269）对帕尼尼的一篇经典的注释（IV，168）（其内容是：在马拉瓦和科舒德拉伽的僧伽中，仅仅刹帝利被称作马拉瓦和科舒德拉伽，而对奴隶和雇工不这样称呼①）证明，奴隶和雇工是这些村社的非全权公民，他们与其他居民，自然，首先与统治阶层——刹帝利有明显的区别。

《巴达·萨拉·佛本生经》的绪言部分指出了自由人与奴隶间的显著差异。它叙述波斯匿国王与释迦女人（一个女奴的女儿）所生之子，由于他出身低微，没有得到释迦刹帝利的应有尊重。② 关于释迦与它们的邻国科里亚（也是非君主国），因为分享灌溉用水，而发生争执的一些史料，绘出了使用奴隶劳动的范围。③ 根据《库纳拉·佛本生经》的证据，这场争执最初发生在

---

① Idam tarhi kṣaudrakāṇamapātyaṃ mālavānāmapatyamiti atrāpikṣandrakyaḥ mālavya iti naitateṣām dāse va bhavati karmakare vā（巴檀阇利，Ⅱ，269）。Кармакары——自由的雇工。

② 见《巴达·萨拉·佛本生经》№ 465；《佛本生经》，福斯波尔编，Ⅰ—Ⅵ，伦敦，1887—1896，Ⅳ，页62—93。

③ 《库纳拉·佛本生经》，№ 536；《佛本生经》，Ⅴ，页413；佛音，Sumangala-vilāsinī，佛音所注的《长阿含经》，W. 斯泰迪编，Ⅱ，伦敦，1931（巴利文学会），页672—673。

从事灌溉劳动的男女奴隶之间。还有另外一些资料，它们是关于在农业经济和家庭经济的各种范围内使用奴隶劳动的。在这方面《大事》(III，176—178)的报道可以说是十分重要的。它谈到刹帝利所讲述的主人职责：

> 他应该监视奴隶，奴婢、侍从（dāsidāsakarmakarapauruṣeya veṣṭetavya)，以便更好地保护土地和财产（grāmāni ca bhogāni ca paripālayitivyāni；grāma 直译为农村)；他应该经常地检查应该完成的工作(karmāntāni kālānukālaṃ pratyaveksịtavyāni)；他应该注意各种谷类作物的播种、收割、检验（nānāprakārāni dhānyajātīni ropayitavyāni niveṣṭitavyāni pratyaveksịtavyāni(ca)。①

十分明显，在这些刹帝利的私人农业经济中，奴隶是主要劳动之一，他们与雇工一样干着各种农活：耕地、灌溉、收割。在巴利文的《律藏》(II，180)中，释迦年轻的刹帝利在列举“俗人”的职责时宣称：

> 应该命令他们耕耘和灌溉土地。在灌溉季节，水位应该处处一样……当庄稼成熟时，应该也命令他们收割和扬净谷糠。②

这一段话不仅指出了刹帝利经济的农业性质，而且也可以使人联想到，主人下达的命令首先是对刹帝利的奴隶们。《佛本

---

① 见查纳纳：《古代印度奴隶制》(Д. Р. Чанана，рабетво в древней Индии)，译自英文，莫斯科，1964，页 172—176。

② 援引自，查纳纳，前引书，页 75。

生经》关于在僧伽刚拉——专门开会的大厅里劳动的女奴的证据，使我们得以作这样的推测，即与私人奴隶并存还有国家奴隶（显然，奴隶被认为是刚那的财产）。①

印度学者查纳纳正确指出了非君主国（寡头政体）与君主国使用奴隶的一些差别。首先表现在军队方面。在非君主国，军队仅仅由贵族组成，严禁奴隶参军（对手工业者、商人、婆罗门亦然）。②

但是，在上述的刚那和僧伽中，尽管使用奴隶以及奴隶地位的某些特点与它们的政治结构的某些特征有着密切的关系，但是，这些政治结构也象君主国一样，乃是阶级的团体，它清楚地分为奴隶和自由民两大范畴。不仅如此，我们甚至可以说，在非君主国存在尖锐的阶级矛盾。史料为我们保存了一篇非常有意义的关于释迦刚那的奴隶公开骚动的报道，奴隶们侵犯了全权的释迦妇女们（Sakiya-dāsakā avaruddha honti ... ）③。

在分析刚那的阶级结构和社会发展水平时，有关地产的性质和这些共和国土地总额由谁掌握的问题是极为重要的。一部分土地视为整个刚那的财产，只有刚那能够决定这些地产的命运。上面提到的释迦和科里亚由于分享灌溉用水所发生争执的一段文字证明了这一点。起初两个国家的奴隶、奴婢和雇工（自由雇工）发生口角，而后国家的官员们也被卷了进去。虽然，此处说的并非个体的田产，而是指国家的土地，这些土地由奴隶和雇工灌溉。但是，事实上，这些国家的土地受统治阶层——刹帝利支配，因为在释迦与科里亚发生争执时，刹帝利—罗惹是终审法庭。

① 《巴达·萨达·佛本生经》，页 93。

② 查纳纳，前引书，页 172—176，另见列文，伊利因，查纳纳一书序言，页 13—14。

③ 《律藏》，奥尔登柏格编，Ⅰ—Ⅳ，伦敦，1880—1882，Ⅳ，页 181—182。

此外，在刚那还存在私人地产。首先是军事贵族——刹帝利，同时还有富有的吠舍，他们占有大量的私有土地。在《大事》(III，176—177)小，一个刹帝利一罗惹在讲述主人的职责时说，主人应该注意很好地保存土地与财产，注意各种谷类作物的播种、收割、检验。这里无疑指的是刹帝利私人大地产。类似的资料在我们引用过的巴利文的《律藏》(II，180)中也存在。

《佛本生经》的一篇指示也提到过刹帝利农业经济的存在。它叙述了年轻的刹帝利在盛大的节日 vappamangala——开始耕地的日子，他们手扶耕犁用来表示这一特殊仪式的开始。[①] 这篇报道还指出了经济的古老性质。不过，记载的这种仪式与其说是传说，不如说是当时真实情况的反映。

在报道发达刚那的刹帝利私有农业经济的史料中所细心描绘的图画与为君主国可能描绘的图画不同。在君主国，除了国王占有颇多的土地外，还存在婆罗门的私人地产和奖赏给同家各级官员的土地。在刚那，土地的占有使刹帝利在经济上更不依赖中央政权。显而易见，地产乃是他们的实力和特权的基础。

在耆那教文献《乌瓦沙伽达绍》中，叙述了一个富裕的离车族的主人成为大雄的信徒后，除给自己留下 500 具犁(每具犁有 100 尼雅塔纳[②]土地)和 4 群牲畜(每群 10000 头)外，其余的土地、畜群全部弃之。[③] 耆那教引用的数字未必符合实际，这些数字明显地被夸大了，多半是传说中所记载的财产。可是，这种记载私人地产的事实本身是有意义的，它能够表明，在刚那土地大

① 查纳纳，前引书，页 75。

② niyattaṇas，土地财产的面积单位 nivarttana。

③ Uvāsagadasao，Ⅱ，页 52—54。

量集中在少数人的手中。

关于刚那手工业和商业以及商品货币关系的一些史料，可以证明社会经济发展的水平。

根据《大事》列举的迦毗罗卫城的手工业者判断，手工业已有了明确的专业分工。在此提到珠宝匠（maṇikārakā）、首饰匠（sauvarṇikā）、石匠（prastārikā）、香料匠（gandhikā）、铜匠（tāmrakuṭṭā）、陶器匠（Kubhakāra）、皮革匠（carṇakāra）、织布匠（ūrṇavāyakā）、木匠（vardhikarūpakārakā）、建筑匠（sthapitasūtravārā）等等。手工业者以特殊的组织——同业公会（śreni）联合在一起，由公会的首领领导这一组织。例如，《大事》的证据证明了这一点。同样的团体在商人中也存在。[①] 在刚那，大概获得巨利的商业起到颇大作用。根据佛音的注释判断，不仅吠舍经商，而且装备商队的刹帝利也经商。[②] 当权的军事贵族的代表人物亲自经商的这种情况，虽然说明，商品货币关系不够发达，商路把一些共和团的都城，例如拘夷那竭和白婆[③]，吠舍厘和迦毗罗卫联接起来。[④]

十分遗憾，关于中央政权与手工业者、商人之间的彼此关系的资料，我们几乎一无所知。不过，可以合乎逻辑地认为，他们受刚那的管辖，执行刚那的命令，还可以推测，他们向中央政权纳税。我们从佛音的注释中已知一些苛捐杂税的存在。《苏玛纳加拉维拉西尼》（I，338）报道了通过吠舍厘城门的人们被征收苛捐杂税的情况。

某些刚那货币的出现是共和国刚那高度发展的极其重要

---

① śreṣṭhapramukho vaṇiggrāmo。

② Sumangala-vilāsinī，Ⅱ，页 569：tāva vāṇijjan karonti。

③ 同上。

④ 《律藏》，Ⅱ，页 253。

的标志。与公元一世纪的刚那和僧伽有关的这方面的资料，更是大量的。在此时期刚那已是十分发达的国家。货币经济彻底摧毁了氏族制度的基础，氏族制度与货币经济绝对不能相容。[1]

二、等级组织的特点

虽然所研究的共和国等级组织的史料不多，但是，终归考察出了划分为四个种姓——刹帝利、婆罗门、吠舍、首陀罗的明显区别，这可以证明社会和阶级结构已达到相当高的水平。[2] 刹帝利的高位，特别是在恒河谷地国家建立时期，在佛教的文献中得到了反映。在此传统的婆罗门等级组织的呆板公式——婆罗门—刹帝利—吠舍—首陀罗——演变成另一种形式，刹帝利在公式中占据首位。可以考虑，正是刹帝利在刚那和僧伽中的特殊地位，对佛教的等级—种姓组织学说的形式，产生了巨大影响。像已知的那样，刚那和僧伽的政治结构仿佛是形成佛教公社—僧伽内部组织时的一种模式。

与君主制相比，在共和国中，婆罗门的地位并不太高，虽然此时他们也企图保留自己的特权。诃什伽对帕尼尼一部经典(v,3,114)的注释是极其重要的。帕尼尼经典提到婆罗门与刹帝利一起居住在瓦希科僧伽，这是以“靠武器生活为特征的僧伽。”

根据诃什伽的意见，在僧伽仅仅刹帝利(rājanya)享有特

---

① 见恩格斯，《家庭、私有制和国家起源》，《马克思恩格斯选集》，第4卷，页107。

② 详见列文，《古代印度刚那和僧伽中的等级一种姓组织的特征》(Г. М. Бонгард-Левин, Особенности сооловно-кастовой организации в ганах и сангмах Древней Индии)，载《印度的种姓》文集，莫斯科，1965，页109—132。

权，拥有与其他人不同的标志，而婆罗门，十分遗憾，只是在我们尚不可知的特殊情况下，能够获得那种与刹帝利相同的标志，[1]就是说，可能达到与刹帝利相同的地位。

鉴于研究僧伽和刚那婆罗门的地位问题，因此理应注意在论述共和国生活和内部管理中经常提到的婆罗门与吠舍(brahmaṇagrhapatāyaḥ)在一起的史料。[2] 在有关君主国瓦尔那的史料报道中，婆罗门通常单独地出现(在婆罗门教的《法典》中，婆罗门是最高的瓦尔那，而在佛教的经典中，婆罗门是在刹帝利之后)。如果说婆罗门与其他的瓦尔那的代表人物有密切联系的话，那么，一般地说，是与刹帝利有关。上面指出的婆罗门与吠舍关系的证据并非偶合，它反映了共和国中婆罗门和吠舍的真实情况。在僧伽和刚那中，刹帝利通常与其他的居民相对立，而婆罗门常常与其他自由民，无疑，首先是吠舍，处于一派。根据诃什伽的证据判断，虽说在特殊情况下婆罗门能够获得较高地位。在《长阿含经・阿摩昼经》(III，1，9－16)中引用了婆罗门阿摩昼访问样迦刚那的口述。阿摩昼说道，他在迦毗罗卫——释迦的中心城市——出席僧伽刚拉会议时，释迦人不尊敬他，甚至都不想让他入座。可以引用佛音的话(Papaūcasūdanī，II，273)进行解释。他指出僧伽刚拉会议上的释迦人，是指已通过授封仪式并荣获罗惹头衔的刹帝利以及尚未通过这种仪式的年轻的刹帝利。在此争辩中，佛陀的态度是很重要的。他答复阿摩昼时并不否认在释迦存在对婆罗门的这

---

[1] … brahmane tadviśeṣagrahanaṃṛājanye tu svarupagrahaṇameva。(诃什伽，Ⅱ，第 66 页)(诃什伽，潘底特・杰亚弟替亚对帕尼尼文法箴言的注释，沙斯特利编，贝拿勒斯，1876)。

[2] 《vināyavastu：吉尔吉特手稿》Ⅲ，页 224，225，228 和 233；Ⅲ，第 1 章，页 13—14。原文提供：婆罗门和家长。通常gṛhapati[家长]指吠舍瓦尔那的代表。

种态度(首先来自刹帝利),但是,他坚决反驳对释迦的攻击。

由于上述指出了婆罗门的地位,因此有助于解释史诗中有关各族人民处于僧伽和刚那统治下的那些不赞许的看法。婆罗门愤怒地指摘各民族的风俗和他们的社会组织以及脱离婆罗门的生活方式。可以考虑,婆罗门的愤怒在颇大程度上是因为刚那和僧伽与君主国相比存在较民主的制度,同时也因为婆罗门在刚那和僧伽既不占有特殊地位,又不享有特权。

史料还保存了许多关于吠舍的各种成员,如手工业者、商人、农人的报导。《大事》叙述在释迦刚那—迦毗罗卫城,出门迎接佛陀的那些人时,列举了各种职业的手工业者。根据现有的资料判断,吠舍在刚那和僧伽中起很大作用。例如,有关吠舍像婆罗门一样出席刚那会议并讨论问题的史料对此可以证明。在此十分明显地反映出刚那和僧伽的吠舍与君主国的吠舍的差别。在君主国,人民代表(其中包括吠舍)参与解决国家问题的原则,事实上已丧失作用。

在婆罗门并非是起主导作用的最高等级的那些共和国里,人数众多的吠舍等级的作用必然更加得到强化。在那里,允许全权自由民代表参加刚那会议之时,政治组织的特点在各种姓间产生了一定的影响,在那里,手工业和商业达到了高度发展。

十分遗憾,关于首陀罗在共和国中的地位,我们的证据是十分不充分的。帕檀阇利的注释(II,269)可以证明某些首陀罗的地位(原文的意想是自由的雇工)。他们的地位接近于奴隶并且明显地与享有特权的上等瓦尔那——刹帝利的社会地位有别。在史料中可以见到关于在灌溉劳动中使用自由雇工的报道。

鉴于研究刚那和僧伽的等级组织,因此关于离车刚那的中心城市——吠舍厘被划为三个部分的史料可能具有特殊的意义。在三个部分中生活着三类居民：上等、中等、下等。这些资料可能不仅与财产划分相适应，而且也同等级的划分相符合，虽然，这里所指的并非与上述所划分的等级——瓦尔那直接一致。

根据《衣事》和藏文的《杜尔瓦》的说法，对已经提到的吠舍厘居民中的上、中、下各等级来说，他们之间的差别已被固定下来，[①]例如，在婚姻方面就有所反映。出身于上等人家(skandha)的姑娘，不能嫁给中等或下等人，而只能嫁给上等人；出身于中等人家的姑娘，能够嫁给上等人和中等人，但不能嫁给下等人；出身于下等人家的姑娘则能够嫁给三个等级中的任何一等人。此外，在离车还有一种特殊的风俗，根据这种风俗，姑娘只能嫁给吠舍厘人。[②] 在离车国家中所具有的以刚那名义颁布决定的这些风俗，十分像我们在许多印度史料中看到的，在各种瓦尔那代表之间存在的那些婚姻关系中的"风俗"。但是，在婆罗门的"法律"中，承认婆罗门是上等瓦尔那，而在离车，刹帝利也被认为是上等人。《衣事》的报道对此可以证明。它叙述了曾任频毗沙罗王主管大臣的科汉达来到吠舍厘时，根据他曾是"主管大臣"(Pradhana)，被安排住到城市上等人那里。[③] 史诗的资料谈到了"主管大臣们"(Pradhānas)在刚那的特殊地位。他们享有最高权利，能够讨论重大问题。根据《毗湿摩》的说法，仅仅在主管大臣中间(Pradhāneṣu)能够保留曼特拉，而不在整个刚那中保留(nagaṇaḥ kṛtsnaso)。佛音的注释可以说明，刚那的主管大臣(Pradhāna，Pramukha)指的是带有"罗惹"头衔的

① 见《衣事，吉尔吉特手稿》Ⅲ，第2章，页6；罗克希艾：《佛陀的生平》，页62。

② kanyaya anirvahaḥ nānyatra diyatu iti.

③ khaṇdasya pradhānapuruṣo iti kṛtvā prathame skandhe gṛḥ am dattaṃ.

刹帝利。耆那教文献报道了吠舍厘分为刹帝利与婆罗门两部分，[①]显然，它与《衣事》和《杜尔瓦》的划分相吻合。很有趣的是，史料不仅区别刹帝利与婆罗门，而且原文将刹帝利置于婆罗门之前。《衣事》的证据证明了城市的这些等级以及居民间可能的互相关系，它谈到富翁马哈纳马不住在刹帝利上等人所在的城市中心地区。虽然瓦尔那的属性只是局部地概括了居民等级内容，可是，大概不能否认瓦尔那的划分与三个等级的划分之间的各种联系。

总之，通过君主国与非君主国（共和国）等级组织的比较说明，如果在君主国基本的界限一方面是在自由人与奴隶之间，而另一方面是在"再生人"，首先是在两个上等的瓦尔那和"一生人"之间存在，那么在共和国（自然，首先是在贵族共和国），瓦尔那之间的矛盾则表现在是否隶属于刹帝利等级，是否隶属于统治的刹帝利家族，因为在这些共和国中亦存在自由人与奴隶的阶级划分。刹帝利明显地与其他自由民有别，尽管这些自由民之间的瓦尔那也明显不同。他们对于刹帝利等级来说，仿佛是社会的另一群体。[②]

* * *

同划分等级相并行，在刚那中还有更广泛的划分：即内部的（antara, abhyantara）和外部的（bahira）居民。这种划分与希腊罗马共和国的情况完全相同。《大事》（I，271）叙述了吠舍厘迎接佛陀的情景。当时吠舍厘无论城内的居民（abhyantara

---

① Uvāsagadasao，Ⅱ，页4—6。

② 详见，列文，《古代印度刚那和僧伽的阶层组织》（Осословной организации в ганах и сангхах Древней Индии），（在第七届国际人类学和人种学学术会议上的报告），莫斯科，1964。

vaisālkas),还是城外的居民(bahira vaisalakas)都参加了这一活动。虽然我们占有的资料不多,但是,这既可以说明这些团体在其他地位上的明显不同,又可以说明吠舍厘城内居民(antaravāsika, abhyantara — vaisālakas)的地位较高。佛音在对《楚拉沙查柯苏达》的注释中称聚集于僧伽刚拉会议大厅)的500离车人为antevāsikā[内部的居民]。[1] 自然,出席僧伽刚拉会议的是最显贵的居民,大概是刹帝利的代表。[2] 佛音的注释称这些离车人为罗惹(Pañcamattāni Licchavirājasatāni)。虽然刹帝利也被列入"内部居民"之中,但是这种划分并不局限他们。可见,这种划分已涉及到都城的更广泛阶层。

因此很想指出,一些研究者关于某些刚那和僧伽存在公民(bhakti)概念的见解。杰亚斯韦尔(《印度政体》,99—100)和他之后的阿格拉瓦拉(《帕尼尼所了解的印度》,页430—431)根据分析帕尼尼和他的注释者的证据得出这样的结论。

按照杰亚斯韦尔的看法,公民权不仅普及到刚那历来的本土居民,而且也普及到归并于刚那的那些地区。诃什迦引用摩陀罗(Madraka)僧伽和弗栗特(Vṛjika)僧伽作为公民(bhakti)的实例。

三、政治组织的主要特点

(一) 无专制的统治者 刚那首领的职权

像上述已阐明的那样,在所研究的国家中不存在专制政

---

① 见《Papancasūdanī Majjhīma-nikāyaṭṭhakathā of Buddhaghoshācarya》,伍德斯和高善必编,Ⅱ,伦敦,1928年(巴利文学会),页273。

② 原文中他们的会议称为mahati cmahati licchaviparisā。

权的世袭统治者。通常具有罗惹、军事首领、波拉木科哈等头衔的刚那首领，由刚那任命（选举）并且在某些情况下刚那可以罢免他。在《衣事》中叙述了，当离车刚那的首领（军事首领）死后，科汉达任刚那首领。此人在吠舍厘——国家首都居住时，曾是摩揭陀王频毗沙罗的大臣并积极参加刚那会议。当科汉达又去世时，为了解决新的军事首领问题，吠舍厘刚那再一次召开会议。[①] 刚那提出任命科汉达的儿子为首领。不过，这项决定并非受世袭风俗所左右，只是因为已故的科汉达对刚那有动："因为科汉达曾保卫刚那，所以任命他的儿子接任（军事首领职务）（khaṇḍena ... gaṇaḥ paripālitaḥ tasyaiva putraṃ sthāpayma iti）"。

经过对后选人的讨论，通过了任命科汉达的次子辛哈为刚那首领[②]的决议："既然刚那看中了他，我们就任命他为军事首领"。[③] 在全体一致同意后（sarvesamabbrirucittaṃ），刚那的代表去见辛哈，请他担任军事首领职务。辛哈起初拒绝，赞成自己的哥哥担任，但是刚那的代表明确地表示："军事首领的职务（Senāpatyaṃ）不能采用从你们祖先继承的方法（na yuṣmakaṃ kulakramāgataṃ senāpatyāaṃ），只有刚那看中的人，才能任军事首领（yo gaṇasybhirucitaḥ sa senāpatlrbhavati）。啊，可敬的人，既然刚那没看中你的哥哥，那么我们就任命另一个人作首领（yadi bhavato nābhirucitaṃ vayamanyaṃ senāpatiṃ sthāpayā — ma）"。

很明显，刚那是以积极的姿态决定自己统治者问题的，这位

---

① Vaiśālako gaṇaḥ saṃṇipatitaḥ. Kiṃ vayaṃ senāpatiṃ sthāpayama"吠舍厘刚那举行会议。我们选谁当刚那首领呢？"

② eke kathayanti ... apare kathayanti "一些人说，另一些人也说"。

③ yadi gaṇ asya abhirucitaṃ taṃ senāpatiṃ sthāpayama iti.

被任命的首领必定遵循刚那的愿望和意志。吠舍厘刚那任命辛哈为首领时,正是遵循了这一点。[1] 根据《衣事》原文判断,在无候选人到场的情况下,刚那也可以决定首领的任命问题,并在一致通过以后,对未上任的首领宣布刚那的决议。《摩诃婆罗多》着重指出,刚那的首领是刚那的公仆。[2] 根据考底利耶的说法,刚那首领应该使自己的行动符合于联合体的所有成员的思想和愿望。[3] 可见,一般地说,刚那首领要对刚那负责,拥有执行权,甚至刚那首领辛哈也不能在刚那反对的情况下将自己的女儿嫁给频毗沙罗王,因为刚那保留了一种规矩:禁止吠舍厘的姑娘嫁给外城的男子。根据《衣事》判断,刚那所通过的决议应以刚那名义颁布,尽管决议上带有刚那首领的名字。例如,科汉达为首的刚那命令如下……(khaṇḍapramukho gaṇa ājāapayati……)"。在题铭学中也保存了类似的通告;公元前3世纪的铭文提到领导(字面的意思"处于前面",延德赫耶(Yandheya — gaṇapurask-ṛta)刚那的大军事首领。

虽然《衣事》大体说明了不存在刚那首领——军事首领职务的承袭和军事首领权力的紧迫性,但是,另一些资料大概却已经指出承袭风俗的某些特点。例如,《楚拉瓦伽》(VII,1,4)中叙述了决定脱离尘世生活的释迦首领(罗惹)布哈吉。他请求自己的朋友等他7天,待他把国家的管理权转交给自己的儿子和兄弟(Putte ca bhātare ca rajjaṃ niyyādemi)。更典型的例子是在《衣事》中。有一个已故刚那首领的长子,未被刚那任命为军事首领竟要求刚那改变决定,拥护他为首领。虽然

① sa ... aknoti gaṇ asya cittamārāgayitum.

② 《摩诃婆罗多》,Ⅻ,81,5;dāsyamaiāvaryavśdena…见《印度政体》,页164—165。

③ 《政事论》,页435。关于这方面的注释,见列文的《政事论》俄译本,《东方学问题》,1960年,第3期,页246。

在上述刚那的政治组织中存在某些民主和刚那选举自己首领的制度，但是，显然，首领必定属于刹帝利等级。无论史料记载的具体例子，还是这些国家阶级结构的共同性质都证明了这一点。《大事》(III,179－180)叙述了，当释迦的一个理发师之子乌帕里对释迦首领——名为苏德霍达纳罗惹讲话时，大臣们被出身低贱的乌帕里竟敢称呼释迦首领名字的举动所激怒。这篇报道与帕檀阇利所报道的在僧伽仅仅刹帝利才能获得特殊名称的证据相符。

（二）刚那的权力　刚那的成员

“刚那”不仅是特殊政体的国家，而且也是权力机构。《中阿含经》(I,230－231)中将专制政体的君主与刚那和僧伽相提并论。刚那和僧伽在自己的国家里拥有这样的权力，即如果一个人理应受到惩罚的话，刚那可以将其杀死、惩罚、驱逐。可以表明的是，在区分政体的形式时史料确定的是一种近似的内部状况，这时统治者(无论是君主或者刚那)对这些国家的居民拥有颇大的，几乎是特殊的权力。主要的决定只能由刚那通过，而执行这些决定，被认为是人们的义务。史料谈到吠舍厘刚那颁布了许多命令(vaisālyām gaṇena kriyakārā vyavastāpitāḥ)，其中涉及婚姻、国内规章等一些问题。对拒不执行命令者处以罚金，甚至处以死刑。根据《毗奈耶》原文，佛教派别之一《穆拉沙尔瓦斯吉瓦金》的说法，末罗刚那曾颁布命令，对于违抗刚那命令者，规定罚以 60 卡尔沙帕邦(Ca gaṇena ṣaṣtim kārsapanāṃ daṇḍya iti)。十分有趣的是，甚至末罗的一个重要大臣(mallamahāmātra)罗查也害怕刚那的这种惩罚。《大事》(III,256)叙述了释迦颁布的命令，不允许任何人向腊胡拉谈到他与佛陀的血缘关系。残酷的惩罚——死刑等待着违抗命令者(ghoṣ aṇā- kārāpitā bhavantona kenacidrahulasyācik ṣitavyaṃ tvaṃ nityakam putro tiyo āciksịṣyati tasya vadho daṇḍo。

刚那是最高的权力机构。与国家制度相关的一切问题必须征求刚那的同意。公园的看守人对已故刚那首领的儿子说，涉及到公园的一切问题，他必须向刚那报告(udyānasyārthāya ga-ṇam vijñapayāmi)。刚那也审理国家中个别公民的诉讼案。根据巴利文的《律藏》的证据，一位离车人向刚那请求给他挑选一个合适的妻子，他向刚那报告了自己妻子的变节行为。

刚那委任专门人员去执行刚那的命令。《大事》(I,254)叙述，流行病在离车蔓延之时，刚那为了请佛陀来吠舍厘灭病去灾，派出自己的首领(mahattaraka)托玛拉去请佛陀(so gaṇena adhyesya preṣito)。虽然托玛拉被授予重要的权力，但是，他只是以一个刚那的代表，一个刚那命令的执行者的身份出现。不经刚那同意，他本人就不能解决所发生的任何问题。当托玛拉见到佛陀时，佛陀同意去吠舍厘，但是必须得到频毗沙罗王的允许，因为频毗沙罗王把佛陀请到自己这里。频毗沙罗王对托玛拉提出许多条件，而这些条件不经刚那同意，托玛拉是不能决定的。于是托玛拉向刚那报告了(vaisāliṃ gaṇaṣya dūtaṃ preṣayasi)频毗沙罗王所提出的条件。只是当托玛拉得到刚那的决定后，才将决定报告频毗沙罗王。刚那授权托玛拉代表刚那(lecchavigaṇesya vacanena)答应频毗沙罗王的条件。

可见，刚那是国家最高的立怯机构，具有行政、司法、财政的职能。虽然现有的资料不多，但是，可以得出这样的结论：刚那会议仿佛是一切全权自由民都能参加的一种民众会议。

例如，在《大事》中叙述了刚那邀请科汉达出席刚那会议。[1]最后，当科汉达同意向刚那发表个人的见解后，他就来到了尼刚玛并发表了自己的意见（sa ca nigame saṃnipatati mataṃ cānuprayacchati）。

在“尼刚玛”一词的许多意思中，最恰当的这种情况下，显然是指“在城市中作为开会的一定地点。”[2]藏文的译本解释原文为：

ཚོགས་དང་ལྷན་ཅིག་འདུས་པས

（《衣事》，页 6）“同群众一起聚会”。佛音解释《长阿含经》（II，68 页）时写道：“所谓对佛陀遗骨进行争执的刚那和僧伽，指的是刚那和僧伽的会议（直译为‘聚会’）（samāgatasanghānañ samagata — ganāṇan）。”

在《长阿含经》（XVI，I，4）中列举了离车刚那不可战胜和繁荣的七个条件。传说认为七个条件的编成属于佛陀对自己的弟子阿难说：当跋祇（即离车）还在举行经常性（abhiṇha）和全体的（bahula）会议（sannipatā）的时候，在他们那里将有繁荣（vuddhi），而不会荒废（Parihāni）。当跋祇人还是同心聚会（samaggä sannipatissanti），一致行动（Samaggā vuṭṭhha hisanti），同心议决自己事业（samaggā vajjikaraṇiyāni karissanti）的时候，在他们那

---

① yadā gaṇaḥ saṃnipatati tadāsavāhuyamāno, pi na saṃniPatati. sa vaiś-ālakairucyate, Khanḍha kasmāt tvaṃ na saṃniPatasīti. “当刚那开会时，他虽然被邀请，但没来参加会议。吠舍厘人问他，‘你，科汉达，为什么不来开会（直译为：“不打算”）？’”。

② 原来的意思之一是“城市，不大的城市”，它经常与农村相对照；这种广义的意思在此未必合适。详见《印度政体》，第 242—244 页。

里将出现繁荣而不会荒废。佛音的注释(页 517—518)有助于弄清楚与刚那会议有关的术语 sannipata 和 satagga 的含意。他解释 samagga sannipatanti 含意为听到鼓声后,大家聚会。佛音(页 517—518)曾对 te saṅghe ganeme"僧伽、刚那"这句话加以注释并对其意义作了解释。他认为 te saṅghe ganeme 是指城市的全体居民(sabbe pi te satta — nagara — vāsike)。

《长阿含经》和佛音的注释证明刚那会议的常规性和一贯性。《苏玛格纳拉—威拉西尼》解释术语 abhiṅhā[常规]和 bahubā[一贯]的涵义时指出:

> 刚那连天召开三次会议,在这期间内的会议被称作是常规的,昨天曾召开会议,前天也曾召开会议,今天又因某事召开会议而且会议并不终止,这种会议被称作是一贯的。

佛音写道:

> 如果不经常聚会并且分散到各地,于是大家就听不到命令,就不知道乡村和城市的边界被侵犯,也不知道强盗占据了哪个地方。

我们依靠《律藏》的吉尔吉特原文了解到,婆罗门和吠舍都是刚那成员。在吉尔吉特原文中叙述了吠舍厘的一位家长怎样拒不执行刚那的命令。依据原文,吠舍厘人——婆罗门和吠舍——一起来到他的家中,对他宣称吠舍厘刚那(Vaiśalako gaṇaḥ)来了。于是家长来到刚那那里,开始为自己的行动辩护。

婆罗门和吠舍是刚那成员的问题,在叙述玛哈纳玛和他的女儿的《大事》中更清楚地得到证实。当吠舍厘刚那了解到玛哈纳玛想将女儿嫁人时，刚那决定聚会看一看新娘。刚那聚会后，玛哈纳玛对刚那说："可敬的婆罗门和家长们，女儿在我的花园里。（bhavanto brāhmaṇā gṛ hapataya mamodyāne dārikā utpannā）"《大事》还叙述了，当科汉达从比杜沙拉逃跑，定居到离车时，吠舍厘的居民（Vaiśālakair）开始邀请他参加刚那会议（gaṇa saṃnipatati）。在原文中几次使用的刚那和吠舍厘居民，即离车居民（Vaiśālakā licchavyas）都意义相同。在描述格巴的历史中，这些术语的同义现象，我们还可以看到。格巴得知自己的弟弟任命为首领后，来到吠舍厘刚那（Vaiśālaka gaṇa），在吠舍厘离车人中间（Vaiśālakanāṃ licchavināṃ）为自己要求这一职位进行辩护。

被刚那派遣并授其全权转告频毗沙罗王，答应其条件的托玛拉也是代表刚那（lecchaviganesya vacanena）或者代表吠舍厘离车（vaiśālakānaṃ licchavīnāṃ vacanena）采取行动的。这里，离车和吠舍厘两个词在原文中作为意义相同的词被使用。可见，刚那是以离车（吠舍厘）名义作为自由全权居民的结合而出现的。

我们之所以引用刚那是权力机构的资料，是想再一次指出这些共和国政治组织所特有的某些特点。首先对各种问题的讨论，其中包括刚那首领问题，都属于刚那的职权范围。根据《衣事》的资料，仅仅在一致赞成之后，决议才能得到刚那的批准。在藏文的杜尔瓦中至今还完好地保存着十分有趣的关于议论某些问题程序的证据。当居萨罗国王围攻迦毗罗卫城并强迫献城时，释迦召开会议，讨论是不给敌人打开城门。会上意见不一：一些人主张投降，放居萨罗军队进城，另一些人则反对这种作法。刚那决定采取表决的方式，并采用大多数人的意见。[①]

① 罗克希艾，《佛陀的生平》，第118—119页。

通过表决的形式讨论和决定诸如献给敌人城市或者选举刚那首领的这一类重大问题，是足以说明刚那特征的。

关于共和国联合组织中的真正权力以及执行管理国家的最高权力机构的组成问题是最重要的问题之一。十分清楚，这些共和国的民主程度和它们的性质，在颇大程度上取决于最高权力机关究竟是代表民众，还是代表人数不多的贵族。我们所掌握的现有史料，虽然仅仅是普通的，但是，它可以证明古印度共和国政体的各种类型。在一些国家，刚那的民众会议掌握重大的权力；在另一些国家，真正的权力集中于贵族会议。根据现有的资料判断，在离车，刚那会议起到最大的作用，在那里，它被视为最高立法机关。的确，在那里，组成自己罗惹会议的刹帝利—罗惹开始获得统治地位。可以把此种带有某些保留条件的共和政体形式看作是由民主政体向贵族政体转化的过渡政体。与离车并存的就还有这样一些共和国。在那里，刚那的民众会议严重地丧失其作用，真正的权力已完全掌握在享有特权的刹帝利等级手中。这些刚那的民主首先是对少数人的民主。因此，这些国家应该看成是贵族共和国。

（三）刹帝利的权力　贵族会议

刹帝利的权力可以通过释迦的例子清楚地看出，尽管我们在释迦对待其他刚那和僧伽的态度上已经得知刹帝利的权力。刹帝利的影响如此之大，面对瓦尔那的依属又如此固定，以至在许多史料（婆罗门教和佛教的史料）中某些刚那是以刹帝利做为标志。刹帝利在僧伽和刚那中是全权公民中享有最高特权的群体，它把自己与其余的人们分开。在这方面，帕檀阇利（II，269）对帕尼尼（IV，I，168）的注释尤为典型。注释说，在马拉瓦和科舒德拉克僧伽，诸如 mālavya 和kṣaudrakya这些术语，只是刹帝利等级代表的标志，而不是像奴隶和雇工那样的其他等级的居民。[①] 根据帕尼尼与他的注释者的话，并非僧伽全体居民都有 rajanya 头衔，而只是某些刹帝利的后裔才能获得。[②] 例如，在安德哈伽—弗利斯尼僧伽，只是 Caitraka，Sini，Vāsvdeva Svāphalaka 的后代被这样称呼，而其他的人，虽说属于这个僧伽，但无这种地位（Andhaka-Vrṣnayaḥ ete na tu rājanyāh）。[③]

《库纳拉·佛本生经》的报道明显地证明了刹帝利家庭（kula）在刚那和僧伽中的影响与作用。它说 rājakulas 是在调解释迦与科里亚[④]——两个君主制国家组织（贵族共和国）分享用水纠纷时的最高机关。

史料证明，在僧伽获得罗惹头衔的刹帝利拥有特权和影响。根据现有的证据判断，他们是通过专门的授封仪式之后获得头衔的（Jataka，IV，148）。例如，在离车有专门的水塘，在那里获得罗惹头衔的刹帝利，即刹帝利家庭（rājakula）的代表，进行授封仪式（Vesālinagare Gana-rājakulānam abhisekamaṅgala-Pokkharaṇī——出处同上）。离车刚那的刹帝利罗惹警惕地注视水塘的不容侵犯。水塘用严密的铁网围起，以至象原文所讲的那样："连鸟都不能钻入水中。"任何一个企图以非法途径在水塘里沐浴并举行只有刚那刹帝利才有权举行仪式的人，都要受

---

① idaṃ tārhi ksaudrakānāmapatyaṃ mālavānāmpatyamiti. atrāpikṣaudrakyaḥ mālavya iti naitatteṣaṃ dāse vā bhavati karmakāre vā，kiṃ tārhi teṣaṃeva kasmiṃ ścit.

② 诃什伽对帕尼尼的注释（Ⅵ，2，34）（见诃什伽的潘底特·杰亚弟替亚对帕尼尼文法箴言的注释，巴拉·沙斯特利编，贝拿勒斯，1876 年，Ⅱ，页 217）。

③ 根据诃什伽（Ⅱ，页 217）的说法，在刹帝利家庭中，只是通过授衔仪式的刹帝利被称作 rājanya（rājanya-grahaṇamjhābhisiktavaṃśyānāṃ kṣatriyānāṃ grahaṇārthaṃ）。

④ 见《库纳拉·佛本生经》№ 536；佛音；Sumangala-vilāsini，第Ⅱ章，页 672—673。

到残酷的惩罚(出处同上)。

在共和国,没有加入刹帝利瓦尔那的全权自由民,有权参加刚那会议。但是看起来,一般只有刹帝利才能被选进领导职位。这种情况首先就说明了贵族共和国的性质。根据《摩诃婆罗多》(XII, 107, 23)的证据,正是首领们(mukhyas, pradhānas)在刚那拥有最大的权力并决定极其重大的问题。用《毗湿摩》中的话说,仅仅在"首领"(Pradhāneṣu)中间可以保留曼特拉:"整个刚那不一定服从曼特拉。"① 佛音对《长阿含经》的注释帮助查明了,获得罗惹头衔的刹帝利代表是"刚那首领"。② 史诗的资料同其他的史料一样,清楚地表明,拥有最高权力的刹帝利与刚那其他人之间存在明显的界限。

根据现有的资料判断,正是刹帝利—罗惹才能在僧伽刚拉——讨论一切最重要问题的专门大厅里开会。③ 在国家政治生活中,僧伽刚拉起到重大作用。根据佛音的解释,在《长阿含经》(III, 1, 13—sambahula Sakyā c'eva sakyā ku mārā)中报道的僧伽刚拉的许多释迦人应该是通过授封仪式的罗惹和尚未通过仪式的年轻人。④ 佛音经常把关于释迦和末罗会议资料的证据,解释为罗惹会议的证据。⑤

---

① mantragupti pradhāneṣu … na ganaḥ kṛtsmaśo mantraṃ śrotumarhanti (《摩诃婆罗多》,XII,107,24)。

② Maḷla- Pāmokkhā ti majjhima-vayā thāma-samPannā … Mallarājano (Sumangalavilāsinī,第 2 卷,596)。

③ 例如,见佛音对 Santhāga 一词的解释: rarājakulānam atthānusāsanasanthāgārasālayan (PaPancaṣūdani,第 2 卷,1928,页 271)和 rajja ṃ anusāsano-sālā (Sumangala-vilāsinī,Ⅰ,页 256)。

④ Sakiya ti abhisitta rājāno. Sakiya-kumāra ti anabhisittā.

⑤ 例如,见对《长阿含经》的注释,Ⅰ,Ⅵ,3—4。

在《大事》(I, 354)中叙述了曾住在释迦都城迦毗罗卫的一位贵妇人,她告诉孩子们,显贵的人们——释迦的首领们(sakyamahāttarakā)是他们的同族人(jnātikā)并打发他们到都城去。当年轻人进入城市时,受到迦毗罗卫城居民(mahājana-kāyo)的欢迎,并将他们带到僧伽刚拉(saṃsthāgārā)。在僧伽刚拉500名释迦人为解决重大问题正在开会(Paṃcamātrāṇi caś-ākya śatāni saṃsthāgāre sannisạṇāni abhūnsu saṃnipatitāni kenacide-va karaṇīyena)根据原文判断,代表们是刹帝利—罗惹。这些人看到出身高贵的青年十分高兴,因为他们不是那些出身卑贱的人们(naprakṛtena puruṣena)。

在《佛本生经》中有关于为解决一些问题而召开释迦罗惹会议的证据。在《吠圣达拉·佛本生经》的引言部分(No 547),叙述了为讨论迎接佛陀问题而召开的刹帝利—罗惹会议。根据原文的说法,会议通过了派男女青年刹帝利(rajakumāre ca rājakumāriyo ca)迎接佛陀的决议。《布哈达沙拉·佛本生经》(№465)讲述了毗流离王子的历史和他征讨释迦的原因。当居萨罗的波斯匿王要求释迦献出迦毗罗卫城一姑娘给他做妻子时,释迦(根据下面的话判断,指的是释迦的罗惹)在僧伽刚拉就此问题召开了会议。

许多史料不仅谈到释迦的刹帝利—罗惹的僧伽刚拉会议,而且也谈到其他刚那,例如末罗,也同样存在这种会议。根据佛音的注释(II, 604—605),末罗的罗惹(Malārajāna)为了安放佛陀遗体特意装饰了僧伽刚拉(santhagara)。佛音的注释者把santhagara 解释为:"刹帝利家庭(raja-kula)代表为解决与国家管理有关问题的大厅。"这样所引用的证据便使之有可能将所有全权公民能够参加的刚那会议与类似贵族会议的刹帝利—罗惹会议分开。

十分遗憾的是，我们没有掌握能把刚那会议同罗惹会议——贵族会议相对比的资料。可能，讨论问题首先在刚那会议上进行，而最终的决议在罗惹会议上通过。这种情况在很大程度上决定于共和国政权的性质：在一些刚那（如离车），民主管理的原则仍有足够的力量，民众会议还起到重要作用；在另一些刚那——贵族共和国（如释迦刚那），贵族——军事贵族会议已经起主导作用。

在僧伽刚拉，罗惹举行会议，解决国内生活以及贵族共和国管理中的各种问题。史料在报僧伽刚拉时指出，在那里讨论"某些问题"（kenacid eva karanīyena），也正是因为存在僧伽刚拉，这种说法才经常被使用。

在巴利文的经典中，还保存了能使人们在某种程度上想象出在僧伽刚拉研讨问题程序的资料。出席僧伽刚拉的人分成东，西两方入座。[①] 根据现有的资料判断，在僧伽刚拉，经常召开500人的刹帝利—罗惹会议。这个数字不仅在与释迦有关的各种史料中可见，而且在与末罗有关的史料中也能看到。我们认为，这个数字与其说是传说的数目，不如说是贵族会议成员数目的准确规定。尽管这个数目在早期希腊、罗马共和国是已知的。显然，并非所有的罗惹都是共和国贵族会议成员，他们只是特殊显贵的有影响的刹帝利的一小部分。根据《佛本生经》的说法，仅在吠舍厘就有7707名罗惹。

《神通游戏》的资料证明，在刹帝利人中间为获得"罗惹"头衔曾有过斗争。根据原文的说法，每一个刹帝利人极力宣称——"我是罗惹"。[②] 显然，在某些刹帝利家庭（rāja-kula）

① 《长阿含经》，XXXII，4。

② Lalitavistara，李弗曼编，I，页21。

中间也曾为争夺领导权有过尖锐斗争。根据《摩诃婆罗多》(XII,107,10)的说法,贪婪、妒忌是在罗惹家庭(kulanāñca rājām)中间产生倾轧的原因。在《佛本生经》中我们还看到了对吠舍刹帝利—罗惹治理国家(rajjaṃ karetvā)的简要规定。①

十分有趣的报道保存在佛音对《长阿含经》——《苏曼刚拉·维拉西尼》的注释中。根据他的说法,在末罗存在一种风俗:末罗的罗惹轮流治理国家,尚未轮到者经营商业。② 很难判断,这种说法所反映的末罗刚那的实际情况有多少准确性,但是,大体上,它们与存在选举制原则的早期共和组织所有的那种政治机构相符合。

可以认为,引用的证据并非涉及所有刹帝利—罗惹,而仅仅与类似贵族会议的那种集体组织中的人们有关。这些人轮流作官并担负管理国家的某些职责。

在《政事论》中,可以清楚地看到刹帝利在刚那中的主导作用。根据考底利耶的话,只有获得头衔 rāja-rāja-śa-bdibhirava-ruddham avakṣiptaṃvā 的人能够对僧伽的成员判罪或将其抛弃(可能被驱逐)。值得注意的是,不仅印度古典作家谈到军事贵族的统治,而且古希腊、罗马作家也曾谈到。他们十分熟悉印度西北部和西部的国家的政治管理,其中"许多国家实现了民主政体"的情况(狄奥多洛斯, II,39)。

(四) 官员的各种级别和诉讼程序

有关共和国官员的各种级别及其职能的史料是很不充分

① 《Ekapaṇṇa-jātaka》№ 149, Ⅰ,页 316。

② Mallaputo ti Mallarājaputto. Mallā kira vārena rajjaṃkārenti Yāva tesan vāro na pāpuṇatl, tāva vānijjan karonti (Sumangalavilāsinī, Ⅱ,页 569)。

的，因此不能使他们的管理体系得以复原。但是，存在掌握某些权力的官员的事实本身是可信的。除了获得头衔—— rājā 和 senapati“军事领袖”的刚那首领外，我们已知离车和末罗的高官（mahāmattas）和官吏（amacco）。[①] 根据吉尔吉特的原文判断，尽管 mahāmatta 官员职位很高，显然，他们也必须执行刚那的决议：被称为罗拉的末罗官员（mallamahāmatra）不敢背离刚那的决定，因为惧怕受到刚那的处罚。[②] 我们已经引用了《佛本生经》和佛音关于释迦人和科里亚因分享罗西尼河而发生争执的资料。起初男女奴隶之间发生争执，而后被人报告给官吏（amaccā）。佛音（II，673）称他们是 niyuttaamaccā“被任命的长官”。根据原文判断，这些官员较罗惹的职位低，罗惹在解决争执时是他们的上级。《佛本生经》（I，316）保存了许多有关管理国库和商品储藏的官员 bhaṇḍagarịkas 的证据。古希腊、罗马的作家们也指出了官员各种级别的存在。[③] 我们根据佛音的注释了解到，刚那诉讼程序的若干资料。他在解释《长阿含经》关于这个离车刚那的不可战胜条件的证据时，评述了审理被告人案件的程序。首先被告人到专门审理他犯罪问题的官员——vinicchaya-mahāmattas 那里。如果官员们认为他有罪，则案件再交给官员——vobāvikas 继续审理。如果 vohārikas 也不宣布被告人无罪，而认为有罪，则由 suttadhāras 接着进行审理。这种程序还适用到下列各级：aṭṭha-kulska（显然是八人会议）、军事首领、乌帕罗惹和罗惹。如果罗惹（大概是刚那首领）也认为被告人有罪，则按照 paveṇi-potthaka“传统记载”（即以前书上的

---

① 《杂阿含经》，V，页 389—390；《增一阿含经》，IV，页 212；《长阿含经》，III，24，1，21；XVI 22。

② 《吉尔吉特手稿》III，第 1 章，页 242。

③ 见《孔雀帝国国家结构的若干特点》，页 65，注 22。

例子)惩罚他。① 注释反映出离车共和国诉讼的实际程序有多少准确性是很难判断的,但是,佛音描绘的民主图画与这些国家形成的政治组织结构相符合。让我们提示一下,正是离车保留了民众会议的重大作用,而且民主制度经久不衰。

佛音关于“传统记载”的报道,无疑地指出了诉讼案和各方面管理制度相当发达的形式。这些资料与有关官员各种级别的资料一样,对于怀疑存在脱离人民的政权及其政权机构的人未必能提供任何根据。

四、社会关系

在共和国的政治和社会结构中,可以看到氏族部落组织明显的残余。根据现有的资料(佛教的文献和史诗)判断,在所研究的刚那和僧伽中,氏族的划分继续存在,不过,范围已经很小。例如,已知的释迦氏族。② 根据传说,佛陀出身于乔达摩(Gautama)氏族。《中阿含经》的《楚拉沙查柯经》(I,229)讲述,离车的一些人见到佛陀时,不仅说出自己的名字,而且也说出自己的氏族(nāmagottam)。根据佛音的注释判断,这些人是破产的旧家族的后裔。他们用自己氏族的名字称呼自己,是想以此获得名望。在史料中,一些刚那人有时用氏族的名字称呼自己——显然,这是占首位的一类人。例如,在《大般涅槃经》(V,19)中,用广为周知的(瓦西什陀)氏族的名字称末罗人为瓦西什陀(Vasiṣṭhas)。

不过,在共和国,氏族的作用总的来说已经大大减弱了。史

---

① 见 Sumangana-vilāsini,Ⅱ,页 519。

② Pāpa n casūdani,Ⅱ,页 273:Etekira daliddā jiṇnakulaputtā parisamajjhe nāmagottavasena pākoṭā bhavissāmatī。

料很少提到氏族，并且已经认为家庭是基本单位的这一事实，说明了氏族作用在共和国中的衰弱。氏族很久以前在氏族集体中曾起到极其重要的作用，并且在军事民主制阶段的刚那和僧伽中起过自己的作用。家庭最初是氏族的一部分，氏族同样也是刚那的一部分。例如，《摩诃婆罗多》(XII，107，27)在评述显然还处于氏族民主制水平的刚那时，报道了上述规定的官阶等级制度和刚那的这种组织："如果在若干家庭(kulesu)中产生不和并且家庭的长老们又不过问，则氏族便告瓦解，分歧在刚那开始产生"。国家体制的发展导致了氏族关系的衰弱和"与氏族相对立"的家庭的巩固(恩格斯)。

卡提亚那已经不把氏族看作是刚那的基本单位，而认为家庭(kula)是刚那的基本单位。维拉米特拉达亚——《米达科沙拉》晚期的注释者——援引了卡提亚那关于刚那存在家庭(kula)会议的说法。① 《政事论》也谈到僧伽划分家庭的问题。显然，应该把家庭理解为父权制大家庭。

在共和国中，自然，首先是在贵族共和国中，刹帝利家庭(rāja-kulas)起到主导作用。他们几乎集国家全权于己身。象我们看到的那样，刹帝利家庭的代表出席僧伽刚拉会议并讨论刚那生活中最生要的问题。在解决释迦与科里亚冲突时，它们是最高机关，并且基本上决定审理诉讼的程序。刹帝利家庭使自己与其他的居民家庭相对立：德瓦达塔痛苦地讲述了他在释迦那里怎样受刹帝利家庭的排斥。② 在跋祇(离车)刚那七个不可战胜的条件中，《长阿含经》提到"尊敬和爱戴长老"(mahallaka)。虽然在《长阿含经》中这仅仅作为一种愿望提出来，但是可

① Kulānaṃhi samuhastu gaṇaḥ；见马俊达，《古代印度的团体生活》。

② Samudda-vāṇija-lātaka，Ⅳ，158。

以考虑，这个早期的史料反映了共和国初期长老会议还起到一定的作用，氏族组织的显著特征的存在对共和国的政治结构来说是特有的。

此外，值得注意的是，在另一些资料中，与共和国政治组织相关的术语 mahallaka“长老”使用的极少，并且大部分证据已与罗惹有关。可以推测，起初由氏族长老组成的会议逐渐地贵族化，并变成贵族会议的形式。象我们认为的那样，这个在国家形成时期所特有的过程在佛音对《长阿含经》的注释中得到了反映。如果在《长阿含经》中只是谈到跋祇（离车）的长老——mahallaka，那么《苏曼刚拉·维拉西尼》已经将“长老”一词解释为年长的罗惹——mahallaka-rājānas，这些人依据古老的传统制定出行动路线（upāya）。[1] 应该注意到，对佛音于公元 5 世纪写的注释来说，刚那和僧伽政治结构大体上已明显地表现出“贵族化”倾向，当时共和国已经完全不同于摩揭陀时代的刚那和僧伽。

文献为我们留下了刚那和僧伽婚姻关系的有趣资料。我们已经引用了《衣事》关于离车刚那颁布调整婚姻关系的专门决定。居住在吠舍厘的任何一个姑娘不能嫁给其他城市的男子。这种内婚在释迦也曾有过，他们甚至拒绝把释迦的姑娘嫁给居萨罗的波斯匿王为妻。在共和国中，遵守着根据“等级相符”的原则缔结婚姻的严格法规。出身贵族家庭的姑娘不能嫁给社会地位较低的男人。

《衣事》叙述了，马哈纳玛是如何向刚那申请请将女儿嫁给同族和同等家庭（svakulavaṃśαa）的人。[2]

---

① Sumangala-vilāsinī，Ⅲ，页 519。

② 《衣事》Ⅲ，页 17。

根据《西达拉・佛本生经》(I,152)文献的报道,吠舍厘一位理发师之子爱上了刹帝利家庭的一位姑娘,但是,由于他出身卑下而不能娶这位姑娘为妻,他应该找另外一位与自己的出身和地位相同的人。

五、刚那内部的矛盾与派别

大部分巴利文与梵文史料都认为,刚那和僧伽的团结与内部的统一是它们不可战胜的主要条件之一。考底利耶写道,正是由于本身的团结,僧伽才是不可战胜的。是的,的确刚那和僧伽的政治组织特点,其中也包括发达的共和国把更广泛的自由民各阶层吸引到政治生活中来,使这些村社成为更加巩固的并在他们同时代的人们中间创作出一幅充满内部和谐、平等的图画。可是,不能忘记共和国是由阶级的集团所构成,它首先为享有特权的刹帝利等级——军事贵族服务。

史料叙述了共和国内,其中也包括在各瓦尔那代表中间所存在的主要内部矛盾。史料特别着重指出,也正是刚那与僧伽缺乏团结,才导致自身的毁灭。《政事论》(第十一章载有僧伽"首领"(mukhyas)(大家知道他们是刹帝利)同普通的僧伽成员——其他瓦尔那代表发生冲突的证据;同时也有僧伽中居高位的成员同地位较低(hīna)的僧伽(visiṣṭa)成员发生冲突的证据。根据《摩诃婆罗多》(XI,107, 29)中的说法,刚那的内部矛盾是刚那的主要敌人,甚至比外来敌人的侵犯更可怕。考底利耶(见上书,430页)建议:"国王的密探应该遍布整个僧伽,以便发现能引起僧伽(成员)中间彼此矛盾、敌对与仇视的那些因素"。

与君主制国家相比,在共和国,各等级中间存在的是某种另外的相互关系。虽然各等级改变了内部矛盾的腔调,但是,他们之间的矛盾尖锐化程度并未削弱。在这些国家中,由于刹帝利使自己与其余的居民相对立;婆罗门仅仅在特殊的情况下能够获得与刹帝利相同的标志;吠舍竭力参与政治生活;刚那内部,象我们看到的那样,存在各种派别,所以内部矛盾,各瓦尔那之间(可能,首先是刹帝利与婆罗门,其次是刹帝利与其他瓦尔那)的冲突可能达到白热化程度。显然,正因为如此,史料才同时谈到僧伽与刚那内部的矛盾。上面我们已经引用了巴利文《律藏》关于释迦共和国奴隶公开暴动的资料。

史诗与帕尼尼的著作清楚地证明,在刚那与僧伽存在彼此之间经常敌对的一些派别。在帕尼尼的著作中见到的术语dvandva和vyutkramana,诃什伽(VIII,1,15)解释为人们的两个独立(单独行动)的派别(《帕尼尼所了解的印度》,431)。一些语法学家曾提到某些派别的名称,它们以自己领袖的名字给自己派别命名:Vāsu deva-vargya, Arjuna-vargya。诃什伽(IV,2,34)在注释帕尼尼的著作时指出,在僧伽有Andhaka-Vṛṣṇi派,而帕檀阇利注释卡提亚那(IV,2,104,11)著作时指出存在Vāsudeva和Akrūra派。在《摩诃婆罗多》文献中,僧伽首领黑天痛苦地向纳拉达讲述了敌对的两派对他的攻击:"我像两个儿子的母亲一样,不能偏向派别中的那一派。玩骰子的双方,任何一方胜利或失败,对骰子来说,都无所寄托"(XII,81)。刚那和僧伽的内部矛盾,在那些明显地表现出阶级、阶层、财产差别的共和国中必然具有特殊紧张的性质。

六、共和国的起源与发展问题

古代印度共和国的起源问题,虽说无疑是重要的,但未必能认为此问题已经解决。在吠陀的刚那(显然是氏族组织)和共和国刚那之间直接的和必然的联系是完全假设的。显然,吠陀的问世不仅揭示了共和国刚那的经过史,而且也揭示了君主制国家的经过史。阶级社会和国家都是从吠陀时代的氏族部落的群体中发展而来并依赖这种发展的性质(社会力量的对比、贵族成员的作用、具体的情况等等),它们才能够形成君主制的或共和制的国家。

史料有可能细致地勾画出了共和国形成的两条途径。首先是氏族制历史晚期所特有的军事民主制结构继续发展成共和政体的国家。虽然军事民主制时期的刚那僧伽与共和政体的国家明显不同,但是,不能不看到它们的政治结构存在相似之处。从军事民主制时期的社会发展为共和政体的刚那,显然是共和国形成的最寻常的途径之一。

其次,还可以从君主政体过渡到共和政体。史料证明了国家政体的转变并说明刚那是君主政体衰落的结果。吠舍厘的历史是很好的例子。在那里起初是君主政体,而后才确立共和政权。①

狄奥多洛斯的话(I,39)是很有意义的。他说,若干年后城邦有了民主政体,而在某些民族中,君主政体一直保留到亚历山大远征时止。

共和制刚那走过了历史发展的漫长道路,存在到笈多时代——最后的奴隶制大帝国与早期封建关系产生的时代。刚那在古印度的政治领域中,尤其在公元前5—前4世纪印度国家争夺北印度霸权的斗争时期起到极其重要的作用。经过与君主

---

① 详见米什拉:《吠舍厘的早期历史》(Yogendra. Mishra, *An Early History of Vaisali*),德里,1962。

政权的长期较量,共和刚那战败了,但是,刚那并未完全丧失自己的独立性。在孔雀帝国,刚那具有半自治权。① 在强大的帝国倾复之后,一些刚那曾成功地恢复自己以往的独立。随同古代印度社会的向前发展,共和国刚那内部的政治和社会组织也在发展。后期笈多时代是共和国刚那最终崩溃和消亡的时代。

显然,关于古代印度刚那和僧伽的文献资料远不止我们所引用的这些。我们提出的论点和结论不能认为是最终的。今后的研究必然会弄清目前尚未解决与争论的那些问题。不过,有一点现在已经明确:古代印度历史的发展决不会在没有查明刚那与僧伽历史的情况下,得到全面的真正的了解。刚那与僧伽是部落组织并且已经是具有共和政体的各种形式的国家。

希望印度文献的资料将对其他古代东方社会国家政体的研究有所促进。况且,从引用的文献资料来看,象我们认为的那样,古代东方国家政体的某些复杂问题,已经得到一些解决,其中古希腊、罗马共和国与古代印度共和国的比较应得到重视。

---

① 详见《孔雀帝国国家结构的若干特点》,页 47—50。

城邦——帝国*

乌特钦科 撰
朱承思 译　廖学盛/郭小凌 校

本书主要论述罗马共和国末年的社会史和政治问题，经济性质的问题，只是在笔者看来对理解社会生活现象所必须的范围内才加以涉及。

在专述共和国覆亡的著作里，不能不谈到帝国的产生。虽然意识并考虑到这种情况，但笔者与其说是力求从自己（或者在学术文献中业已形成的）关于罗马帝国的一些概念出发，不如说是尽量根据那些用来分析共和国本身危机和瓦解的各种迹象的材料。依笔者之见，这种方法会更有利于避免如此习见的（虽然有时是不自觉的）目的论的味道。但是，即使在这种情况下——特别是在提出某些一般问题时——也还不得不从“最终的事实”出发，并且从“前一时期诸条件的总和中”②去寻找对这一事实的解释。这样，我们必须在这个导言中分析两个问题，尽管对这两个问题作详细的历史分析越出了我们所考察的年限范

---

* 译自乌特钦科著《罗马共和国的危机与衰亡》(С·Л·Утченко, Кризис и падение Римской республияи ,莫斯科,1965 年),这是该书的序言。

② 维佩尔,《罗马帝国史纲》(Р. Виппер, Очерки истории Римской империи),柏林,1923 年,第 1 页。

围。这就是:城邦问题和社会革命问题(针对罗马社会的条件而言)。不阐明这些问题便不可能完全揭示共和国倾覆的原因,因而也就不可能完全搞清帝国形成的原因。

顺便说一下,“罗马帝国”这一概念很久以来就有两种含义。第一种含义——较为通行,但较“狭窄”——在历史文献中使用大概是从提列蒙神父的时候起,也就是从17世纪末开始(如果不是更早)。按照习见的并且已经根深蒂固的观点,罗马帝国“开始”于专制型最高统帅权确立的时刻(与此现象相伴的是共和制度的衰落)。在这种观点的拥护者那里,基本论点始终没有变化,仅仅在年代和法权形式方面有某些不同的说法:“帝国时代”是从奥古斯都统治开始呢,还是从恺撒独裁(或者甚至从苏拉独裁)算起;从国家与法的观点看,奥古斯都元首制是君主制呢,还是“双头政治”①。

帝国概念的第二种(较为“广泛的”)含义,从本世纪初开始越来越经常在文献中见到。我们首先指的是维佩尔的名著《罗

---

① 加尔特豪森最坚持强调奥古斯都统治的君主制性质,见加尔特豪森,《奥古斯都及其时代》(V. Gardthausen, *Augustus und seine Zeit*,)第1卷,页1—3;第2卷,页1—3,莱比锡,1891—1904。

蒙森第一个提出“双头政治”的理论,见蒙森《罗马国家法》(Th. Mommsen, *Römisches Staatsrecht*),第2卷,莱比锡,1887;《罗马国家法概要》(*Abriss des römischen Staatsrects*),莱比锡,1893。

至于把奥古斯都元首政治看作 res publica restituta(“恢复了的共和国”)的观点,那是爱德华。迈尔所主张的。见迈尔,《恺撒的专制统治和庞培的元首制》(Ed. Meyer, *Caesars Monarchie und das Prinzipat des Pompeius*),斯图加特—柏林,1922;《论文集》(*Kleine Schriften*),第1卷,哈雷,1910,《奥古斯都皇帝》(Kaiser Augustus)。但是,他的意见前后颇不一致。比如,从他的叙述中,在奥古斯都的继承者时期,恢复了的共和国”是否依然存在,就不清楚了。甚至还有这样的意见,即共和制度在罗马一直存在到康茂德时代,见费列罗,《罗马的强大和衰落》(Г. Ферреро, Величие и Падение Рима),第5卷,莫斯科,1923。可见,在这里问题也仅仅归结为年代上的“更动”。

马帝国史纲》。在该书作者看来,罗马帝国的开始形成是与罗马“帝国主义”政策的发展以及罗马变为地中海强国同时并进的。从这时起已经能够并且应该说“罗马帝国”了。罗斯托夫采夫、赛姆以及其他一些学者对于罗马帝国的形成问题,大致持有同样的看法。他们的观点,我们还要比较详细地谈到。①

对于使我们产生兴趣的同一概念的这两种含义,应取哪一种呢?从一定意义上说(还要加一定的事先说明),两者(顺便说一句,它们完全不是相互排斥的)都可接受。不过,在我们看来,对它们所作的一般论证(如上面简单讲到的)则完全不能采纳。

如果指第一种,即较“狭窄”的帝国概念,那么对于马克思主义史学家来说,置于首位的不是君主专制制度代替共和制的问题,而是政权转移到统治阶级即奴隶主阶级的新的社会阶层、新的派别手里的问题。但是,只有在新的社会政治条件下,才能酝酿和发生统治阶级本身的变化。而这些条件的成熟则是相当长的过程。这样一来,我们便接近了较“广泛”的帝国概念。然而,对马克思主义史学家来说,它的内容主要还不是罗马的扩张(或者说罗马的“帝国主义”)和罗马强国的领土扩展,而是罗马越出了城邦范围,“城市国家”为新型的社会政治组织、新型国家所替代。在这个意义上(而且也只是在这个意义上)才可以说,共和国危机和城邦危机(在罗马的条件下)具有同等意义。

显然,这样提出问题首先要求确定(或者至少是确切地理解)古典城邦的性质。我们试图尽可能完成这一任务,并且与其说是寻求某种唯一的,同时又是无所不包的定义,勿宁说是描述

---

① 比较,例如,福格特,《罗马史》(J. Vogt, *Römische Gesch ichte*),第1卷,弗赖堡,1932;贾内利和马扎里诺,《罗马史论》(G. Gannelli e S. Mazzarino, *Trattato di storia Romana*)第1卷,罗马,1953)。

和分析某些特征。

城邦问题在古代人本身的政治思想中一向居于非常重要的地位。对于他们，城邦是国家生活，公民权利和特权的唯一可能、甚至是唯一可以设想的中心。只有那些(一般地说，由于自己的出身)加入城邦的人，才是全权公民，即“波利特斯”，而他只是作为这样的人才能程度不等地参予国家生活，即“波利特伊亚”。

所以，希腊人的政治思想，至少是在“古典”时期，从来没有超出城邦的范围。任何一种构想都建立在围家即城邦的概念之上。甚至在其发展的最高阶段(柏拉图时期与亚里士多德时期)，古代的政治思想还是在这个范围内徘徊：柏拉图的理想国不是别的，就是城邦，而且是斯巴达式的城邦。这种现象绝非偶然。

古代人自己是怎样理解并确定城邦的本质呢？

起初，“波利斯”一词显然意味着设防地点。堡砦[等于“奥皮杜姆”(oppidum)]。比如，修昔底德证实，雅典的卫城在相当长的时间里被称为波利斯[1]。对这一术语作同样“狭窄”的解释，在一些词典编纂家那里也可以碰到。但是，如果指的是古代国家理论中的“波利斯”概念，那它一直是作为复杂得多的范畴出现的。

首先城邦不只是(甚至主要不是)领土，更重要的是人，是某种人们的共同体。就是那位修昔底德，借尼基阿斯[2]之口说过，

---

① 修昔底德，II，15，6。

② 阿摩尼奥斯，词条“asty”(城市)下面的释义；比较 Etymol ogicum Magnum(《大辞源》)，尤其是 Etymologicum Guadianum(《古阿迪阿姆辞书》)对词条“Πoлls”的解释。

城邦就是人，完全不是城墙和船舰本身。①

非但如此，城邦还不仅仅是某种人们（公民）的共同体。古代人还把创造这种共同体的物质（以及精神）价值的总和纳入“城邦”这一概念。例如，柏拉图认为，满足对食物、住房和衣着需求的必要决定了城邦的产生，单个人无力满足这类需求，只有与他人结合在一起才能实现。② 亚里士多德把食物和占有土地引为城邦存在的必需条件。③ 伪亚里士多德的著作《经济学》提出了最令人感兴趣的定义：城邦是有能力保证本身安宁的住房、领土、财产的总和。④ 最后，我们在西塞罗的著作里见到展开了的定义——既强调城邦是人们的共同体，又列举了那些创造了这一共同体的各种有价值的东西。

西塞罗在《论职责》一文中提到，人们的共同性有许多层次。例如，语言和出身的共同性把人们联结起来，但是应该认为属于同一公民公社，即“基维塔斯”(civitas)，乃是人们之间的一种更加密切的联系。因为在这里很多东西是公民共同的财富：集议场、寺庙、柱廊、街道、法令、法规、法庭、选举，此外，还有习俗和朋友关系，以及一切相互间的经济交往。⑤ 所有这一切，创造出对每个人来说都是最亲近和最珍贵的共同体(omnium societatum nulla est gravior, nulla carior,[在所有社会关系当中，没有一种关系是比它更为重要、更为亲近的。])，这便是国家、祖国，唯有它才能包容人所共有的眷恋之情(sed omnes omnium caritates patria

---

① 修昔底德，7，77，7：“城邦是人，而不是没有人的城墙和船舰。”

② 柏拉图，《王制》，II，369，B—C。

③ 亚里士多德，《政治学》，VII，7，1，1328，17。

④ 亚里士多德，《经济学》，1，1，2：“城邦是能够自身保证有美好生活的‘众人的’房屋、土地和财产。”顺便说一下，接下去在文献中它使用了更有表达力的术语“共同体”来代替“众人”。

⑤ 西塞罗，《论职责》，1，17，53。

una complexa est[唯有祖国包括了人们最珍贵的一切])。[1]

西塞罗在另一处还谈到，国家和公社(res publicae civitatesque[共和国与公民公社])的建立，主要是为了使每个人永远是属于他的东西的主人(ut sua tenerentur[为了使各人拥有自己的东西])。如果说人们的共同生活在当时是由自然的趋向所引起的，那么向城市寻求保护的意向则是由于希望使财产得到保障[2]，稍后一点，这种思想以更显著，更明确的形式得到重复。[3]

这种情况非常重要，即我们所引用的城邦定义全都十分注意表述它的物质基础，并且常常是在财产这一概念的最一般、甚至是在理论意义上谈到它。所以，虽然古人的定义在我们看来往往显得幼稚，但它们毕竟包藏着某种合理的内核，研究它们在一定方面是很有益的。

至少，这些看法较之现在广为流行、却很少触及实质的城邦即城市国家(Stadtstaat，city-state)的定义(就中有时指出，这个概念不仅包括城市本身和乡村，而且包括城邦公民的总和)[4]更深刻、更严格地确定了城邦的本质。可惜，即使是在我国的史学著作中也还找不到有助于揭示城邦物质基础问题的全面的城邦定义。[5] 但是，显然我们不能满足于把城邦仅仅看作某种政治

---

① 西塞罗,《论职责》,1,17,57。

② 同上文,2,22,73。

③ 同上文,2,22,78:"如上所述,公民公社和城市的职责,就是使各人的所有财产得到无限制的和可靠的保护。"

④ 比较阿德科克(F. E. Adcock)的论述,见《剑桥古代史》,第 3 卷,第 25 章。

⑤ 阐述这问题的某些尝试,参阅乌特钦科:《罗马共和倾覆前夕的思想和政治斗争》](С. Л. Утченко Идейно политическая борьба накануне падеия Римской республики),莫斯科,1952,页 7—26;库德里亚弗采夫,《公元二世纪巴尔干半岛的希腊人诸行省》(О. В. Кудряв Ццев, Эллинские провинчии Балкансково попуострова во втором веке нашей эры),莫斯科,1954,页 6—15。

上层建筑，而不去确切了解这一上层建筑产生并建立在怎样的经济基础之上。

这就在我们面前提出了一个古典社会的所有制形式问题。大家知道，马克思把这种形式定为国家，“积极公民的一种共同私有制”。[①] 大家也知道，马克思在自己的著作《资本主义生产以前各形态》中，更详尽地发挥和更具体地说明了最初在《德意志意识形态》中所提出的这一思想。在这本著作中，马克思指出古典所有制的特点在于，古典所有制始终是以矛盾的双重形态出现的：既作为国家所有制，又作为私人所有制，但后者总是以前者为先决条件。马克思写道：

> 在古代民族那里（罗马人是最典型的例子，表现的形式最纯粹，最突出），存在着国家土地财产和私人土地财产相对立的形式，结果是后者以前者为媒介；或者说，国家土地财产本身存在于这种双重的形式中。[②]

马克思所强调的矛盾的实质何在呢？它表现为下述形式：在古典社会中，私人土地所有权的必要前提乃是从属于公民公社（即从属于城邦，从属于基维塔斯）。

> 公社成员的身分在这里依旧是占有土地的前提，但作为公社成员，每一个单个的人又是私有者。他把自己的私有财产看作就是土地，同时又看作就是他自己作为公社成员的身分；而保持他自己作为公社成员，也正等于保持公社

① 《马克思恩格斯全集》，第3卷，页25。

② 马克思，《资本主义生产以前的各种形式》，见《马克思恩格斯全集》，第46卷（上），页481。

的存在,反过来也一样,等等。①

这样一来,这种独特的、矛盾的、双重形态的土地所有制便成了城邦的经济基础,马克思最早揭示并说明了这种形态,我们简单地称之为古典所有制形态。对于我们说来,毫无疑义的是,正是城邦的这种物质基础应当首先决定它的所有最突出的特征。

城邦组织是在一定历史条件下最好地保证私有者集体实现土地私有权以及支配(管理)和保护这种财产的组织。城邦组织的所有特征和全部历史特点不是别的,而正是对这种所有权的特殊"保证"。

第一条"保证"是为一切城邦所共有的、不可变更的条件,即唯有全权公民才能拥有土地所有权以及其他特权。例如我们知道,雅典的外邦人虽然是常住居民,却无权获得土地。② 只有对国家建立了某些特殊功绩,他们才可能被赋予这种特权③。但那时他们好象被看成是同公民一样的了,至少是获得了"伊索特利亚"④众所周知,只有罗马公民才享有罗马魁里特所有权(do-

---

① 马克思,《资本主义生产以前的各种形式》,前揭,页476。比较页484:

> 不管这种以公社成员身分为媒介的所有制,究竟是表现为公有制(在这种情况下,单个人只是占有者,决不存在土地的私有制);还是所有制表现为国家所有同私人所有相并列的双重形式(不过在这种情况下,后者被前者所制约,因而只有国家公民才是并且必定是私有者,但另一方面,作为国家公民,他的所有又同时具有特殊的存在)。

② 色诺芬,《论收入》,2,6,;德谟斯梯尼,34,6。

③ 亚里士多德,《经济学》,4,比较《阿提卡题铭集》,II,41, 70,186,380。

④ [译注]即平等的纳税权,也就是在纳税方面和公民平等。哈尔波克拉提昂编的《十位演说家的词汇释义》,词条"平等纳税者";赫叙希奥斯,词条"平等纳税者"。

minum ex iure Quiritium)；顺便提一句，这种所有权扩及 praedia in Italico solo(位于意大利境内的土地)，至于外邦人，那他们自然是不能拥有魁里特权力的。①

土地只能是公民集体成员的财产这个一般原则，反映在存在着公有地(ager publicus)的事实中，并且也表现为土地包括在城市领土之内。大家知道，在罗马——甚至在帝国时代——相当大一部分土地属于城市，而且以短期或长期租佃形式交给公民②。把城市(城邦)看作土地最高所有者的观念长期不曾消失；由此便自然产生了土地或者份地不能转让的原则。虽然这种不可能转让性在现实形成的关系的实际活动中，保存得越来越少，但它在理论上却继续存在，以至任何一个以这样或那样方式涉及土地问题的罗马国务活动家和改革者(从格拉古兄弟到恺撒)，都未敢冒险直接反对这个原则。③

再一条同等重要的保证是保持公民集体闭塞性的措施(一般是立法性质的)。所有城邦都有各种不同的权力等级，所有城邦的居民都有全权者、非全权者和无权者三部分人组成。从这个意义上说，城邦始终是——它的基本的阶级职能和国家职能就是如此——剥削后两类居民(其中首先是奴隶)的机构。不过就是在全权公民当中也存在等第之分。

例如，在雅典，全权居民分成两类：一种是生来就是的公民，

---

① 参看，例如，波克罗夫斯，《罗马法史》(N. A. Покров ский, История римского права)，圣彼得堡，1913，页 332—333。

② 施塔耶尔曼，《罗马帝国西部诸行省中的奴隶占有制危机》(E. M. Штаерман, Криэис рабовладелъческого строя в Эападных провинциях Римской имцерии)，莫斯科，1957，页 27。

③ 阿庇安，《内战史》，1，10，27，比较 3，2。恺撒最先颁布的不是无限期的禁令，而是规定以 20 年为限。

一种是因公民大会决议而接纳的公民[1]。后者因为对雅典国家作出贡献而取得公民权。授予公民权的程序本身就相当复杂麻烦。公民大会先通过一项预审决议,然后委托五百人会议主席团,召集第二次会议,在不少于6000公民参加的情况下经过秘密投票,问题才算最终解决[2]。但是也还可以援引 γραφη παραυομωυ[3] 来反对该决议。

人们知道,据说伯里克勒斯曾提出一项法案,规定一个人只有父母都是雅典人,才被认为是雅典人[4]。这项法案在公元前4世纪重新得到确认。[5] 而在公元前4—前3世纪之交,对于那些公民会议决定授予公民权的人,由501人组成的法庭进行资格审查。[6] 可见,在雅典国家里——无论在其繁荣时代,还是在其衰落时代——对于公民集体的"纯洁性"问题都给予极大的注意。

罗马公民也有等第之分。首先,同雅典一样,这里存在 cives nati[先天公民]和 cives facti[后天公民]。属于后者的既有个别人,也有整个公社,他们或者由于公民大会的决议,或者通过罗马高级官吏(后来是皇帝)的帮助获得公民权。此外,由于 manumissio justa [合法释放]而变为公民的被释奴也应列入 cives facti。

其次,罗马公民也分成 cives (civitas) optimo iure 和 minuto iure[有优先权的公民(公民公社)和无优先权的公民(公民公

---

① 哈尔波克拉提昂。词条"取得公民权而被接纳的公民";波鲁克斯,3,560。

② 德谟斯梯尼,59,89—91;比较《阿提卡题铭集》,II,51,54。

③ [译注]"违反现行法制罪",即指控提出法案的人触犯了现行法制的基本精神,可以定很重的罪。

④ 亚里士多德。《雅典政制》,26,3;普鲁塔克,《伯里克勒斯传》,37。

⑤ 阿特纳伊奥斯,VII,577c。

⑥ 《阿提卡题铭集》,II,223。

社)]。要属于 cives optimo iure,必须拥有完全的 status civitatis(公民地位),也就是政治权能[ius suf fragii(选举权)和 ius honorum(荣誉权)],以及公民应有的财产和家庭方面的权能[ius commercii 和 conubii (交往权和婚姻权)]。通常只有 cives nati 拥有这一"整套"权力,而 cives facti 在权能方面始终是——在某种程度上——有限和残缺不全的。①

无疑,为每个城邦所共有和必须的所有权的第三个"保证"是存在公民大会。公民大会——不管其形式如何——乃是城邦(奴隶占有制的)民主制的最重要因素。公民大会的职权范围固然有所不同,对各公社生活影响的程度也不一样,但缺少公民大会,城邦制度就是不可思议的。这也证明,民主因素植根于城邦结构的基础之中,尽管每一具体城邦民主发展程度——正如广为人知的例子业已证明的那样——可能迥然不同。

作为城邦民主制的基本要素的公民大会的原则意义是什么呢?古典城邦的公民大会是作为城邦物质基础的集体的(共同的)私有制(马克思语)这一经济范畴的统治在社会生活领域中的反映。它意味着,公民大会体现着每一私有者——公民集体的成员——支配与保护自己财产的权力,并且意味着实现这种权力——公民大会活动的全部意义就在于此——是在集体之中共同进行的。公民大会乃是体现私有者集体意志的机关。

至于公民大会与城邦制度的其他必要成份——议事会和行政长官的关系,那么,议事会通常与公民大会并列,总的说来,它是一种自主的,独立的机关。在许多希腊城邦中,议事会成员被赋予终身权力。例如,在马西利亚有一个由 600 名终身议员组

---

① 参见赫瓦斯托夫,《罗马法史》(С. М. Хвостов, История римского права),莫斯科,1919,页 85。

成的议事会，而且由议事会的十五名成员组成的一个委员会处理所有日常事务。[①] 在科林斯，元老会议由80人组成。[②] 在阿尔哥斯也有类似的议会。[③] 斯巴达和克里特的元老会议，跟雅典的贵族议事会（阿勒俄帕菊斯）一样，其成员皆为终身职。[④] 就便说一句，在雅典，即使在民主制的极盛时期，当时选举产生的议事会已把贵族议事会排挤到次要地位，这个新议事会的作用——虽然较之那些不能撤换成员的议事会来说，它无疑在更大程度上要依附于公民大会——毕竟如此之大，以致正如人们已经知道的那样，公民大会的决议用如下公式表达：公民大会和议事会决议。这个公式证明，在某种程度上，最高权力（至少在原则上）由公民大会和议事会分享。至于罗马元老院的突出作用，那更不必说了，它的成员并非选举产生，并且毋须公民大会参予便可增补人选。Senatus populusque Romanus[元老院和罗马公民大会]这个公式明确强调罗马人自己把国家最高权力看成具有“双头政治”的性质。[⑤] 萨鲁斯提乌斯从早年的《致恺撒书》到最后的作品《历史》所宣扬的“政治理想”非常令人信服地证实这一点[⑥]。

在绝大多数希腊城邦中，行政长官的作用（斯巴达的监督官可能除外）居于次要地位[⑦]。这一点在古人的国家理论中也有

---

① 斯特拉波，4，179。

② 狄奥多洛斯，16，65。

③ 修昔底德，5，47。

④ 亚里士多德，《雅典政制》，3，6。

⑤ 李维，10，7；21，40—41。

⑥ 参见本书（《罗马共和国的危机与衰亡》，俄文本，下同），页101。

⑦ 当然，在寡头制城邦里，行政长官实际上能够拥有足够广泛的权力（例如在克里特岛的一些城市中的科斯摩斯），但是在原则上，他们的作用和职能毕竟是服务性的。

所反映。譬如，亚里士多德认为每个国家的体制有三种要素，国家形式的本身区别取决于这些要素不同的相互关系①，他把集体“讨论法案”的权力无条件地摆到第一位，认为它是国家性能的真正体现，仅仅在这之后他才谈到行政长官的意义②。他们的“从属”和有限的意义十分明显出自他对行政长官的权限所下的定义③。当然，如果不是指希腊城邦而是指罗马（在这里，最高权力的存在决定了高级行政长官的权力性质），那么行政长官的地位和作用在这儿就完全是另一回事了。④

所有权的最后一条普遍的（也是必须的）“保证”应当认为是城邦的军事组织。我们不考查这一组织的所有细节，只想指出它与公民大会以及选举权的原则上的联系。土地所有权始终是这一联系的基础，并且某个公民公社成员在共同支配财产的活动中的参予程度（政治权力）和参加共同保卫这种财产的程度（军事义务和特权）取决于他们占有土地的数量。该原则不仅在雅典的梭伦立法或罗马的森都利亚制度中得到体现（这点已为大家广泛了解），而且它——带着一定的特点和独有的特征——是一系列希腊国家（如曼提涅亚⑤等等）城邦制度的基础。

城邦制度最具代表性的特点就是这些。当然，上述四条“保证”并未囊括城邦制度的全部特征，但如果谈到其他典型特征，那么应该考虑到，它们已经带有比较专门的性质，因而远非每个城邦所共有。

---

① 亚里士多德，《政治学》，IV，11—13，1298a—1301a。

② 同上书，亚里士多德把司法机构当作第三因素提出。比较同一书中的 VI，1，8，1317b。

③ 参见乌特钦科，《罗马共和国倾覆前夕的思想和政治斗争》，页 23。

④ 同上书，页 24—26。

⑤ 亚里士多德，《政治学》，VI，2，2—3，1318b21；比较柏拉图，《法义》，744b。

显而易见，在某一城邦中它的物质基础表现为何种具体形式，即究竟是(对土地的)集体所有制还是私有制占优势，在这里具有决定意义。如果正是从这一观点去处理问题，那么应该认为，所有权在斯巴达得到了最理想的保证。众所周知，在那里，土地和黑劳士直接在“平等者公社”成员中分配，无权转让[①]。难怪拉西第萝国家制度最符合柏拉图的理想，而波里比阿在谈到吕库古的立法卓越地保证了公民的一致、拉科尼亚的防卫和自由的巩固性时，首先指出吕库古体制中份地平等这一因素[②]。在另外一些城邦中，所有制问题并没有解决得这么直截了当，那里私有因素占优势(雅典，共和时期的罗马)，但所有权毕竟一直是以是否属于公民公社的成员为先决条件。在这些城邦中，必须建立一些特殊的、补充的“保证”，如禁止奴役同族人[③]，按地域标志划分居民以取代氏族部落[④]等等。因此，按照传统说法，雅典和罗马公民公社的建立经过许多相似的途径，也就是通过建立诸如此类的“补充保证”完成的。

最后，还有一点在某种程度上具有理论意义。这就是关于城邦的领土范围和居民数量问题。从理论上说，城邦的面积和居民数量应该是不大的[⑤]。柏拉图关于 5040 块份地的说法是广为人知的[⑥]，亚里士多德在《政治学》中详细分析了这个问题，得出结论认为，无论是居民数量还是国家领土，都应是“一目了

---

① 普鲁塔克:《吕库古传》,8:16:《阿基斯传》5,8:比较[本部的赫拉克利德斯],II,7(《希腊历史著作辑录》,II,211)。

② 波里比阿,6,48,8。

③ 亚里士多德,《雅典政制》,6,1:普鲁塔克,《梭伦传》,15:比较李维,8,28。

④ 亚里士多德,《雅典政制》,21,2:《政治学》,VII,2,11,1319b32;希罗多德,5,66;69;比较李维,1,43;狄奥尼索斯,4,14。

⑤ 柏拉图:《法义》,742d。

⑥ 同上书,737e;745c。

然”的①。

当然，绝大多数希腊城邦，无论就其领土范围还是就其居民数量来说，事实上都是很小的。试举数例：佛基斯领土共1650平方公里，容纳了22个城邦；优卑亚岛面积3770平方公里，有6个城邦；阿尔哥斯幅员相当1400平方公里，阿提卡约为2550平方公里②。但是，从理沦上考虑居民数目和领土方面的问题，如同关于自给自足(即城邦经济上的独立自主)这个富有理论意义的题目一样，对于城邦的广泛发展从来不是实际障碍。另一方面，由于本身的扩张政策而大大扩展了领土并以某种形式领导着一个巨大强国的城邦，或者象两度瓦解的雅典霸国那样，只是在相对不长的时间内保持了这种状况，或者象罗马本身的例子所证明的那样，由城邦变为某种另外的国家结构。

这些就是决定古典城邦最突出的特点的所有权的“保证”。我们认为，列举这些“保证”以及努力搞清它们的内容，较之寻找某种确切而详尽的定义，会使我们更易了解古典城邦的真正本质。

我们现在显然应该回来谈罗马了。共和时期的罗马在其发展到一定阶段之前曾是典型的城邦。所以我们有理由从上面列举的那些城邦组织的特点的发展，或者确切地说，从它们的瓦解方面来研究共和国的危机问题。这一过程的趋向如何呢？

首先是由马克思所揭示的特殊形式下的、亦即古典形式下的土地所有制问题。针对罗马，马克思写道：

---

① 亚里士多德，《政治学》，VII，5，2，1326b18。

② 参见科洛鲍娃，《希腊奴隶占有制城邦的产生和发展》(К. М. Колобова，Возникновение и развитие рабовладелъческих полисов Греции)，列宁格勒，1956，页43—44。

> 财产——这里魁里特的财产,是罗马人的财产;只有作为罗马人,才是这样的私有土地所有者,但是,作为罗马人,他一定是一个私有土地所有者。①

确实,罗马的魁里特所有制范畴——dominium ex iute Quiritium——因其特征可以被看作是对罗马城邦物质基础的最近似,同时也是最明显、最充分的反映。

我们将在本书的适当地方②论及 ius Quiritium③ 问题;现在应该加以强调的仅仅是罗马的古典所有制解体这一事实。本书将试图从不同方面来分析这一解体过程。虽然并不企求对这个问题作详尽无遗的研究,但是我们想要把握和确定发展的总的趋向。我们并不认为有可能说——甚至在本书结尾——出现了某种新的所有制形式,而仅仅能谈到在罗马条件下以 dominium ex iure Quirit ium 出现的旧形式解体的征兆和标志。在我们看来,老兵土地占有制的发展应该认为是这种瓦解的最明显的标志之一④。

与老兵土地占有制问题紧密相联的是罗马公民兵转化为职业军队的问题。军队的社会性质和社会职能起了变化。恰恰是在军队中发生并发展了新的所有制关系,这种关系跟是否从属于一个狭窄的、闭塞的公民公社无关。罗马军队在所谓马略改革之后,成了决定共和国危机的最重要、最起作用的因素

---

① 马克思,《资本主义生产以前的各种形式》,《马克思恩格斯全集》第46卷(上),页474—477。

② 参见本书,页110—112。

③ [译注]魁里特权。

④ 参见本书,页181—185。

之一①。

城邦民主机构的瓦解发生了，它们转变为脱离居民广大阶层的管理机构。公民大会蜕化变质了；行政长官"逐渐变为古董玩物"；元老院因其本身的反民主的性质，与其他共和机构比较起来，保持昔日风貌的时间要长得多，不过它也逐渐失去了自己的权威和意义。建立分枝繁多的财政—官僚机构的某些前提产生了，这个财政—官僚机构要在将来取代城邦民主的机构。

最后，公民权问题得到特殊解决。公民权的闭塞性——城邦生活和城邦制度的最突出标志之一——严格地说，甚至卡拉卡拉敕令也没有在原则上把它消灭。虽然这种闭塞性早在同盟战争年代实际已被破坏，但罗马公民权的"个人特定性质"毕竟决定了不是以创造出某种通行于整个帝国的法律形式，而是以有选择地把个别人或人群（有时是整个部族）纳入罗马法的形式来实现所有居民的权利平等。② 然而这导致公民权大规模广泛的扩展，而这种扩展本身又是与罗马行政机关的新结构有相当密切联系的。罗马帝国并没有变成各个独立城邦的联合体，如同人们有时认为的那样③；也没有成为依附城市的联合体；它变成了（如果可以这样表述的话）过去的城邦的联合体（连同由此产生的所有特点和后果）。所有这一切，跟罗马强国的领土扩张问题合在一起，迫使我们提出在这一时期逐渐形成的国家的新的类型的问题。

共和国危机的概念能否以对于诸"特征"的这种分析为限呢？当然不能。当我们谈到古典所有制瓦解的标志，谈到城邦

---

① 参见本书，页 197。
② 参见本书，页 206。
③ 参见库德里亚弗采夫，前引书，页 8—9。

民主制的蜕化变质，谈到迄今仍然闭塞的公民权的扩展时，我们实际上仅仅说到由于城邦总危机而产生的那些新的社会政治条件，说到将要绣出各种社会问题和政治事件的复杂花纹的底布。作为业已在罗马社会中展开的激烈阶级斗争结果的统治阶级演化问题，我们也注意到了。

共和时期罗马的统治阶级实际已分化为两个派别，农业派和金融商业派[①]。这两个派别相应地——按照罗马的概念——以两个阶层为代表：元老和骑士。但是，在共和国晚期，在内战时代——在颇大程度上由于内战——这两个特权阶层的经济、政治地位受到损害。内战以及与其相伴随的剥夺，公敌宣告——所有这一切，都非常敏感地反映到了大地产上。此外，元老阶层的代表人物（即大土地占有者）是统治阶级中最保守的派别，这个派别把自己的命运同城邦传统以及过时的经济和政治范畴最紧密地联系在一起。在内战的过程及其结局中，这个“旧罗马”的贵族，这个元老寡头集团备遭摧残，失掉了自己的政治权威，并且在很大程度上被出身自治市贵族的外来者，即 homines novi[新人]所“稀释”。这个旧的贵族已经是既无远大的政治纲领，又失去了从前的权力。

骑士阶层也因内战而变得过于分崩离析，以致无力提出任何独立的政治纲领。实际上骑士在社会政治方面是极其驳杂的集团，加之他们由于公敌宣告而比罗马社会的所有其他阶层受害更深，所以在这一时期醉心于经商赢利，没有积极参与政治斗争。不过，一个新的担任公职的骑士集团已经同旧的骑士、同元老的子孙、同来自自治市的一批人并立，逐渐兴起，这个集团将

① 科瓦略夫，《古代罗马史》，王以铸译，三联书店，1957，页 451。

在往后发挥明显的作用①。

可见,元老和骑士阶层(就其“古典含义”而言)乃是统治阶级中逐步退出舞台的派别。出现了新的社会集团,他们越来越觊觎着政治生活和政治斗争领域的主导地位。这些人就是自治市的,而后是行省的贵族的代表、富有的被释奴、来自军队指挥层的老兵。应当指出,正是这些社会阶层,如同我们将在本书适当地方尽力加以说明的那样,与城邦(古典的)所有制和罗马城邦传统最少联系。统治阶级在颇大程度上被这些 homines novi [新人]稀释了。于是便看到了饶有趣味的现象:双方互相让步和适应的过程。进入“旧罗马贵族”行列的可能性,使所有这些“外省人”、homines novi 心驰神往。先前的特权阶层的代表人物不得不稍稍收敛并且适应新的形势。统治阶级实际上不断发生变化,政权逐步过渡到这个改变了自己的社会政治面貌的、“变了形”的阶级手中。

由此便产生了共和国向帝国过渡本身的性质问题。是否可以认为这种过渡——如一系列研究者所断言的那样——是革命性的?如果是这样,如果这是一场革命,那么它是什么类型的革命?能否认为它是社会革命?

我们首先来谈当代史学著作中的一些现存观点。显然,我们这个简短的评述应从其观点对近数十年来的资产阶级史学发生过最明显影响的一位史学家,即从罗斯托夫采夫开始。

他关于罗马帝国形成过程的构想,总的说来,是这样的。公元前2世纪,由于经济发展和生活条件的变化,罗马不再是由土地贵族领导的农民国家。发生了极其重要的社会变动。在整

---

① 玛什金,《奥古斯都的元首制》(Н. А́. Машкин, Принципат А́вгуста),莫斯科—列宁格勒,1949,页447—449。

个意大利，现在不单产生了有影响的商人阶层，而且产生了城市大资产阶级。这种现象同公元前2世纪意大利出现的普遍城市化密切相联。①

富裕的城市资产阶级起初没有参加政治生活。它忙于解决一系列经济和财务问题。此外，罗马旧贵族的政策、元老院的政策，特别是对行省的政策，完全使它满意。但是，罗马社会两个高等阶层不断增长的财富和把大量资本投入农业生产（葡萄园和橄榄种植园）导致地价猛涨，农民破产，无休止的战争无疑促进了这种情况。这些过程的后果是意大利出现尖锐危机。依靠农民军队的罗马贵族的传统统治，现今蜕化为显贵和富有家族的寡头政治，而罗马的军事实力开始明显下降②。

罗斯托夫采夫关于危机原因的总看法便是如此。从这种观点出发，他对格拉古运动、同盟战争（按相当保守的基调）、马略改革作了评价，在他看来，马略改革导致决定性的后果，导致由无产者和破产农民组成的军队的建立。他认为，较之公民大会，这支军队现在变成了罗马公民群众更有效的代表，同时也是沽名钓誉的政治家实现其目的的更为得心应手的工具。改变城市国家结构，使之适应世界强国的需要，成为力求利用这一工具的人们的首要任务。③

罗斯托夫采托认为，苏拉是第一个意识到情况发生了变化并在罗马政治生活中利用新因素（即军队）的人。他抱有的那种使之变为格拉古兄弟纲领的激烈反对者的政治信念，是使少数元老的权力适应国家的需要。在他死后重新爆发的内战，无非

---

① 罗斯托夫采夫，《罗马帝国的社会和经济》（M. Rostovzeff：*Gesellschaft und Wirtschaft im römischen Kaiserreich*），第1卷，莱比锡，1929，页19。

② 同上书，页19—21。

③ 同上书，页21—23。

是为争夺权力，为争夺国家中的最高地位的斗争——斗争各方并无特殊的政治纲领，也不努力进行激进的改革。因此内战越来越变为由追逐荣誉的政治家领导的组织良好，训练有素的军队之间的竞争。这就是为什么内战悲剧的下一幕——恺撒与庞培之间的斗争——在罗斯托夫采夫看来，其基本方面是如此混乱模糊。恺撒赢得了战争，因为他是优秀的组织者和军事天才。他无疑有宏大的改革纲领，但却没来得及实现，而我们也无法恢复它。

罗斯托夫采夫还认为，恺撒死后的斗争，重新带有杂乱无章的性质。无疑，恺撒的老兵支持安东尼和屋大维。一些狂热分子，主要来自曾经激烈反对恺撒僭主制的知识分子，站到了布鲁图斯和卡西乌斯一边。基本群众参加了斗争，乃是由于迫不得已，由于他们相信关于土地和奖赏的许诺，期望恢复和平与安宁。但是在导致屋大维和安东尼角逐的斗争过程中，形势起了重大变化。在罗马高级阶层人士以及全意大利自治市资产阶级的眼里，屋大维逐渐成了反对东方贵族和奴隶制、为争取自由和罗马国家自身生存而斗争的理想的化身。按照罗斯托夫采夫的观点，这就是为什么说阿克提昂会战是内战当中意大利所有公民群众赢得的第一场战役，而不是为争取本身利益而斗争的武装的无产者的胜利，而屋大维在这场会战中不仅是竭力追求个人权力的革命领袖，还是为罗马的过去和将来而战的斗士。他为反对东方君主制的可怕幽灵而斗争。①

罗斯托夫采夫的观点就是这样。根据这些观点，共和国向帝国过渡是一种独特意义上的革命，这场革命的基本动力是新型的罗马军队——武装的无产者。作者屡次强调这支军队的革

① 罗斯托夫采夫，《罗马帝国的社会和经济》，前揭，页24—26。

命性质;[1] 它的领袖——马略、恺撒、安东尼和屋大维是作为革命的领袖而出现的。[2] 无怪罗斯托夫采夫在自己较早时期的一本著作中承认,经他"彻底"考虑得出的关于帝国形成的观点,是由他亲身经历的那些事件,即伟大的十月革命诸事件引起的联想。[3] 大家知道,他极端敌视伟大的十月革命。可见作者本人并未掩饰自己观点的现代化性质。除此之外,他广泛使用诸如资产阶级(自治市的)[4]、资本主义[5]之类的名词,也就是一切把古典世界加以现代化的人所惯用的术语和概念。

在赛姆的名著中,罗马共和国向帝国的过渡也同样被明确而始终如一地理解为某种革命。顺便说一下,这本书的名字就叫《罗马革命》。在专门评述罗马寡头制的第一章中,作者强调了这种思想,即罗马的政治生活并不取决于现代议会类型的政党或纲领之争,也不取决于臆想的反对派以及元老院和人民、optimates [贵族派]和 populares[民主派]、nobiles [门阀显贵]和 novi homines[新人]之间的矛盾,而是决定于对政权、财富和荣誉的争执。竞争在新贵本身内部展开;显贵家族决定了共和国的历史,并把自己的名字赋予时代。比如,存在过斯奇庇奥时代、麦特鲁斯时代。[6]

赛姆强调指出,政治党派建立在亲属关系、友谊(ami citia)和依附关系基础上。这些特点在一定程度上决定了罗马寡头制的性质。寡头制绝非政治理论的虚构,而是实际现象。在共和

---

① 罗斯托夫采夫,《罗马帝国的社会和经济》,前揭,页 29。

② 同上,页 30。

③ 罗斯托夫采夫,《罗马帝国的产生》(М. И. Ростовцев, Рождение Римской империи),彼得格勒,1918,页 5(前言)。

④ 罗斯托夫采夫,《罗马帝国的社会和经济》,页 19,22,26,28,30,32。

⑤ 同上,页 32。

⑥ 赛姆,《罗马革命》(R. Syme, *Roman Revolution*),牛津,1935,页 11—12。

国历史的任何一个时期，总是大约 20 到 30 个出自居统治地位的家族的人垄断了政权和统治地位。显贵家族时而身居要津，时而销声匿迹；随着罗马的影响扩展到意大利，家族圈子（新贵由这些家族补充和更新）变得更加广泛。但是，尽管当权的寡头集团的成员随着罗马国家本身的变化而逐渐改变，然而富有活力的从政方式和方法则很少变化。①

在这方面，赛姆简略地评述了在罗马史的一定时期起过主导作用的显贵家族的更迭，列举了瓦列里乌斯和法比乌斯，科尔涅利乌斯和埃米利乌斯，克劳狄乌斯和李维乌斯，最后是麦特鲁斯家族——苏拉“党”的核心和支柱。但是恰在苏拉独裁之后开始了当权贵族的危机。②

然后，作者着手考虑庞培的显赫时期，由庞培又转到恺撒。看来，赛姆提出的关于恺撒独裁和恺撒政权性质的见解最为有趣。首先，他认为恺撒不是“革命者”，但是根据他的“事业和行为”可以说他是一位“现实主义者和机会主义者”，他比一般人设想的要“更为保守，并且在更大程度上是一个罗马人”。其次，赛姆认为没有必要断言恺撒打算建立“希腊化的君主制”。当然他明白；从所有意大利人能够参加选举时起，nobiles[门阀贵族]的统治以及罗马平民的统治，在世界强国范围内已变成过时的东西。然而就是在这种条件下，恺撒也能够完全满足于这样的独裁；他的专制地位是不得已的。③

但是，作者强调，“没有党派的国务活动家——一事无成”。所以赛姆转而研究恺撒的“政党”问题。他着重指出它的相当复杂的性质，他说到个人的和家族的联系，列举了一系列元老、显

① 赛姆，《罗马革命》，前揭，页 12—18。

② 同上书，页 18—24。

③ 同上，页 52—59。

贵、骑士、金融家的名字，他们出于各自的考虑而投靠恺撒。作者关于恺撒党成员的结论是这样的：他们是元老、骑士和百人队长、实业家（business men, bankers）和外省人，最后，还有君主和王族。对后者不应感到惊奇；因为罗马和意大利的命运现在跟行省紧密相联，甚至在相当大的程度上依赖于行省。[1]

赛姆把恺撒遇刺后的内战，屋大维和安东尼之间的斗争看成是革命的进一步深入。“恺撒的继承人”——甚至专门有这样命名的一章——被作者评定为革命领袖。[2] 而重分意大利城市土地则被视为社会变革。[3] 但是在随后的斗争进程中，屋大维由 dux partium[派别领袖]变为 princeps civitatis[公民公社的首领]。[4] 在内战的最后阶段，屋大维成功地建立起反对自己对手的统一战线，于是他便成了 tota Italia[整个意大利]的领袖。在阿克提昂会战胜利后，因为领袖（dux）这一术语具有某种“军事—政治”性质，因此换成了元首这个共和国的“头衔”。[5] 在评价作为元首的奥古斯都的政权性质和权限时，赛姆断然反对确定这一政权的法律基础的企图。在元首所有的特权和职权当中，他把 auctoritas [权威或威望]放到首位。尽管他在一个地方曾经断言，对于元首制实质上是无法下定义的，[6] 却还是以下面这段话来概括他关于元首的总的看法：

奥古斯都作为执政官和最高行省军政事务督察所拥有

---

① 赛姆，《罗马革命》，前揭，页 63—76。

② 同上，页 113，121，122。

③ 同上，页 207。

④ 同上，页 288。

⑤ 同上，页 311—312。

⑥ 同上，页 323。

> 的堂堂正正的、公开的、普遍公认的权力就是这些。在这些权力之后是他那压倒一切的威望(auctoritas)和他个人对世界强国进行统治的良好条件。①

赛姆的《罗马革命》一书的观点大体上便是如此。正象当时已经有人指出,② 赛姆比之罗斯托夫采夫还要更广泛地使用"革命"、"革命的"等等术语。实际上,从公元前60年至公元14年整个这一段罗马史全被他看作是革命的时代。赛姆较之罗斯夫托夫采夫更少注意纯经济问题,他所感兴趣的主要是社会政治史。根据需要,我们还将谈到赛姆和罗斯托夫采夫著作中的若干基本论点,现在应当指出,我们所分析的这两本著作当时曾对——目前仍继续对——整个资产阶级史学发生巨大影响。不仅一系列基本绪论和原则,而且把从共和向帝制的过渡总的理解为某种革命、某种革命变革的观点都为大多数现代西方研究者所采纳,而没有提出什么重要的异议。③ 因此,罗斯托夫采夫和赛姆的观点(因为这两位史学家的观点并无原则矛盾),有关公元前1世纪罗马革命的观点,在从事过渡时期(向帝国过渡)这段历史研究的资产阶级史家中,即令不占统治地位,那至少迄今仍是非常流行的。

在苏联史学家中,玛什金最坚决地反对这种观点。在那部著名的、上文已经提到过的专著中,他公正地批评了资产阶级史学家,因为在他们的整个体系当中,"革命"这一概念本身并无确切的含义。所以一切变革,不问其目的、动力如何,一概被他们

---

① 赛姆,《罗马革命》,前揭,页330。

② 玛什金,前引书,页292—293。

③ 类似摩米利雅诺在书评中提出的个别意见或者"补正"(《罗马研究》,XXX,1940,页75),当然不在其列。

定为革命。对革命作这样的理解是机械论的，实质上甚至是反动的。[1]

对于这一批评不能不表示赞同，但是可惜玛什金本人也未对"革命"这个概念下一个确切定义。虽然他指出应该把那些给生活带来"质变"和建立了"新秩序'的变革看作是革命，但他却断言，因为无论是屋大维还是他的同盟者都不曾提出建立本质上新的社会制度的任务，所以向帝国的转变不能认为是革命。[2]但是，问题当然并不在于屋大维和他的"同盟者"中某个人在这种情况下提出来什么任务。这种情况一般不能作为判断运动的革命性的标准。所以如果共和国向帝国过渡确实不应该认为是革命，那么为什么不应该——仍然是不清楚和没有得到解释。

这样一种想法会油然而生，即研究者[3]反对把公元前2—前1世纪的事件算作革命只是因为这类说法出自资产阶级史学家。但是要知道，需要的是有关实质的回答，这种回答并不取决于资产阶级学者的观点（尽管已经受到批驳），而是取决于自己对社会革命问题的理解。

在苏联史学中还存在着另一种（诚然，是不很彻底、表述得不很确切的）关于向帝国过渡的观点。这种观点的拥护者把共和国向帝国的过渡说成仿佛象是"变革"，并且甚至强调这一变革的革命性质，虽然他们并不承认它是完整意义上的革命。例如，拉诺维奇写道："帝国的出现乃是社会变革"。[4] 稍后，他又重复关于变革的断言，暗示这一变革具有革命性质：

---

① 玛什金，前引书，页293—294。

② 同上，页294—296。

③ ［译注］指玛什金。

④ 拉诺维奇，《公元一至三世纪罗马帝国的东方诸行省》（Á. Ранович, Восточные провинции Римской империи в I—III вв），莫斯科—列宁格勒，1949，页7。

> 共和国的思想、制度、管理方法、文化形式并未完全被新的帝国政权所取消。要知道，即便根本性的革命也保留了旧制度的许多东西。帝国从共和国继承了许多东西。①

科瓦略夫也谈到公元前2—前1世纪的事件具有革命性质，但却不能称之为革命。然而他的看法前后不很一致。在其较早期的著作中，他发挥了“奴隶革命”的两个时期或两个阶段的观点。共和国末期的内战应该认为是这种革命的第一阶段。但是在这一阶段，革命遭到挫折并且开始了反动，以帝国的确立而告终。② 然而科瓦略夫重新考察了自己对内战的评价并得出结论：

> 公元前2—前1世纪的内战不是社会革命。它们是十分复杂的革命运动，目的在于反对当时社会政治关系的整个体系。这是奴隶反对主人的起义，行省人反对罗马压迫者的起义，这是农村贫民争取土地的斗争，意大利人争取公民权的斗争，罗马城乡民主派反对新贵寡头集团的斗争。这是强大的、复杂的和持久的革命运动，但是他不能发展为革命……它遭到镇压，并且最终只是导致军事独裁的建立，导致名为“帝国”的新政治体制的建立。③

这样，按照科瓦略夫的意见，由共和国向帝国过渡是由复杂

---

① 拉诺维奇，《公元一至三世纪罗马帝国的东方诸行省》（Á. Ранович, Восточные провинции Римской империи в I—III вв），莫斯科—列宁格勒，1949，页9。

② 科瓦略夫，《罗马历史的两个问题》（С. И. Ковалсв, Двепроблемы римской истории），《列宁格勒大学学报》，1947，第4期，页92。

③ 同上，页96。

而持久的革命运动决定的，但是这个运动不能也不曾转变为革命。由科瓦略夫的论断得到的总的印象就是，他事实上把内战看成是革命，但是他又害怕对这些并未导致奴隶占有制社会经济形态和奴隶制生产方式趋于灭亡的事件使用这个概念。所以他找到一种闪耀其词的表达方法：没有转变为革命的革命运动。

由上面的叙述可以看出，关于我们感兴趣的问题已提出了三种观点。其中之一是在资产阶级学者中被广泛接受的观点，持此观点的人明确断定，从罗马共和国向帝国过渡应该理解为革命（罗斯托夫采夫，赛姆）。另一种观点的持有者（玛什金）同样明确地否认这一过渡为革命。最后，存在第三种观点（拉诺维奇，科瓦略夫）根据这种观点，向帝国过渡是变革，甚至是革命运动，但是它没有，也不可能转变为真正的革命。

这些观点中哪一种是我们最能接受的呢？我们的选择是否只能局限于这三种观点呢？

乍看起来——如果从我们所发挥的关于罗马城邦危机的观点出发——似乎是，我们比较接近于把帝国的过渡理解为革命。但是另一方面，如果注意到我们对公元前1世纪社会运动发展结局的理解，即把在奥古斯都时期形成的制度理解为政治上的反动（在本书结尾部分将比较详细地论及这一点），那么，显然，无论如何也不能认为内战是一场革命，无论如何也不能认为恺撒或他的继承人屋大维是革命的领袖。但同时我们也不分担若干年来在我国研究古典时代的史学著作中所能感到的对“革命”这个词所抱有的那种莫名其妙和缺乏根据的恐惧。

所以，在叙述自己对公元前2—前1世纪罗马历史事件的理解和评价之前，我们认为需要尽可能比较明确地表明自己对社会革命问题的态度。这样做之所以更加必要，因为正如上面所说，不仅在资产阶级史学家，甚至有时在苏联史学家中都缺少有关革命这个概念的确切而明白的定义。

依我们之见，在流行于资产阶级学术界的头一种观点与苏联史学家提出的后两种观点之间，存在原则区别。但这种区别并不在于一些人承认革命，另一些人否认革命，而第三种人只说“革命运动”。它在于以苏联史学家为一方，以资产阶级史学家为另一方，两者对待“社会革命”概念本身的根本不同的态度。

在《政治经济学批判》序言中，马克思写道：

> 社会的物质生产力发展到一定阶段便同它们一直在其中活动的现存生产关系或财产关系(这只是生产关系的法律用语)发生矛盾。于是这些关系便由生产力的发展形式变成生产力的桎梏。那时社会革命的时代就到来了。①

从马克思这段很著名的话语中首先可以得出这样的结论：社会革命乃是导致某种社会经济形态灭亡、导致一种社会经济形态为另一种社会经济形态所取代、导致新的生产方式确立的革命。新的生产力与旧的生产关系之间的冲突不能在该社会经济形态内部得到解决。社会革命是一种社会经济形态向另一种社会经济形态过渡的规律。

这些结论和原理极其明白，不会引起任何疑问。但是，在我们看来，它们并未穷尽社会革命问题。出现了一系列问题，一系列涉及这一问题的补充看法。其中使我们感兴趣的是关于“社会革命”概念的广度问题，如果可以这样说的话，还有关于“社会革命”概念的范围问题。这一概念适用于何种历史事件？何种革命现象？那些巨大的社会运动，那些对所有制领域的侵犯，无

---

① 《马克思恩格斯全集》，第13卷，页8—9。

疑推动了某一社会前进,[①] 但却没有引起社会经济形态和生产方式的更迭,能否把它们看作社会革命呢?是否根据这一标志——像某些历史学家做的那样[②]——便把它们排除在社会革命之外呢?但是,这样一来,我们岂不是用革命使世界史减色,使得社会革命概念本身变得内容贫乏了吗?当然,新的生产力和旧的生产关系之间的冲突不可能在一种社会经济形态内部得到完全解决。但是,难道它在某个时候曾经一下子,也就是由于一次革命行动而得到完全解决吗?难道不能局部地解决这一冲突(初步解决或者补课)吗?或者换句话说,难道在一种社会经济形态范围内就不可能有社会革命吗?

在上引马克思的话中可以找到解答这个问题的钥匙。马克思在这里并不单是讲社会革命,而是讲社会革命时代,这一点决非偶然。可见,指的不是一次革命行动,而是指某种持久的革命震荡时期。这意味着,社会经济形态的更替和新生产方式的确立,从来(或者说几乎从来)不是由于一次革命的结果,而是(作为通例)由于一连串的社会变革,这些变革或者准备了给予决定性打击的革命,或者相反,继续和补充这场革命。因为甚至那些给旧的社会经济形态以致命打击的革命,一般也不可能完全消灭旧制度的一切因素,消灭先前社会的所有残余。

在帝国主义时代发生的一系列革命,解决了资产阶级革命的任务,但同时由于在这些革命当中作为领导阶级的已不是资产阶级,而是无产阶级,因此它们为社会主义革命作了准备。例如,俄国 1905—1907 的革命和 1917 年的二月革命都属于这种类型。难怪列宁写道:“没有 1905 年的‘总演习’,1917 年的二

---

① 由此可以明显看出,我们把反革命政变,还有少数人的阴谋、叛乱、宫廷政变等排除在社会革命概念之外。

② 参见,例如,科瓦略夫:《古代罗马史》,页 453—454。

月资产阶级革命和十月革命是不可能的。”[1] 但是，众所周知，无论 1905 年革命，还是 1917 年的二月革命还都不能作为新生产方式胜利的标志。

1830 年的法国革命和 1848 年欧洲一系列国家的革命，都发生在资本主义关系的繁荣时期，继续和补充了先前的资产阶级革命事业，因为它们（特别是 1848 年的革命）客观上旨在消除资本主义发展道路上仍然存在的障碍（在每个国家中这些障碍都有其与众不同的特点）。但是，无论是 1830 年的法国革命，还是 1848 年的欧洲革命，都是发生在一种社会经济形态范围之内。

恩格斯称 16 世纪的德国农民战争为“德国人民进行的最伟大的革命尝试”，并把它与 1848 年革命进行比较。[2] 他说农民战争是资产阶级三大决战中的第一次战役，是三次伟大的资产阶级革命中的第一次。[3] 列宁完全赞同这一评价。[4] 可见，德国农民战争，虽然跟上述革命一样，并未导致社会经济形态的更替，但是无疑它毕竟是“货真价实”的革命。

至于古典社会，马克思和恩格斯不止一次谈及适用于这一社会经济形态的革命。马克思曾把由于欧洲贵金属价格下跌而引起的“伟大的社会革命”同“古罗马共和国早期”的革命加以比较，那场革命，相反，是铜价上涨的结果。[5] 大家知道，恩格斯也不止一次对古典世界的历史事件使用“革命”这一术语。他说到

① 《列宁全集》，第 31 卷，页 9。
② 《马克思恩格斯全集》，第 7 卷，页 478，481—483。
③ 同上，第 22 卷，页 348。
④ 《列宁全集》，第 15 卷，页 39—40。
⑤ 《马克思恩格斯全集》，第 13 卷，页 147。

“梭伦所进行的”革命,[1] 克利斯提尼革命,[2] 最后,他还说到罗马的“使古代氏族制度终结”的革命,这场革命的“原因在于平民和 populus 之间的斗争。”[3] 人们有时注意到恩格斯在说及梭伦时指出:“梭伦揭开了一系列所谓政治革命。”[4] 由此得出结论认为“政治革命”不是社会革命,并且恩格斯在这里似乎把一种革命类型同另一种相对比。但是,这种结论显然并不恰当。从恩格斯论述梭伦革命的上下文来看,只能证实相反的结论。这里说的不仅是政治变革,而且是对所有制关系的严重侵犯。在这方面“梭伦所进行的”革命可与法国大革命相比。并且在最后还讲到,一切政治革命“都是为了保护一种财产而实行的,都是通过没收(或者也叫做盗窃)另一种财产而进行的”。[5] 所有这一切十分明确地证明,恩格斯所说的“政治革命”并不只限于经济领域的社会变革。可见“政治革命”与社会革命并不对立,而是作为革命变革的实例,包括在这个较为广泛的概念之中。在这种革命变革中,除了侵犯所有制关系外,还解决了政权问题。

那么,我们应赋予社会革命概念以什么内容呢?关于社会革命,我们不仅应该理解为那种给衰朽的社会经济形态以主要的、决定性打击的革命——这是不言而喻的——而且应该理解为那些或者还只是准备这种打击,或者相反,使这种打击达到合乎逻辑的结局的革命。它们能够发生(并且实际发生)在一种社会经济形态范围之内。在每个国家、每个时代,这些革命解决为

---

① 《马克思恩格斯全集》,第 21 卷,页 131,133,146。(上面提到的最后一次革命,可以看作是从原始公社制社会形态向奴隶占有制社会形态过渡的。)

② 同上。

③ 同上。

④ 同上。

⑤ 同上。

该国(或该时代)所特有的任务,但是无疑它们也具有某些共同特点。

一切社会革命首先在历史上具有进步意义,因为它们促进旧的社会经济形态、腐朽的生产方式、行将退出历史舞台的阶级灭亡,促进新的、更进步的社会经济形态和新的生产方式的确立。这种历史性更替的出现,通常不是由于一时、一次的革命行动,而是作为一整个革命爆发和震荡(有时是十分长久的)时代("社会革命时代")的结果。

一切社会革命,不管其最终结局如何,都以作为革命动力的广大人民群众的参加为先决条件。大家知道,以往的一切革命,结果政权并未落到人民手中,而是落到坐享革命的果实和成就、使革命为自己服务的统治阶级手里。这个事实仅仅说明那些为保护"一种所有制"而反对"另一种所有制"的革命的内在矛盾。由此可以得出结论,只有社会主义革命才可能——而且在实际上——摆脱这一内在矛盾。

不是每一次社会革命都导致生产方式的完全、彻底的更替,但每一次社会革命都推动了这种更替,因此在不同程度上影响着社会经济基础。此外,每一次社会革命的结果都不可避免地引起阶级力量的配置及其相互关系的变化,引起政权过渡到即令不是新阶级,无论如何也是统治阶级的新派别手中。

我们对社会革命问题的理解就是这样。在我们看来,上面所说的一切证实,在说明罗马史上的某些事件时使用社会革命概念是合理而可行的。但适用于哪些事件呢?适用于公元前1世纪的内战吗?适用于恺撒独裁?还是适用于后三头同盟和奥古斯都的统治?

我们认为,革命概念不适用于公元前1世纪后半叶直接导致帝国政治制度建立的内战,而是适用于从格拉古兄弟的改革运动到同盟战争这些较早的事件。并且有充分根据认为同盟战争——意大利农民的大规模起义——是这次革命发展的最高阶段。

革命的性质是怎样的呢？运动从罗马的农民中开始之后，蔓延和发展起来，到同盟战争时达到全意大利的规模。这是反对罗马城邦、反对城邦(即旧罗马的)贵族、反对大地产的革命，或者换句话说，是意大利农民争取土地和政治权利的斗争。这是——mutatis mutadis[加以相应的改变]——与从前罗马平民所进行的反对贵族的斗争属于同一类型的斗争，不过现在它是在新的、扩大了的基础上、在整个意大利境内的重演。如果说贵族和平民的斗争在当时绝不是以罗马平民的广大阶层的胜利而告结束，而是如大家所知，以颇为折衷的结局、即新贵(贵族上层与平民上层合流)的形成而告终结，那么，现在意大利农民革命斗争过程中所取得的果实和成就完全不是由广大群众本身享有，而是由某些——这时是最“有前途的”——统治阶级的派别所攫取，也就不足为奇了。

革命的成就和结果表现在什么地方呢？首先，意大利农民获准在与罗马人相等的条件下得到土地(ager publicus[公有地])，再者意大利居民得到了罗马公民权，因而也获得了参加公民大会的权力①。革命的更深刻的后果在于它破坏了城邦组织，城邦制度，动摇了旧罗马贵族的地位，换言之，革命的确给了罗马城邦以毁灭性的打击。从这个意义上说，革命事业基本上是由同盟战争完成的。公元前1世纪下半叶的内战则是革命的后果，因为现在进行的斗争只是为了解决这样一个问题，即革命

① 下面将要说到，这些权力已经被削减到何种程度，在这个问题上，意大利人的广大群众的利益和自治市的上层人士的利益已经不相一致到了何等程度。

的成果为统治阶级的哪个集团或派别所享用，并使之彻底“适应”其需要。

大家知道，正是在内战的这一时期里（如果从格拉古运动开始算起）发生了规模极大的奴隶运动——从西西里起义到斯巴达克领导的伟大“奴隶战争”。这种一致不可能是偶然的。因此自然会产生这样的问题——奴隶起义和意大利农民运动的相互关系如何。这是彼此不相交叉的两条独立的路线，两种斗争方向，抑或其中之一内容较广，把另一种作为某种组成部份包括在自己内部？

这个问题要求作专门考察，因此我们将在适当的地方比较详细地论及。（参见页 154—155）这里只谈一些总的看法。首先应该指出，斯大林关于“奴隶革命”的著名公式韵魔力使我国史学过分夸大了奴隶革命斗争的独立作用。它被夸大到如此地步，以致人们在奴隶革命这个论题中竟没发现与事实的直接矛盾，也没察觉到跟马克思观点的矛盾（马克思曾写到奴隶在罗马阶级斗争中只是“消极的舞台台柱”①，更没发觉同列宁有关指示的矛盾（列宁指出，奴隶“甚至在历史上最革命的时机，还是往往成为统治阶级手下的小卒”②。有的历史学家则把那种大概只有工业无产阶级才具备的高度的阶级自觉性和革命的成熟性加到了奴隶身上。

由此而企图把罗马和意大利农民的革命运动说成是某种即使不是次要的，至少也是从属的斗争方面，而奴隶则被看作是革命的特殊领导者。甚至还提出了奴隶和自由民的被压迫阶层、

---

① 《马克思恩格斯全集》，第 16 卷，页 406。

② 《列宁全集》，第 29 卷，页 442。

首先是贫穷化了的农民之间的“联盟”问题。[1]

十分清楚，这种观点完全来自关于“奴隶革命”的声名狼籍的公式，而绝不是来自罗马历史的客观事实，应该极其坚决地予以摈弃。但是，尽管暂时不打算去弄清问题的细节，我们仍然认为必须强调，如果把奴隶运动说成是农民革命的组成(以及从属)部分，也同样是错误的。它们是两条独立的斗争路线，即使它们归根结底是由共同的原因所决定，但是在当时的历史条件下，它们无论如何也不可能汇合起来。正如前面所提到的，这个问题将在后面研究。我们在结尾仅仅指出，这种情况绝对不会降低奴隶阶级斗争的历史意义。

农民革命的下一步命运、它的结果、以及罗马的社会政治斗争的进一步发展方向又是怎样的呢?

旨在反对罗马城邦的革命变成了普遍地反对城邦的革命。因而乃是为奴隶占有制关系的进一步发展在客观上扫清道路的变革。在经济领域——出现了与城邦联系在一起的旧所有制形式开始瓦解的过程。在政治生活和政治斗争领域——不仅城邦的狭窄框子已经破裂，而且城邦民主、城邦制度也被“否定”。

如前所述，意大利居民的广大群众当然不准参预政权。统治阶级的代表——掌握这个政权不止 1 个世纪的旧罗马贵族——丝毫也不打算不经斗争便放弃占据已久的地位。苏拉政变发生了。这次政变的反革命性质不容置疑，因为苏拉“宪法”顾及的是非常狭隘的社会集团——罗马新贵上层的利益。实际上，这是行将退出历史舞台的统治阶级的一些派别，为保持自己

---

① 米舒林，《奴隶革命和罗马帝国的倾覆》，(А́. Б. Мишулин, Революция рабов и паденне Римской империи)，莫斯科，1936；《斯巴达克起义》(Спартаковское восстание)，莫斯科，1936；《罗马史》(История Рима)，莫斯科，1946；科瓦略夫，《罗马历史的两个问题》。

的地位、权力、特权所作的最后一次毫无希望的尝试。

看来,苏拉政变的如此露骨的反革命性质是造成新体制极端不牢固和短命的基本因素。但是,在公元前 70 年所发生的恢复前苏拉宪法一事也同样没有解决一些业已成熟的问题,因为它没有考虑到社会政治情况中的根本变化,首先是没有考虑到统治阶级的一些新的、“有前途的”集团(hom ines novi[新人])的利益。然而这样的力量已经卷入运动,斗争程度如此炽热,利害冲突和争夺荣誉的矛盾对立如此尖锐,以致这一切总合起来,便使新的变革不可避免。

众所周知,这种变革发生了。我们所说的新变革是指恺撒独裁。这次变革以比较灵活的形式进行,它的发起者被民主的光晕所环绕。在这次变革中,军队的作用与苏拉时代相比也有一些不同之处。此外,恺撒已在许多方面迎合了统治阶级的一些新集团的利益,虽然有时是受形势本身和时局的要求所迫。恺撒的独裁为时短暂而且中断得这样带有悲剧性,完全不是因为它在本质上不适合“时代精神”(相反,它完全是时代的产物),而仅仅是因为,在内战的尖锐、紧张的气氛中,使新的制度成为某种牢固的国家结构,远非可以一蹴而就,远非可以毫无痛楚。

这一点完全可以从下列情况得到证实:在恺撒的改革活动中还是不很明确并且是“无意识地”显露的某种趋向为屋大维所沿袭,并结合国家具体情况加以发展。在恺撒那里还是微露端倪的东西,在屋大维(奥古斯都)那里变成了系统的制度。

关于对这一制度的总的评价,将在本书的结语部分用适当篇幅加以叙述。这里我们只是表示赞同玛什金的结论。玛什金强调向帝国过渡时候的变革不仅具有政治性质,而且具有社会性质;同时他也确认“元首政治不是革命的结果,它是对革命运动的反动"①。

我们总的观点和基本立场就是这样。我们从这些观点和立场出发,在本书中着手探讨由城邦向罗马强国,由共和国向罗马帝国的过渡问题。

① 玛什金,前引书,页606。

罗马公民权问题*

乌特钦科 撰
何芳济 译　王阁森 校

在罗马历史发展的一定时期，公民权（civitas）具有排他性和闭塞性之特点。这不仅罗马如此，其他大多数城邦的公民权亦然。但是，随着罗马城邦机构的逐渐瓦解，排他性和闭塞性的这些原则也日趋破坏，因为它们已与地中海最庞大霸国生活的新条件不相适应。罗马公民权扩大了且越出了意大利的疆界。这一过程是以其复杂而又独特的方式进行的。

我们不拟全面论述罗马公民权问题，我们感兴趣的只是共和国危机时期——大体上是同盟战争以后的那些根本变化，当时，罗马公民权的闭塞性已由内部炸毁，公民权的普及已达（共和国时期的）最大限度。然而，由此也必须注意回顾该问题更古时期的状况。

我们已经扼要地指出，每一个希冀被认作罗马公民公社成员（iuris societatem habere）的人，需具备公民权的某种资格（caput）。这一资格由三部分组成：status libertatis［自由身份地

---

* 译自乌特钦科著《罗马共和国的危机与衰亡》（С. Л. Утченко, Кризис н Падение Римской Республики，莫斯科，1965）。这是该书的第七章。

位]、status civitatis[公民地位]和 status familiae[家庭地位]①。

不言而喻，此处我们最感兴趣的乃是 status civitatis 问题，也正是有这种地位，才使全权罗马公民与外邦人、拉丁人、cives sine suffragio[无投票权的公民]以及有一定公民权的获释奴隶有所区别。无论 iura publica[公法]还是 iura privata[私法]都包含在这一地位之中。以下诸权属第一种：ius suffragii[投票权]、ius honorum[荣誉权]和 ius provocationis[上诉权]；而 ius conubii[通婚权]和 ius commercii[交往权]属第二种②。除这些基本权利外，罗马公民尚有 ius actionis[诉讼权](亦即在法庭上为自己的利益辩护的权利)、ius gentilitatis[氏族成员权](亦即成为一名真正氏族成员的权利)和 ius sacrorum[宗教权](亦即自己可以举行宗教仪式的权利)。严格说来，只有那些享有 civitas[公民权]的人，才是 populus Romanus[罗马人民]，而只有“罗马人民”才享有穿“公民的衣服和鞋子”(toga 和 calceus)的权利。

公民权的获得或由于出身(cives nati)或由于授予(cives facti)。罗马公民合法婚(matrimonium iustum)所生之子女属 cives nati[出身公民]。此外，罗马男公民与非罗马人的但与罗马有 ius conubii 的公社的女公民结婚所生之子女亦属 cives nati[出身公民]③。由于公民大会决议，或者经过共和国的官员，或者经过罗马的统帅以及后来经过皇帝的命令而得到公民权的个人、以及整个公社和部族都属于 cives facti。经过一切必要的

① 参见本书(即《罗马共和国的危机与衰亡》，下同——译注)，页 111—112。

② 赫沃斯托夫，《罗马法律史》(В. М. Хвостов, История Римското права)，页 34—35。

③ 同上书，页 95。

正式手续释放的(manumissio iusta)被释奴亦属 cives facti。

既然罗马公民权的扩展(亦即授予公民权)问题使我们感兴趣,则我们研究的范围就只限于 cives facti 了。我们可以相信,他们的地位与 cives nati 相比多半是不平等的。然后,我们不得不把对个别人授予公民权的问题从我们的研究中排除,因为,虽然古代作家有时也给我们保留了一些此类资料,但贫乏而零碎,不能得出任何有说服力的结论。此外,我们赞同一些学者的看法,他们认为罗马公民权扩展的基本原则不是个别地授予,而是把整个的公社首先是意大利的诸公社并入罗马国家①。这样一来,我们势必会遇到罗马公民权扩展到各公社、城市和部族的事实。为此,应首先勾画出(即使是大体上)罗马和与它有联系的(通常还有依附罗马的)公社和部族相互关系的画面。

罗马与以某种形式依附它的各公社之间的关系原则上是依据庇护制的②。既然罗马人认为庇护制的创立源于罗慕洛③,则这种连他们自己对其起源也模糊不清的制度在某种程度上与上古亲族组织有关,并且,显示它产生于亲族组织的繁盛时期。19世纪中叶,兰格也正确地指出,庇护制应认为是非常古老的"父权制制度",因为被庇护人不是直接与国家而是与诸氏族相联系的④。众所周知,尼布尔认为被庇护人是被罗马征服的意大利诸部族的后裔(这样一来,就使被庇护人与佩拉特斯、佩涅斯特斯和克拉洛特斯等相接近),而兰格在同他争论时引用了许多有

① 怀特,《罗马公民权》(A. N. Sherwin—White, *The Roman Citizenship*),页 130。

② 巴蒂安,《外籍被庇护人(公元前 264—70 年)》(E. Badian, *Foreign Clientelae*),牛津,1958,页 1;比较页 113;页 219。

③ 狄俄尼索斯,2,8—10;西塞罗,《论共和国》,2.9;普鲁塔克:《罗慕洛》,13。

④ 兰格,《古代罗马》(L. Lange, Römische Altcrtümer), I,柏林,1863,页 214。

趣而至今尚有说服力的理由来说明其观点:庇护制关系可能起源于“父权制的家庭权”,例如,兰格指出,patroni[庇护人]一词虽然不等于 patres[父亲],然而,它所表示的关系却同在 pater familias [家长]与既包括子女亦包括奴隶在内的本家庭成员间的那种关系相近①。

庇护制随后演变为国家制度也绝不与刚才说到的关于这一制度起源的看法相矛盾,何况在庇护制的鼎盛时期,它(与罗马其他一些制度一起)仍继续处于——用巴蒂安的话来说——“宗教和习俗的淡淡阴影之中,这种淡淡的阴影不是法律,可是比法律更厉害”②。这一切与亚里士多德提出的但也可作为罗马政治思想特徵的关于国家是从作为社会原始基层组织的家庭③发展而来的论题相吻合;另一方面,也完全符合国家象是一个大家庭的思想。因此,可以在同样程度上对个别人、一群人或最后对整个的公社、城市和国家实行庇护制,而且,后者可以有两种方式:一些强大的氏族或其领袖可以充任庇护主的角色,例如,西塞罗的《关于维列斯》演说辞多次证明:玛尔凯鲁斯家族在西西里,西塞罗本人在加普亚,个别罗马人家庭在意大利人的公社和城市中④。然而,充当庇护主角色的还可以是罗马国家本身⑤。

罗马人同依附于他们的公社之间的关系是根据著名的 di-

---

① 兰格,《古代罗马》,前揭,页 214—215。

② 巴蒂安,前引书,页 1。

③ 西塞罗:《论共和国》,1,38。

④ 比较,巴蒂安,前引书,页 113。

⑤ 玛尔克瓦尔德特,《罗马的国家行政机构》(J. Marq uardt, *Rö-mische Staatsverwaltung*),I,莱比锡,1881,页 46。关于被庇护人更详尽的叙述,参见:耶里尼茨基,《公元前八一三世纪罗马奴隶制的起源和发展》(Л. А́. Ельницкий, Возникновёниё И развитие рабства В Риме в v111—111вв. до н. з)(特别参见页 127—138)。

vide et impera[分而治之]口号建立起来的吗？最近，反对意见变得愈来愈“时髦”了。例如，戈列尔激烈地抨击那些罗马—意大利关系的研究家，他们对此口号信以为真并认为它是“真正罗马人的”口号①。戈列尔把罗马征服意大——我们不应忘记，他的著作是在法西斯统治德国时期出版的——描述成与其说是征服和奴役，不如说是为了被征服者本身的“利益”而做的“积极的恢复工作”。他甚至断言，罗马征服政策的基本原则，看来是“建设性的，而非破坏性的”，乃是这样的人道的口号，例如 parcere subiectis[宽恕臣服者]，在万不得已时 debellare superbos[打败高傲者]，而绝对不是，按他的看法，“假冒罗马的”“分而治之”原则。② 对 divide et impera 的口号实质上也持反对态度的还有维廷霍夫，虽然他的话说得不那么直率断然。他认为，这一说法如今被从“现代化主义者的立场出发”而加以利用了，而问题的实质是，罗马从未为了建立系统的中央集权的管理制度而打破历史形成的“组织”③。

我们认为此类观点是绝对不能接受的，当然，如果认为，分而治之的口号，历来就是按这种精神有意识地制定的罗马—意大利政策的有意识地明确提出的原则，那么，这也会与“现代化主义者的”构想十分类似。然而，对问题可以作另外一种完全不同的理解，这一声名狼藉的口号内涵早就被“无意地”放入庇护关系中，确切地说，放进了这种关系的最初源泉之中，亦即罗马

---

① 戈格列尔，《罗马和意大利》(J. Göhler, *Rom und Italien*)，布列斯劳，1939，页3。

② 同上，页23。

③ 维廷霍夫，《恺撒和奥古斯都当政时期罗马的殖民和公民权政策》(F. Vittinghoff, Römische Kolonisation und Bürgerrechtspolitik unter Caesar und Augustus). 载《科学和文学研究院。思想和社会科学类论文集》(*Akademie der Wissenschaften und der Literatur, Abhandlungen der Geistes und Sozial wissenschaftlichen Klasse*)，美因兹—威斯巴登，1951，第14期，页8—9。

的父权制家庭中。其成员引人注目地不平等的、带有正在分解为 manus mariti[夫权]、patria potestas[父权]和 mancipium[私有权]的 pater familias[家长]的权力的特性的罗马家庭的复杂结构，父系的或母系的亲属关系，sui iuris et alieni iuris[法律上自主的人和法律上不能自主的人]的概念等等——所有这一切都征明了 divide et impera 的原则并非任意地、并非预谋地，而是实际地贯穿于古代罗马家庭关系的全部制度之中，并且成为家族法的基础，因而也成了由这些关系和这种法权产生的庇护制度的基础。当我们谈到被庇护关系以及罗马与不同程度依附它的诸公社之间的关系时，不仅应永远记住依附或臣属的事实，而且应记住形形色色远不相同的不平等依附形式的存在。

但是，这种多样性的产生不是由于保存自然形成的这种或那种“组织”的不平等地位（按照维廷霍夫的说法），因为这种极大规模地使意大利人，继而使行省的居民加入罗马国家的形式，亦即殖民地或自治市的国家法权的形式，对于那些在同罗马的关系上直到此时还仍然一样无权的居民来说，已经不可避免地带有法律的差别和次序。关于这些类型可以说同样的话，诸如：civitates stipendiariae[纳贡公社]、civitates foederatae[同盟公社]和 civitates liberae[自由公社]，等等。所有这一切都是罗马行政管理的形式或类型。它们可能在某种程度上适应当地的条件，但绝非当地环境的产物。由此而出现一个在我们看来是十分明显的事实，即罗马人很少考虑小心保存带有各自特点和差别的自然形成的“组织”，甚至可以说恰恰相反，他们利用自己的行政管理制度，首先在同罗马关系的范围内引进甚至强加入全新的差别和次序。

罗马和意大利诸公社间相互关系的总状况，以及这些关系的国家法律形式，证明了上述差别和次序的多样性。

首先是 coloniae Romanae[罗马殖民地]的殖民者或者是 coloniae civitum Romanorum[罗马公民殖民地]的殖民者享有完全的罗马公民权,因为这些殖民地被认作罗马 civitas[公社]本身的一部分,用松巴厄尔的话说,犹如某种"Kernsiedlungen"[殖民地的中心]①。通常,它们建立在被罗马征服的公社的领土之上,准确些说,建立在罗马人或者将其变为 ager publicus[公有地]或将其拍卖掉的那一部分领土上(通常占被征服领土的三分之一)②。这是罗马统治的据点;civium Romanorum[罗马公民的]殖民地的建立在于追求军事的或者政治的(有时也有经济的)目的③。

Coloniae latinae[拉丁殖民地]或 nomen Latinum[拉丁人的国土]不论在其起源还是在法律地位方面,皆有另一种特点。玛尔克瓦尔德特总是把它们认作 civitates foederatae④。拉丁殖民地最初是拉丁同盟的城市(其中包括罗马)建立起来的,因为"剥夺"被征服公社领土的三分之一并把移民迁移到这块土地上来的习惯可以认为是全体意大利人的共同习惯⑤。所以,在同拉丁人和赫尔尼克人的战争后,亦即在拉丁同盟废除后,罗马人仍继续建立 coloniae Latinae,但是,严格地说,这已经不是安置移民的殖民地了。现在它们是所谓"拉丁的",意思只是说,这些新殖民地(例如许多北部意大利的城市)的居民原则上得到了

---

① 松巴厄尔,《元首制时期的自治市和殖民地》(E. Schönbauer, Municipia und Coloniae in der Prinzipatzeit),载《奥地利科学院通报》(*Anzeiger der Österreichischen Akademie der Wissenschaften*),哲学—历史类,1954,第2期,页47。

② 玛尔克瓦尔德特,前引书,页35。

③ 松巴厄尔,前引文,页47。

④ 玛尔克瓦尔德特,前引书,页26,页48。

⑤ 同上,还参见注释8。

“真正的”拉丁殖民者往昔曾享受的那些权利，即 ius Latii [拉丁权]。

Ius Latii[拉丁权]可能意味拥有同罗马的 ius conubii[通婚权]和 ius commercii[交往权]，以及不仅在行政方面而且在司法方面的内部自主权，甚至可能是某种外部的自主权，例如铸币权。拉丁城市在自己同意的情况下，服从罗马法之约束，而拉丁殖民地的居民在迁居罗马(把儿子留在出生的城市中)或担任高级官职卸任后，即可得到完全的罗马公民权。拉丁人享有特里布斯会议的投票权，而且通过抽签为他们确定一个特里布斯①。

当拉丁殖民地只被罗马所建时(亦即拉丁同盟解散后)，它们的某些权利实质上是减少了。公元前 268 年以后建立的 12 个拉丁殖民地的地位就是最生动的说明②，它们的铸币权受到限制(或被完全取消)，ius conubii 被取消，获得罗马公民权的手续变得异常复杂(原则上只有通过罗马高级官员的批准才行)③。于是，从上述一切可以看出，就其总的权能而言，coloniae Latinae 的居民处于罗马公民和 socii[同盟者]之间，仿佛居中间地位——或是“无全权的公民”，或是“享有特权的同盟者”。此外，municipium 是最普遍而同时又是独特的形式之一，罗马和依附于它的诸公社之间的国家权利关系就表现在这一独特的形式之中。顺便说一下，根据与玛尔克瓦尔德特的观点盛行时期很少有区别的最新说法，所谓 municipium 应理解为原本独立的意大利公社，这些公社应该履行国家的条约(foedus)，与罗马一起去完成某些“公共的(offentliche)任务”[municipium —

---

① 玛尔克瓦尔德特，前引书，页 52—53；比较：维莱姆，《罗马公社》(P. Willems, *Le droit public romain*)，勒文，1910，页 148，注释 8。

② 玛尔克瓦尔德特，前引书，页 54。

③ 同上，页 55—57。

munia capere[承担义务],亦即"Aufgaben übernehmen"][1]。历史的发展是通过foedus[条约]由政治的合并到权利的合并,甚至因为把罗马权赐予自治市的公民而造成"包括"[到civitas Romana(罗马公社)中][2]。

总而言之,自治市拥有内部自治(首长、ordo decurionum[市议会议员]和公民大会),然而,倘注意到它们的权能,则最初无论如何自治市是处在civitas sine suffragio地位的。自治市的公民享有ius conubii和ius commercii,但无ius suffragii和ius honorum。玛尔克瓦尔德特甚至认为,"civitas sine suffragio"和"municipium"是同义词,确切地说,后者好像是terminus technicus[专门的术语][3]。

正是这位玛尔克瓦尔德特把所有的自治市划分为两种类型或两个等级:municipia本身和praefecturae[罗马治理的意大利城市]。第一种类型享有保留自治机构的那种特权,第二种类型像vici[街区]一样无自治机构且受罗马的管理[4]。很显然,松巴厄尔[5]认为,praefecturae中亦有内部的自治,而praefectura的"形式"不外乎是把自治市"包括"到罗马的Rechtsgemeinschaft[法律上的共同形式][6]中的一个进一步发展阶段而已。在此情况下,我们觉得这些权利的详情和"微妙之处"无根本区别,特别在同盟战争后,当罗马权扩展到所有意大利人之时,不仅自治市本身的权利超于平衡了,而且,自治市与殖民地之间权利的差异

---

① 松巴厄尔,前引文,页46;比较:玛尔克瓦尔德特,前引书,页26。
② 同上,页46。
③ 玛尔克瓦尔德特,前引书,页27—28。
④ 同上,页28—30。
⑤ 松巴厄尔,前引文,页46。
⑥ 比较:怀特,前引书,页89—90。

也逐渐消失①。自恺撒时代的自治市法案起，意大利所有的自治市都有了同一的机构②。

这些国家权利形式之间诸如 colonia[殖民地]和 municipium [自治市]的不同在何处？维廷霍夫认为，不同点首先在于其如何产生。作为安置移民的殖民地产生于"内部"，亦即从罗马本身产生，如上所述③，它们始终是罗马不可分割的一部分；自治市是从"外部"加入罗马的，因为此前它们不属罗马公社而是外邦人公社，这些外邦人公社的居民目前已被整体"赐予"罗马公民权了④。松巴厄尔曾与此观点，确切地说，是与后一种论点展开争论，并且指出，在新自治市建立时，绝非全体居民都成为自治市的公民，但是，只是那些外邦人居住地本身的公民才成为自治市的公民。这样一来，居民从未作为一个整体而获得公民权(甚至在拉丁殖民地和自治市建立之时)⑤。但是，我们认为，松巴厄尔的这种反对意见绝对不能推翻对自治市下的上述定义——至少是从把它与殖民地加以对比的角度——这一意见

---

① 怀特，前引书，页 47。维廷霍夫(前引书，页 35，41)认为，自治市和殖民地之间法权上的差别，以后不仅对意大利来说，而且对行省来说，都消失了。松巴厄尔在其完全是与维廷霍夫论战的文章中，坚决反对这一观点(前引文，页 15—17)。大概，在此情况下，他是正确的。

② 维廷霍夫，前引书，页 35；松巴厄尔，前引文，页 14—15。比较泰勒，《恺撒的土地立法及其自治市政策》(L. R. Taylor, Caesars Agrarian Legislation and His Municipal Policy)，《罗马经济和社会史研究。纪念阿伦·切斯特·琼森文集》(*Studies in Roman Economic and Social History in Honor of Allan Chester Jonson*，普林斯顿，新泽西，1951，页 74—76。文章主要研究 Iex Mamilia Roscia Peducaea Alliena Fabia(马米利乌斯·罗斯基乌斯·佩杜凯乌斯·阿利恩努斯·法比乌斯法)的日期和特点问题，但在文中也表述了作者对于 50 年代中期自治市结构的总看法(参见指出的页码)。

③ 参见页 202。

④ 维廷霍夫，前引书，页 33。

⑤ 松巴厄尔，前引文，页 21。

只能使维廷霍夫的定义变得更加明确,并且对它略加"限制"。

最后,还应该说明一种国家权利形式(或者确切地说,是诸形式之综合)——civitates foederatae。所指的是罗马与诸依附公社之间的相互关系,而且这些关系是以某种条约的形式确定的。大体上有以下一些条约关系的类型:

1. Amicitia[友好]:这是最常见的显然又是最少受到制约的联盟形式,在联盟条约中,确定了和平、相互关系的状况,并且以保卫联盟者的私法利益为前提。2. Hospitium publicum[国家礼待]。这是最少见的条约关系的类型。可能,在这种情况下,与罗马结成这种联盟的公社拥有的权利,如同各别的外国人在罗马能够得到的权利一样,即受到表示尊敬的接待,由国家出钱供养,允许参加竞技和祭祀,交往权,在发生冲突时,不要通过身为罗马人的保护人能够自己在法庭上发言的权利。3. Foedus[条约]。从理论上讲,条约分为"平等的"和"不平等的"(foedera aequa 和 iniqua),但是实际上,任何一个通过 foedus 与罗马联系在一起的公社,在对外关系方面都会丧失一切独立性。对于所有 civitates foederatae 说来,它们的共同状况是,它们享有内部的自治权,有自己的管理机构和法庭,有铸币权并免除在军团中服役(与此同时须向辅助部队提供战斗人员)。civitates foederatae 的居民不享有罗马权,但是事实上是处在罗马国家的"外国被庇护人"的地位①。

维廷霍夫在为罗马及依附于它的公社之间相互关系的多样性作出结论时强调指出这一事实,即罗马人并未走建立"全帝国的"、基于把臣民皆包括到罗马"各民族家庭"中去的法权的道路。首先是城邦的习俗不允许如此。对于罗马人、意大利人和

---

① 玛尔克瓦尔德特,前引书,页 44—46。

外邦人来说权利的个人性质乃是这类观点的不言而喻的基础。因而以下的方式确定下来了：从无全权的居民中选出一部分并赐予他们罗马公民权以及与此相联系的诸特权作为奖赏(praemium)①。

维廷霍夫用以下方式确定自由居民个人法权地位的一般区别：cives Romani[罗马公民]——Latini iuris[拉丁权公民]——peregrini[外邦人]。这些次序在公社和城市本身的国家法权地位中相应地反映出来：殖民地和自治市适合于罗马公民，同时殖民地和自治市也适合于拉丁人，civitates、oppida 和 poleis 等适合于外邦人。只有那样的人，他拥有的权利与城市本身的国家法权地位相比一样或者更大，才可能成为全权公民。虽然外邦人住在所有类型的城市中，但只有在 civitates 和 oppida 等中他们才能成为公民，拉丁人只有在拉丁城市和外邦人的城市中，而罗马人则可以在所有类型的城市中②。

当然，松巴厄尔企图对维廷霍夫的这一分类提出异议。他问道：某一公民如何能具有像公社或城市一样的权利？须知，城市是 res publica[共和国]的代表！此外，外邦人城市的法权地位亦是极其多样的：oppida stipendiaria、oppida libera 和 oppida foederata 那么，就应该有 civis foederatus、civis liber 和 civis stipendiarius 吗？众所周知，我们从未在罗马法学家那里见到过这种提法③。

但是，我们认为松巴厄尔的这一异议是毫无根据的。以我们之见，十分清楚的是，从维廷霍夫提出的分类绝不会得出结论，认为需要对外邦人权利作某种进一步划分，而只是说维廷霍

① 维廷霍夫，前引书，页 11—12；比较：怀特，前引书，页 130 以下。

② 同上，页 20。

③ 松巴厄尔，前引文，页 31—32。

夫注意到三种大的而又根本不同的法权类型:罗马公民、拉丁公民和外邦人。须知,在此情况下,维廷霍夫也没有把罗马权和拥有这种权利的城市区别开,虽然众所周知,罗马权本身就其内涵而言也是驳杂的(例如 cives optimo iure [拥有最好权利的公民])而城市(或公社)能够享有完全的罗马权,有时则是不完全的(被削减了的)罗马权①。

至于说到罗马权派生的诸特权,那么,它们迫使一切热衷于担任国家官职或军职的人努力争取得到这种权利。因为,只有全权的罗马人才能够行使家庭权[patria potestas — manus]并享有财产权(首先是私有财产权 ex iureuiritium[魁里特所有权])。只有他有权立遗嘱、继承遗产,只有他在债法范围内是完全有行为能力的并且可以在刑事诉讼中得到特殊保护(ius provocationis)②。此外,如已述及,只有全权的罗马公民在享有上述权利的同时,还享有 ius suffragii[投票权]和 ius honorum。享有这些权利的全部总和不论在军事上还是在政治生涯中,都为罗马人开辟了活动的广阔天地。

这就是罗马和意大利诸城市(公社)间庇护关系的总状况。同盟战争给这一状况带来了根本的变化和新的特点,战争的结果不仅对意大利诸公社或罗马本身,而且对整个罗马史皆具有重大的意义。

直到同盟战争之前,对意大利公社(或人们的集团)授予罗马权是谨慎而吝啬地进行的。同盟城市自不待言,一些自治城市,诸如从公元前 338 年即是 civitates sine suffragio 的丰季和福尔米,仅在公元前 188 年才得到完全的公民权;阿尔宾也是在

---

① 玛尔克瓦尔德特,前引书,页 34。

② 维廷霍夫,前引书,页 13—14。

公元前188年;阿提那在公元前102年。根据公元前100年通过的萨图尔宁努斯的leges de coloniae deducendis[建立殖民地法案]——此点我们上文已述及[1]——就是对于拉丁人,公民权的授予也是严格地加以限制的。就在意大利人起义前不久所通过的lex Licinia Mucia[李锡尼乌斯·穆西乌斯法案](公元前95年)曾命令从罗马驱逐那些冒充公民(cives),然而尚不能证实他们已经得到公民权的那些同盟者[2]。

由于同盟战争和公民权已广泛扩展(根据lex lulia[尤利乌斯法案]和lex Plautia Papiria[普劳提乌斯、帕庇利乌斯法案])[3]至同盟者,形势发生了急剧的变化。意大利诸公社的法权地位的差别消失了:此时,它们都平等地享受着罗马权,殖民地(其中包括拉丁殖民地)和自治市间的差别消失了;以后存在的municipium一词开始意味着"行省的"(已经不是按照该词在罗马时代的意义,而是按照它现在的意义)形式划一的"自治市"结构的意大利人的城市[4]。顺便说一句,当巴蒂安指出意大利人本身——取决于是说大土地所有者或小土地所有者——对得到罗马权问题的各种不同态度时,他是完全正确的。一般说来,小土地所有者全部对罗马权感兴趣,而罗马权许给他们的只是利益和特权。那么,在高等阶级中,即在大土地所有者中间,产生了一些对立的集团,它们的存在取决于这一问题的解决,即什么给予更大的利益:取得罗马公民权,还是保留自己的地产,在取得这些权利之前,这些地产是不受罗马的leges de modo

---

① 参见本书的页133—134。

② 西塞罗,《论职责》,3,11。

③ 西塞罗,《为阿尔基亚辩护》,4,7。

④ 玛尔克瓦尔德特,前引书,页64。

agrorum[土地数量法]的影响的[1]。

至于罗马本身，同盟战争对它的主要后果是使它从一个城邦、一个城市国家变成了一个意大利霸国。倘若战争前殖民地和罗马公民的自治市不是独立的 civitates，仅是罗马公社的一部分，而在那时同盟城市——包括 coloniae Latinae 在内——形式上被认为是独立的并且在 civitas Romana 之外，则现在所有意大利的城市都变成同样的即罗马权的公民公社，成了统一的机构[2]——以罗马为首的意大利国家——的平等成员了。大概从此时起，在对待意大利公社的关系中，分而治之的原则失去了意义；意大利人在越来越大的程度上开始被认作 imperium Romanum[罗马帝国]的依靠力量[3]。但是，分界线就从上述意大利人本身——大小土地所有者——利益的不同而产生了，在这一新的分界的基础之上，老的原则能在新条件下存在下去，现在，它不存在于罗马人和意大利人之间，然而，却存在于罗马—意大利统治阶级和被压迫阶级之间。

另外，同盟战争对整个罗马史都具有这种巨大的作用：它是“帝国形成”中一次最重要的“质的飞跃”，若是可以这样表示的话。众所周知，作为一个城邦的罗马向 imperium Romanum 的转变并未局限于意大利的领土范围，故公民权扩展的过程应延及国家的各个部分，即还有行省[4]。因此，纵然时间短暂，亦必须研究行省城市和公社的国家法权地位问题。

行省城市和公社的国家法权地位也具有巨大的多样性和复杂性的特点。大体上，全部行省城市和公社可分为三种类型或

---

① 巴蒂安，前引书，页 220—224。

② 玛尔克瓦尔德特，前引书，页 64。

③ 塔西佗，《编年史》，11，24，比较，西塞罗，《为巴尔布斯辩护》，13，31。

④ 参见本书，页 198。

种类：自由的城市、被征服或臣属的城市以及带有罗马机构的城市[①]。通常，第一种类型的城市（和公社）无完全划一的机构。首先，civitates foederatae 即属此类，它们相应于意大利同盟公社，而且其中 foedera aequa[平等条约]（例如雅典和玛西里亚）和 iniqua[不平等条约]（例如埃陀利亚人）是不同的，虽然，不论任何一种类型的条约都注定要依附于罗马。条约被认为是永久性缔结，只有在战争状态下才被废除[②]。civitates sine foedere immunes et liberae[无条约关系的自由公社]应该算是自由城市的这一类型，其权利地位大体上与 civitates foederatae 类似，不过也带有差别，civitates sine foedere 的自治不是建立在同盟条约的基础上，而是建立在来源于罗马并可为罗马随时修改或废除的 lex data[安置法案]或 senatusconsu ltum[元老院会议决议]基础之上的。严格地说，eivitates foederatae 和 civitates immunes et liberae 都不能列入行省之列，因为它们处于行省长官的司法权之外[③]而自有其法律，并且不向罗马缴纳固定的赋税[④]。

Civitates stipendiariae 应属于被征服或臣属的城市（公社）类型。从狭义上讲，这些 civitates[公社]就是罗马的行省。一般说来，这是外邦人的 civitates dediticiae[降服公社]。行省的居民和行省的土地要缴纳固定的赋税（populistipendiarii[纳税的民众]或 vectigales[纳税人]）[⑤]，行省的土地不能是个别全权

---

① 玛尔克瓦尔德特，前引书，页 71。

② 同上，页 74。

③ 西塞罗，《关于由前任执政官充任总督的行省》，3，6；《反对维列斯》II，2，66，160。

④ 玛尔克瓦尔德特，前引书，页 76—80。

⑤ 西塞罗，《反对维列斯》，II，3，6。显然，Stipendium（直接税），由城市公社自己征收，而 vectigal（间接税）的征收，交由包税人办理。

公民的私有财产，而只能被占有（possessio）[或者使用（usu-fructus）[①]]。行省城市中有地方自治机构，但都在行省长官的控制监督之下[②]。civitates stipendiariae 的法权地位不取决于 foedus 或 lex data，而是或者取决于受委托建立新行省的一个专门委员会，或者取决于行省长官的 edictum provinciale[行省法规][③]。这样一来，行省城市（或公社）的"自治"，是一个很有条件而又受到限制的概念[④]。

行省中罗马公民城市和拉丁人的城市占有特殊的法权地位。殖民地和自治市是罗马权的唯一城市，因为，如果说也出现过一些主要由老兵和罗马公民居住的城市公社（特别是在边陲地区），它们也全都一样被认作是没有罗马城市权的 vici[街区]或 pagi[区][⑤]。若就它们的机构而言，则殖民地、自治市和行省的拉丁城市与同一名称的意大利公社原则上几乎毫无区别。玛尔克瓦尔德特只是指出了上述类型行省城市的两个特点：1. 它们必须缴纳赋税[steuerpflichtig]；2. 最初它们不受行省长官的监督[Aufsicht]，晚些时候——在帝国时代——它们丧失了这一特权[⑥]。此外，如果说共和国时期，自治市是最普遍而且是最有特权的形式（特别是共和国末叶），则帝国时代占首要地位的已经是殖民地了[⑦]。它们得到了特殊的特权和优惠，诸如 libertas[自由]、immunitas[豁免]和 ius Italicum[意大利权]。由于

---

① 盖伊乌斯，2，7。

② 西塞罗，《致阿提库斯》，6，2，5；《致克文杜斯》，1，1， 25。

③ 西塞罗，《反对维列斯》，II，13，32；15，37；《家书》，3，8 4；《致阿提库斯》，6，1，15；李维，45，17；比较，盖伊乌斯，1，6。

④ 玛尔克瓦尔德特，前引书，页 80—85。

⑤ 维廷霍夫，前引书，页 41。

⑥ 玛尔克瓦尔德特，前引书，页 87—88。

⑦ 同上，页 89；松巴厄尔，前引文，页 47。

最后一条优惠，殖民地的土地免交赋税并且可以成为全权公民个人所有①。

行省城市和公社的国家法权地位大体上便是如此。至于行省中公民权的扩展问题和这一过程的特点，以我们之见，在这里可以指出罗马的政策，更确切地说，罗马当权阶级的政策的以下一些主要之点：

1. 为了“罗马——意大利人”的利益，公民权扩展过程中有过某种“障碍”。前已指出②，意大利人愈来愈被认作帝国的支柱③。

2. 有选择地把权利赐予居民的某些集团或整个部族，把权利的赐予作为一种 praemium[奖赏]。我们以上指出的适用于意大利的这一方式④，有更充分的理由适用于行省，适用于整个罗马帝国。

3. 毫无疑问，公民权在罗马帝国范围内的扩展，与在征服意大利的时代相比，是以更大程度的“自觉性”加以调节的，是在新的情况下和根据新的“分界线”，运用作为基础的分而治之原则。

故应着重指出，行省中罗马权(和拉丁权)的扩展问题，不仅作为国家法权因而是形式—法律性的问题，而且还作为某种——首先和主要的——社会政治过程，现在都已经摆在我们的面前。

从这一角度研究共和国末年赐予罗马权的某些原则和政策是很有趣的。显而易见，问题应该牵涉到恺撒的殖民政策和公民权政策。然而，既然这一政策首先根据内战过程中获得的经

---

① 玛尔克瓦尔德特，前引书，页 89—92。

② 参见本书，页 209。

③ 比较，维廷霍夫，前引书，页 11—12；14—15。

④ 参见本书，页 206。

验而制定,那么,即便简短地叙述一下意大利和行省的公社在开展过的斗争中的作用也是相宜的。

意大利和行省的城市在这些年代中参加了“大罗马政治”是没有任何疑义的。的确,我们的资料状况未必允许描绘城市(公社)本身政治生活和内部斗争的情况;我们只可稍微或概略地想象到一些政治集团,使它们彼此分开的利益和矛盾,并且,大概,至多我们可以断言,罗马人习惯上支持居民中拥有特权的“最高层”并以否定态度对待“民主制度”①。然而,不仅意大利公社,而且行省都直接参加了内战,这是显而易见的。就中行省不仅是——象经常认为的那样——战场,而且在恺撒与庞培战争和恺撒死后的内战期间参加了所进行的斗争,并时而支持一方,时而支持斗争的另一方,纵然在一些特殊情况下,他们宁愿保持中立②。无论如何,斗争诸方的领袖十分懂得政治(和军事的)支持的作用,首先是自治市和殖民地的支持,还有行省城市的支持。

这样,早在内战前夕,恺撒考虑到自己未来的执政官任期预先努力调整与新近征服的高卢公社的关系③,他认为,对许多意大利自治市和殖民地做一次专门的巡视是必要的④。如果相信希尔齐乌斯的话,恺撒曾受到很热情的接待⑤。

当恺撒越过卢比孔河并率军向罗马挺进的时候,自治市对这一事件的态度以及它们的政治立场对恺撒具有极为重要的意

---

① 维廷霍夫,前引书,页11。

② 比较:玛什金:《奥古斯都的元首制》(Н. А. Машкин, Принципат Áвгуста),页201。

③ 恺撒,《高卢战记》,8,49,52。

④ 同上,50。

⑤ 恺撒,《高卢战记》,51。比较:内战开始以后,西塞罗关于自治市的“不幸”的记载(《致阿提库斯》,7,11,4)。

义。众所周知，行政长官特尔穆斯未能抵住恺撒军队对伊古维乌姆城的进攻，因为伊古维乌姆人是站在恺撒一边的，所以，库里奥未费什么力气占领了这个城市。在 De bello civili[《内战记》]中记叙这一事件时强调指出，恺撒完全可以利用其他自治市的情绪①。确实，阿乌克西姆城被恺撒军队占领差不多就是按照同一模式②。占领该城以后，恺撒迅速地越过皮凯努姆全境，用他自己的话说，这一地区的所有长官都对他热情相待并以一切必需品供应其军队③。

在包围科尔菲尼乌姆的时候，看来，包围可能拖延下去，却发生了这样一件特殊的事件。恺撒得到了这样一个消息：离科尔菲尼乌姆 7 哩远的苏尔蒙城的居民全都拥护他。当时，安东尼及其 5 个联队被派往苏尔蒙，该城居民打开城门，欢迎恺撒的军队入城④。而且，据阿庇安的证明，此后不久，科尔菲尼乌姆被攻陷，居民们亲手捉住了企图逃跑的守将多密提乌斯并把他交给了恺撒⑤。这样一来，对科尔菲尼乌姆的包围总共持续了 7 天⑥。最后，当内战还在意大利境内进行的时候，应该提及同情恺撒的勃隆迪西乌姆人的态度，提到他们向恺撒的军队提供了援助⑦。

在记述意大利境内的进军过程时，恺撒这样描绘：质言之，几乎所有的自治城市和公社都站在他一边。可能，这不完全是客观的状况。但是，恺撒向罗马推进速度如此之快说明了缺少

---

① 恺撒，《内战记》，1，12。
② 同上，1，13。
③ 同上，1，15。
④ 同上，1，18。
⑤ 阿庇安，《内战史》，38；比较：恺撒，《内战记》，1，16—23。
⑥ 恺撒，《内战记》，1，23。
⑦ 同上，1，28。

顽强的抵抗，说明了至少是在恺撒军队行动的地区的城市居民的某些阶层通常持友好态度。此外，很明显，庞培党人早在准备内战时期就因征收苛捐杂税，使得许多自治市反对自己①。

至于军事行动以后的过程，其中包括西班牙战役，则恺撒未采取跟踪追击庞培而是采取进军西班牙的决策本身就证明了恺撒多么重视行省的作用，并且他认为，对自己事业的成功说来，庞培在西班牙的势力是多么危险②。在准备西班牙远征的同时，恺撒首先企图巩固自己在撒丁岛、西西里岛和阿非利加的地位。在撒丁岛他未费周折即获成功，因为行省总督马尔科斯·科塔不得已而逃跑，因为他深知居民普遍欢迎恺撒③。西西里岛诸城市和公社的态度比较而言不太清楚，恺撒对此只字不提④。根据阿庇安的说法，当时西西里的管理者伽图放弃了这一行省，以使他统治下的居民免遭涂炭⑤。至于阿非利加的情况是，恺撒的军队受到阿乌克西姆城战役后逃到此地的庞培部将阿提乌斯·瓦鲁斯的顽强抵抗⑥。

著名的玛西利亚城的事件是非常特殊的。争夺该城的斗争在一定时期内纯粹是用政治的手段。当玛西利亚人准备防御并在恺撒来到之前关闭了城门时，恺撒就同当地政权的代表进行谈判。他向被邀到这儿来的"15位名流"陈述了各种理由并竭力表示了这样的意思：玛西利亚应该仿效意大利诸城市的榜样。从以后不久玛西利亚元老院给恺撒的答复中可以看出，至少是，

---

① 恺撒，《内战记》，1，6；比较：西塞罗，《致阿提库斯》，9，13，4。
② 同上，1，29。
③ 同上，1，30。
④ 同上。
⑤ 阿庇安，《内战史》，2，40。
⑥ 恺撒，《内战记》，1，31；比较：阿庇安：《内战史》，2，44—46。

玛西利业领导集团仔细分析了他们已卷入的斗争的政治特点，他们企图以政治理由为据而保持自己的中立[①]。的确，像紧接着发生的事件所表明的那样，玛西利亚元老院郑重声明的中立是虚假的，因为它长期以来就是庞培派的重要据点之一[②]。可是，这一事实只证明了，行省的公社和城市纯粹以“党派”利益为转移并且给予斗争的这一方或那一方以积极的支持。

在西班牙战役的过程中，当地公社的这种支持具有最重要的意义。庞培派还是恺撒从行省招募辅助军队的事暂且不论[③]，当地执政者方面和西班牙城市和公社方面的政治支持问题具有巨大甚至决定性的作用。无怪乎恺撒的副手法比乌斯在战役之初就曾努力探测他们的情绪[④]。

大家知道，在西班牙战役的初期，恺撒的处境非常困难，他遭受了许多的挫折[⑤]。在指出使形势向有利处发生决定性变化的原因时，恺撒把5个西班牙大公社站到他这一方这一事实放在一个首要的地位[⑥]。这是整个战役过程的转折点。

恺撒对西班牙军事行动过程的详细描述，提供了当地公社和城市积极参加并起重要作用的不少例证，例如，甚至战场的选定亦要以斗争双方与公社的关系为转移[⑦]。在同阿夫拉尼乌斯和培特列伊乌斯的斗争结束后，当军事行动的中心转到“远西班牙”时，在这里，瓦罗投降前最后的成功，也是由城市和公社的态

---

① 恺撒，《内战记》，1，34—35。
② 同上，1，36；56—58；2，5；22。
③ 同上，1，38—39。
④ 同上，1，40。
⑤ 阿庇安，《内战史》，2，42。
⑥ 恺撒，《内战记》，1，60。
⑦ 同上，1，61。

度决定的[①]。这在科尔杜巴、卡尔蒙和加德斯当局的行动中表现得特别清楚[②]。无怪乎在瓦罗投降后，恺撒在科尔杜巴城的民众会议上向罗马公民、西班牙人和加迪坦人“依次”一一致谢(generatim)，并决定对一些公社进行嘉奖。在塔拉科城，他也用了类似的做法，不过这已是对“近行省”的公社了[③]。

不论从巴尔干还是从阿非利加战役的事例中，也都可以考察出内战过程中行省公社和城市的重要意义和积极作用。至于巴尔干战役，则恺撒在半岛登陆后的最初战绩是与当地城市倾向他的有利形势分不开[④]。奥利克城未经战斗即被占领是由于城市居民和驻军拒绝抵抗恺撒之故[⑤]。同样的情况在阿波罗尼亚也出现了，那里的居民声明不愿违背“全意大利”的意愿；其他的滨海城市也效法他们的做法，继而是整个伊庇鲁斯[⑥]。

与安东尼联合后，恺撒决定深入到内地并以把新的城市和公社吸引到己方为目的。他先与帖萨利亚和埃托利亚，继而与马其顿的代表谈判[⑦]。恺撒派往埃托科亚的率5个联队步兵及少数骑兵的萨宾努斯依靠当地居民的支持。轻而易举地便占领了全境[⑧]。帖萨利亚的情况稍复杂些。率领新兵军团前往这里的朗根努斯在城里碰到复杂的情况：一部份人拥护恺撒，而另一部分人却拥护庞培。这“一部分”和“另一部分”在社会关系中是

---

① 恺撒，《内战记》，2，17—18。

② 同上，2，19—20。

③ 同上，2，21。

④ 顺便说一下，庞培党人在萨罗那城的失利也是与该城居民所采取的立场有关，确切地说，与该城中的罗马人有关(罗马公民的会议)。参见：恺撒，《内战记》，3，9。

⑤ 恺撒，《内战记》，3，11；阿庇安，《内战史》，2，54。

⑥ 恺撒，《内战记》，3，12；比较；阿庇安，《内战史》，2，54。

⑦ 恺撒，《内战记》，3，34。

⑧ 恺撒，《内战记》，3，35。

什么人？详细搞清楚恐怕不大可能，但大概这两部分人都是指的居民中的特权阶层，因为恺撒“党人”的首领之一是 summae nobilitatis adulescens[一名年轻的显贵]，而且很明显，这一首领是拥有不少财富的①。

占领埃托利亚、阿卡尔纳尼亚和阿姆斐罗希亚以后，恺撒对待阿哈伊亚也进行了同样的尝试。卡列努斯率军开往此地，他曾根据“同居民的协议”占领了特尔斐、底比斯和奥尔霍麦诺斯等城，一些城市是以战争占据的。他派使者到另外一些公社去并希望以单纯的外交方式争取它们站到恺撒一边来②。

在迪拉希昂附近的失败使军事形势发生了变化。当然，这一失败是有一定政治影响的。恺撒不得不特别使自己的同盟者振作起来③。但是，某些公社仍然在他全军覆没的传闻下背叛了他④。退却到帖萨利亚时，恺撒只得以突袭的方式占领了戈姆福伊城，该城在数月前答应全力支持恺撒，甚至请求他往城内派遣驻军。恺撒改变了自己通常采取的 clementia[宽容]政策，在攻下该城后，曾允许部下大肆抢掠以报复该城对他的背叛⑤。这件事吓坏了恺撒以后进军路上的麦特罗波尔城的居民，他们犹豫了不长时间后，就向恺撒打开了城门。于是，该城被饶恕了。这两个城市不同的命运对其他帖萨利亚的公社产生了很大的影响⑥。应该指出，当庞培及其追随者在法萨卢溃败后陷入孤立无援的逃亡者地位时，塞浦路斯和罗得岛的一些城市坚决

---

① 恺撒，《内战记》，3，35。
② 同上，3，55。
③ 同上，3，78。
④ 同上，3，79。
⑤ 恺撒，《内战记》，3，80；阿庇安，《内战史》，2，64。
⑥ 同上，3，81。

拒绝接待他们[①],埃及宫庭对庞培本人的背信弃义和残酷无情更是人所共知的[②]。

在阿非利加战役的过程中(法萨卢战役之后),一些城市和公社对斗争双方的态度亦对战役本身发展继续发生巨大的影响。很明显,加德鲁麦特城当局和居民是支持庞培党人的[③],可是,当恺撒的军队由加德鲁麦特向鲁斯宾那推进时,许多城市和据点(ex oppidis et castellis)[④]的使者都请求恺撒饶恕,并答应向他提供粮食和满足他的一切要求[⑤]。大概,同样的情况也在曾是自由的城市(civitas libera et immunis)列普提斯出现了[⑥]。

有趣的是这样的记述,当恺撒把说明他亲自抵达阿非利加的信分送至行省各城市的时候,显贵们(nobilis homines)开始从不同城市投奔他,他的敌人也对待这些显贵似乎极为严酷[⑦]。努米迪亚人和盖图尔人投靠恺撒的络绎不绝,这些人当时曾是马略的被庇护人[⑧]。在这种情况下,恺撒就是依靠这些最著名、"最有学问的人"并让他们带着信回到本国去[⑨],而且,归根结蒂,这些措施导致了盖图尔人去反对朱巴[⑩]。国王骑兵中的显贵的盖图尔人携带其仆人及马匹投向恺撒是这些事件中最后的

---

① 恺撒,《内战记》,3,80;阿庇安,《内战史》,3,102。

② 同上,3,104;比较:阿庇安,《内战记》,2,83—86;普鲁塔克,《庞培》,76—80;《布鲁图斯》,33,卡西乌斯,42,2 以下:帕特尔库鲁斯,2,53;弗洛鲁斯,4,2,51 以下;阿弗列利乌斯维克托尔,《名人传记》,77;奥罗西乌斯,6,15。

③ 恺撒,《阿非利加战记》,3—6。

④ 很明显,这里所指的是没有自治市地位的当地的行省城市。

⑤ 恺撒,《阿非利加战记》,60。

⑥ 同上,7。

⑦ 恺撒,《阿非利加战记》,26。

⑧ 同上,32;35。

⑨ 同上,32。

⑩ 同上,55。

插曲①。

当恺撒还在鲁斯宾那城下时，斯基拉城(civitas libera et immunis[自由城市])的使者到他这儿来，答应向恺撒提供粮食，满足他的所有要求，并请求派遣驻军②；提斯德拉城的使者也向恺撒提出了同样的请求③；稍晚一些，但尚在塔普斯战役前，瓦加城的居民曾答应给恺撒以援助并提出派遣驻军的请求④。最后，住在朱巴王国遥远滨海地区的塔本人突然起义，消灭了国王的驻军，并派使者到恺撒那里去请求支援和帮助⑤。

塔普斯战役后，在庞培派重要据点之一的乌提卡，情况发生了变化。倘相信 Bellum Africanum[《阿非利加战记》]中引用的资料的话，则在塔普斯战役前和在此战役过程中，不论城市当局还是拥护庞培党人的当地平民，伽图都不得不用最特殊的措施来加以控制。乌提卡的居民早就对恺撒的“党”抱有好感⑥。至于伽图本人，则乌提卡的居民由于“党派”纷争(partium gratia)而恨他，尽管他们以适当的安葬对其突出的正直和廉洁表示了尊敬。伽图死后，乌提卡的城门即向恺撒的军队洞开了⑦。

关于朱巴，应该说在塔普斯战役后，他的处境绝望了。没有让他回自己的府邸，而扎玛城的居民却在庆祝恺撒的胜利⑧。他们派使者去见恺撒并请求他，倘朱巴开始围城，给他们援助，当恺撒率自己的骑兵进入朱巴王国时，沿途上，许多王国军队的

---

① 恺撒，《阿非利加战记》，56。
② 同上，33。
③ 同上，36。
④ 同上，74。
⑤ 同上，77。
⑥ 同上，87。
⑦ 同上，88。
⑧ 同上，91。

首领(duces)皆向他请求饶恕和赦免[1]。所有的公社都拒绝接待朱巴,最后他死于同培特列乌斯的决斗之中[2]。

如果把意大利公社、自治市和其他行省城市参加内战的以上引述的全部事例归纳一下的话,我们必然会得出前面已经说过的结论,即行省不仅是军事行动的场所,而且积极参加了军事的和政治的斗争,它们有时对斗争这一方,有时对斗争那一方给予支持,更不用说意大利了[3]。在此情况下,我们并不感到兴趣的问题是:大多数公社和城市站在谁一边——庞培派,还是恺撒派——这一问题难以查清,何况我们可以从以上援引的事例看到,一些公社的态度屡次以敌对双方的成败而改变呢!一般说来,重要的只是行省的公社和城市不保持中立或对在其境内进行的军事政治斗争不袖手旁观。

究竟哪些意大利或行省的社会阶层积极参加了这一斗争?解决这一问题未必是可能的——尤其在每一种情况下。但总的印象是这样的:这是居民中享有特权的上层人物——自治市和行省的贵族。正如我们可以证实的那样,如果说 nobiles homines[显贵]都支持"恺撒的事业",如果说恺撒为了自己的利益甚至利用盖图尔贵族的代表,则难以甚至不可能推定,居民中的广大民主阶层能够站到在恢复元老的 res publica[共和国]口号下而斗争的庞培派一边的。显然,应该研究自治市或行省贵族内部的不同集团之间的斗争。

当然,这并不意味着更广大的居民集团不在某种程度上被卷入军事和政治的斗争。从上面引用的事例中不难确信,被庇护人、仆人以及显贵人物和军事首领的侍从也积极参加到斗争

① 恺撒,《阿非利加战记》,92。

② 同上,94。

③ 参见本书,页 212。

之中。当军事行动直接在某一城市的城墙之下展开时，其居民往往被置于必须更积极参加到发生的事件中去的境地。但是，自治市和行省城市的居民未必能在政治斗争中起某种独立的作用。大概，还在内战开始前，当整个意大利应处于非常紧张的状况时，西塞罗埋怨道：和他一起，“自治市的人说得很多，农民说得很多，然而，他们除了自己的土地、自己的庄园和自己的钱财之外，什么也漠不关心”[①]。而且，此情况下说的不是某种程度上远离罗马的行省居民，而是意大利本土！未必有理由认为，行省公社的居民大都对罗马的“上层”政策、觊觎者们的斗争和支持他们的口号和利益的人们表现出更大的兴趣。但他们总是由于事件过程的本身——总的政治形势或军事必然性——而被引入斗争的漩涡之中。

现在，我们可以回到以上提出的关于罗马权在共和国末年扩展的问题上来。不论是意大利的还是行省的公社（城市）在内战过程中特别明显表现出来的政治作用，在恺撒（继而还有奥古斯都）的殖民地和公民权政策中得到理解、考虑，并且有了反映。无论如何，恺撒不止一次有机会通过实践确信，在行省中有不仅是军事意义的而且是政治意义的据点是多么重要。由这一认识向前走一步，便可达到公民权的赐予（一批人或一批公社）和在行省中建立殖民地作为巩固自己政治地位的手段的结论。故不足为奇的是，在高卢、西班牙、阿非利加、伊里利克、伊庇鲁斯、阿哈伊亚、亚细亚和比提尼亚—庞托斯诸行省中大批殖民地的建立，首先是与恺撒的名字连在一起的[②]。斯维托尼乌斯肯定地说，在意大利以外的殖民地中安置了近 8 万公民[③]。殖民地的

① 西塞罗，《致阿提库斯》，8，13，2。

② 维廷霍夫，前引书，页 51，页 63。

③ 斯维托尼乌斯，《神圣的尤利乌斯》，42。

建立已经不再专门征求公民大会的意见，只是交由副手办理。这一切再一次强调指出了这一情况，此时，老兵—殖民者生活的保障完全不是有赖于国家，而是有赖于自己的领袖，有赖于统帅①。但是，在恺撒建立的殖民地中，不只是安置老兵。维廷霍夫正确指出，这是两种类型的殖民地：1. 战士殖民地（满足其得到土地的要求）和 2. "无产者"殖民地（改善罗马居民最低阶层生活条件的尝试）②。

至于恺撒的公民权政策，那么，在这里显然可以指出两种倾向。一方面，在意大利之外公民权（罗马权和拉丁权）迄今空前规模的扩展。公民权授予一批公社甚至一系列行省。公元前49年通过了 lex lulia de civitate Transpadanorum[尤利乌斯关于授予山南高卢人罗马公民权的法案]，它使山南高卢的居民包括在罗马公民之中③。同年，还通过了关于授予加德斯人罗马公民权的法案（lex de civitate Gaditanorum），这一法案把自治市权授给了这个行省城市④。最后，在恺撒死后，公元前44年，玛尔克・安东尼通过了 lex lulia de Siculis[尤利乌斯关于西西里人的法案]，据此，西西里人——恺撒当时曾授予他们（整个行省）拉丁公民权——此时获得了罗马公民权⑤。

毫无疑问，公民权在如此大范围内的扩展，促进了行省中自治市形式的急剧发展⑥。故我们不再重新提及由 Tabula Heraclensis[赫拉克列亚文书]为我们部分保留下的 lex lulia munici-

① 玛尔克瓦尔德特，前引书，页115。
② 维廷霍夫，前引书，页53。
③ 卡西乌斯，37，9；41，36；塔西佗，《编年史》，11，24。
④ 卡西乌斯，41，24；李维，摘要，110。
⑤ 西塞罗，《致阿提库斯》，14，12，1。
⑥ 维廷霍夫，前引书，页60。

palis[尤利乌斯关于自治市的法案][1],因为不存在对上述法案规定的自治市制度的一致性可以扩展到行省公社和城市的深信不疑[2]。

另一方面,恺撒公民权政策中有一种很明显的“保守”倾向:公民权扩展过程的某种阻抑以及作为这一阻抑结果的公民权赐予的传统方式,亦即“选择”的方式,作为 praemium[奖赞][3]。在此意义上恺撒对行省正是这样做的,正如罗马在三百年间对意大利城市和公社所做的完全一样[4]。像维廷霍夫正确强调的一样,恺撒这样建立了“唯一统治者的统一臣民阶级”以后,并不努力消除权力的“个人性”或消除罗马人和外邦人之间法权上的差别。他绝不想使罗马公民、罗马人民的特权贬值,也不想挤掉老公民而代之以由于他的恩惠成为罗马公民的新公民[5]。

应对恺撒公民权政策中看来是互相矛盾的两种倾向做何解释呢?上述矛盾决非表象,以我们之见,这种矛盾可以解释为:恺撒的这种政策和这种活动有两个方面。其一,主观的,它的确定,完全不是由于似乎为恺撒所固有的对正在诞生的帝国的历史任务和前景的某种深刻理解,然而仅仅是对当时急迫的需要和问题的满足,这恰恰首先为公民权授予选择“传统的”方式所证实,继而为所有这些措施中缺乏某种特别的体系所证实。把罗马公民权作为某种 praemium[奖赏]而有选择地给予奖励的

---

① 《拉丁文碑铭集成》,1,206。

② 参见本书,页 204,注 30。必须公正地指出,迈尔也承认, lex lulia municipalis(尤利乌斯自治市法)的规定也扩大到行省的公社(《恺撒的专制统治和庞培的元首制》(Caesars Monarchie……),1922,页 425)。鲁道夫也这样主张[《罗马人的意大利的城市和国家》(*Stadt und Staat in Römischem Italicn*,1935 年)]。

③ 参见本书,页 206。

④ 维廷霍夫,前引书,页 61。

⑤ 同上。

原则本身，使得这种奖励只能偶然地进行，只能按照实际需要和适宜性进行。

但是，恺撒的公民权政策中还有其另一个方面、客观的方面。从这一观点看来，与公民权在意大利之外扩展相联系的恺撒的措施——不依它们的迫切性和其首创者的意愿为转移——对于帝国的巩固和帝国行政—政治结构的建立，皆具有非常重大的作用。无怪乎这一政策为奥古斯都所了解，并且已经完全领会它的“全帝国的”意义——无论是在建立殖民地方面，还是在对行省居民授予公民权方面——为奥古斯都所继承①。

所有以上谈及的罗马与依附它的意大利及后来行省的公社和城市之间关系的特点以及行省政治作用的增长，最后，使我们得出一些带普遍性和总结性的结论。显然，应在两个互相联系的方面来详细考察罗马的公民权政策和殖民政策。这一政策形式—法律地表现在罗马权（和拉丁权）在某种形式下（亦即殖民地和自治市形式）扩展到意大利居民，继而扩展到行省居民的事实中。而且，权利授予的原则——不论是意大利人还是行省居民（外邦人）——总是具有“个人的”和选择的特点；权利的授予以某种 praemium[奖赏]形式进行。罗马人、拉丁人和行省居民权利的这种“个人性”，对于形成“统一帝国”的权利标准是某种障碍，也决不会有助于法律上“普遍平等”倾向的加强——这不论在共和国时代，也不论在元首制时代。上已述及，就是在罗马公民权本身还存有内部的等第②。授予公民权的个人的以及选择的特点保存下来，它至少延续到塞维鲁时期③。至于罗马权本身内部的等第和微小差异的长期存在，严格地说，甚至直到卡

① 玛什金，前引书，页 500—506。

② 参见本书，页 10，页 198—199。

③ 维廷霍夫，前引书，页 11。

拉卡拉敕令时亦未消除[1]。假若注意到公民权扩展的这种形式—法律方面某种共同的倾向，显然会对松巴厄尔的一个结论表示赞同。他确信，既然行省中有罗马殖民地、拉丁殖民地以及两种类型的自治市，则历史地形成的差别的结果大概有以下形式：一方面，使拥有罗马“新公民”[Aussenbürger]的公社（迄今独立的）联合和包括进来，但是保留它的自治市公民权、权力机构和特别的法规，另一方面，建立拥有“原有的”罗马和拉丁公民[Kernbürger]、作为实行罗马化的具有特权的前沿阵地的殖民地[2]。但是，尽管行省中还保留了殖民地和自治市法权地位的差别，然而，拥有罗马公民权（或者拉丁公民权）的这些城市，在愈来愈大的程度上逐渐具有一个共同点，一个根本重要的特征。它们恰恰是逐渐变成行省的——从该词的直接意义和转义方面讲——城市，并且逐渐丧失独立城邦的特征。它们在愈来愈大的程度上变成只是 membra imperii[帝国的成员]。

但是，毫无疑义，应当考虑的不仅是问题的这个重要的，但仍然是外部的，即法律形式的方面。按实质说，我们所涉及的是新的、帝国的组织和政治结构的建立过程的演进（顺便说一下，对于意大利本身说来，这一过程已于公元前 49 年结束[3]）。并且，在这方面主要的是，问题的解决决不是在法权方面，但是首先是在社会方面。新的行政和政治机构的建立是与帝国新的社会基础的建立休戚相关，甚至受其制约的。同样，这一内部基础的建立也是通过特有的合并（有选择地），首先使意大利的，继而使行省的一些阶层加入某种新的——已是“全帝国的”——掌权的社会上层中。当然，维廷霍夫是正确的，当他着重指出，从行

① 松巴厄尔，前引文，页 45。
② 同上，页 47。
③ 维廷霍夫，前引书，页 60。

省的罗马权和拉丁权城市中出现了一些富有生命力的新势力，并且他们不仅进入了军队，——这一点表现得特别明显——还进入了帝国的管理机构①。逐渐由这些人（和非罗马权城市的罗马新公民）形成了“领导阶层”，亦即重复几十年前在意大利本土曾出现过的事情，当时进入罗马的就有图斯库鲁姆的伽图、列阿特的瓦罗、阿尔平的马略和西塞罗，努尔西亚的谢尔托利等②。

这些取古罗马贵族以代之的新的上层分子，不仅对居民中的原来的下层（和被剥削的），而且对尚未获得罗马公民权的那些人民大众来说，已是享有特权的和居于统治地位的“等级”。而在这一上层内部也形成了自己的等级和差别：当然，居第一位的是罗马人本身（Kernbürger[核心公民]以及与他们逐渐合流的自治市贵族出身的那些人 Aussenbürger[外来公民]。“罗马人”的概念此时在此意义上具备了阶级的含义，一般说来，它成了这一新社会上流人物的代名词。

这样一来，divide et impora 的老原则又渗透到（然而已作为一种新形式）如今新产生的社会的和法权关系的全部体系中。这种体系本身不是别的，正是帝国的政治—组织结构，是一种新的管理方式，这一方式是统治阶级依靠、然后是融合意大利和行省自治市贵族而建立起来的。恺撒的公民权政策和殖民地政策，在建立这个新的、“帝国”的体系中起了明显的作用。奥古斯都理解了，继承了并且已经为了新的统治阶层的利益有意识地实行了恺撒的公民权政策和殖民地政策。

① 维廷霍夫，前引书，页 62。
② 同上。

关于早期国家研究的一些理论问题*

哈赞诺夫 撰

黄松英 译

近来,关于早期国家以及它的社会相等物,即早期阶级社会的类型和概念变得相当流行。但是至今对它的理解还是不透彻的,关于早期国家的问题仍然还有许多含糊和不明确的观点。考虑到非常有限的篇幅,本文仅联系早期国家的比较理解研究提出一些重要的问题。我只在有些方面试图对问题的答案作些描述。而另外一些重要的问题甚至还不可能提到。

一、什么是早期国家

当然,与现代国家相比,任何前工业国家都是"早期的"。因而,我认为,给早期国家下更严密的定义和限定其界限是必要的。更正确地说,早期国家是指最早的、真正原始类型的国家,是紧接着原始社会解体之后的国家。② 早期国家标志着人类历

---

* 译自论文集《早期国家》(*The Early State*, edited by Henri J. M. Ciaessen, Peter Skalnik),海牙,1978。

② 作者把所有前国家水平的社会暂时统称为原始社会,尽管该社会的复杂性和发展程度很不相同。

史发展的新阶段，它构成了这一地区或那一地区、或长或短的国家发展链条中的第一环。从这个意义上说，我们可以认为，早期国家不但与现在的国家不同，与古代的国家(例如，古代的希腊—罗马国家)也有区别，后者标志着国家发展的下一步更高阶段。

如果说，确定早期国家的开端比较容易的话——显然在这方面具体实际的要比理论更为困难——那么早期国家结束的界限就很难确定了。唯一可行的办法就是把早期国家的一些特性或不同特征，以及与之有关联的过程分析出来，随着这些特征和过程的逐渐消失，国家就变得愈益发展，也即不再成为“早期”国家了。

为了确定这些特征和过程，简略地研究一下早期国家的产生时期是必要的。在那特殊时期，它们代表着一种不稳定的政体，保留着很多先前发展阶段的特征，社会结构是复杂而不稳定的，有不同种类的从属关系，其中没有一种关系占据肯定或者绝对的优势，但这些国家都具有一种正在向前发展的文明。

或许以上是早期国家最普通甚或可能是普遍的特征。明显的是，与这类国家的发展有关联的基本趋势，是在社会和政治结构方面尽力扬弃原始的残余，强化政府机构并使之制度化，社会的组成分子得到稳固，从属关系的特定类型明朗起来，其中的某一关系可能最后变成主导的，同时促进了文明的发展。

只有这些过程完结了，“早期”国家就停止其为“早期”了。但是在某一时期或某一地区早期国家与“非早期”国家的实际界限的划分，则是探讨这些国家类型的具体实例的研究者的任务。

二、早期国家是普遍的吗?

这里的问题是,是否每一个新的正在发生的国家都是早期的。这问题似乎提得没有意义,一看便了然,早期国家的普遍性似乎是被它们的原始性方面所决定的。诚然,埃及、古代美索不达米亚或中国的早期国家阶段是在什么时候结束的问题可能有争论,但这些地区涌现出来的原始国家毫无疑问地是早期国家。

尽管如此,简单地区分国家形成的不同类别是必要的,因为这些差别经常地、不仅与国家内部的发展有关,而且与国家所受的外部影响也有关。为此,需要把原始国家与第二阶段的国家作一区别。

不但原始的国家是早期的,而且那些在已经存在的国家的影响下,作为对其提出的挑战做出一种反应而建立起来的国家也是早期的,特别是那些还保留它们固有特征的国家,更是如此。例如,很容易可以看到,在古代东方的这一或那一地区,国家的形成与它们近似于已经形成的国家之间在时间上具有明显的和直接的衔接关系。而那里所有先后形成的国家——阿卡德、埃兰、玛里、亚述、玛纳,乌拉尔图、米底亚,波斯等等——或者直到它们崩溃,或者有时在外部影响的促进下,它们自己内部的发展过程得到了充分的体现,它们或长或短地都是早期国家。

毫无疑问,早期国家也能作为野蛮人对某些已存在国家的征服后果而产生。甚至像罗马帝国或中国这样十分发达的国家,被野蛮人(即部落和属于前国家水平的人们,也即酋长制或社会分化时期的人们)征服后,也变成为早期的国家。因为改组这些野蛮人的社会经济结构,或则综合这两种制度,如果这种综合能产生一种全新的国家类型,是需要时间的。

还有一种情况，更发展的国家被另一早期国家所征服，它们双方的社会经济结构后来互相结合了（比如第一批哈里发统治下的阿拉伯的征服，或蒙古占领下的伊朗）。在这种特殊情况下，征服者的结构还没有完全被改造的期间内，早期国家只是在一个短时期内仍然是“早期”的。后面这三种类型的国家可以称为第二阶段的早期国家。

但是，由于更发展国家的扩张或殖民政策的结果而建立起来的国家——它们因而代表了一种第二阶段发展的国家——甚至在它们最初建立的时刻，也肯定不能算是早期国家（如中世纪的里窝尼亚或美国）。在殖民时期以后创立的国家也不是早期的，它们的社会在殖民时期以前就经历了传统结构的解体（比如瑙鲁或巴布亚·新几内亚），或则它们完全是殖民主义的产物（如毛里求斯和圭亚那）。

因此，不能说任何最初形成的国家都必定采取早期国家的形式，这要依其产生和发展时的不同情况而定。

同时可以假设，每一早期国家的许多特性和特征在它们刚形成时不仅受特殊的内部条件所制约，也受它们周围的外部情况所影响。但对这个问题即使在区域的水平上也没有进行足够的调查研究。

三、经济和技术发展的水平

即使我们不能说每一新形成的国家一定是早期国家，但我们还是可以认为，就卡尔奈罗（1973：93—100）①所指的意义而

① ［译注］括号中的数字是指该作者的著作出版的时间和所引证的出处的页码。下文均如此。

言，后面的那三种早期国家则代表着一个普遍发展的必然阶段。因为这个缘故，我们将好好来探讨，是否有标志着这种类型国家的某种独特的经济和技术进化的水平。

显然，生产性经济的存在总是主要的先决条件。狩猎者，捕鱼者和食物采集者，无论在什么时间和地方，都不可能建立他们自己的国家。像北美西北沿海印第安人那样的社会分化是他们当中罕见的例外。

但是，在生产性经济的结构内，任何其他的限制是明显不存在的。大洋洲的早期国家基本上还处于石器时代；古代近东国家出现于铜器时期；巴尔干半岛是在青铜时代；而只有欧洲其他地区和靠近撒哈拉的非洲地区处于铁器时代。早期国家里的生产制度也是不大相同的，从刀耕火种的农业到游牧部落制度都有很大差异。从中美洲、中国和其他地区的考古发现证明，水利灌溉是原始早期国家形成的主要条件的看法是错误的。

从另一角度来考虑早期国家的经济和技术水平的问题似乎更有效，经济和技术水平必须高到能够提供某种最低限度的剩余产品，足以使与国家形成的有关的社会劳动分工及其他现象成为可能。这种最低限度的剩余产品在不同的生产体系和技术发展水平之内都可得到，当然，要看当地的条件而定。

更无疑问的是，早期国家让位给更进步类型的国家必须达到的经济和技术水平是一样的。大体可以说，经济技术发展水平与社会—政治结构之间没有紧密的联系，至少在前工业时期是如此。相当先进的古典国家曾让位于早期中世纪欧洲的早期国家，但是想证明它们之间在经济和技术方面存在任何区别的企图都失败了(Gurevich 1971：158—159)。

找出早期国家经历过何种性质何种程度的经济发展是更有意味的。似乎他们在手工业生产方面比在农业或畜牧业上取得了更迅速的技术进步。事实上，甚至不能肯定地说在早期国家形成后总的生产量有大幅度的增进，每人平均产量就更谈不上了。而且，即使有这样的增进，与其说是技术进步（比如农业用具的改进）的结果，还不如说是通过生产本身的扩大即通过改进协作（如水利灌溉）和组织来实现的（Childe 1952：10；Steward 1955：200、207）然而，这不仅对早期国家来说是如此，就是对许多其他现代以前的国家不同程度地也是如此的。

与这有关的另一个问题是：有没有任何特殊的环境因素和生产制度（或者经济制度）比其他因素更能导致早期国家的进一步发展？显然，这问题可以有肯定的答案。比如，与以犁耕农业为基础的国家不同，以游牧为基础的国家是不可能超过早期国家的水平的（Khazanov 1975：251ff）。另一值得考虑的可能性是，水利灌溉在一些早期国家内在某些方面不仅是促进发展的一个因素，而且也是一个造成停滞的因素。

换句话说，在同一生产制度的结构内，任何特定社会的发展都是有限度的。到达了这个限度，进一步发展的可能性与对环境的依赖便成反比例了。

四、早期国家形成的一些有关问题

这些问题是国家形成的概论的一部分。我只想指出与早期国家有关的值得进一步注意的一些方面。

国家的形成是与社会分化过程紧紧相连的，也是与原始社会解体过程中最初阶级的发生相关连的。这些过程的主要特征和基本结果是统治阶层的逐步产生，这统治阶层控制了社会的生产和分配机构。

这情况的必要条件是：经常性的剩余产品以及实现和分配

剩余产品的各种条件的发展。而这些都得通过社会劳动分工和最广义的交换(包括互惠和再分配)来实现的。

除特殊情况外,经常性的剩余产品是作为新石器时代革命的副产品而发展出来的。但值得注意的重要问题是,不仅经济和社会发展的速度,而且在不同的社会里社会分化的具体特征也都是受一系列不同的因素同时作用所决定的。这些因素包括社会、历史、环境、经济、技术、人口、以及其他各种事项。这就是一定社会的生产能力与社会分化发展之间没有明显和直接相互联系的原因所在。

卡尔奈罗(1970)正确地批判了国家起源的“自动理论”,这种理论认为,农业的发展自动地带来粮食剩余,经过一些中间阶段,随之而来的就是国家的诞生。他强调,事实上农业并不是必然地产生剩余。剩余本身也不会必然地自动导致国家的形成。比如,一个社会可能停留在酋长制阶段,甚至也可能处于更低的水平。

在导致社会各阶级的形成过程中,决没有绝对的决定因素。它是依不同的内部和外部的因素而伸缩变化的。这过程可能加快,减慢或中断,停滞甚至停止,然后又重新开始,这都得依据地方的各种条件。所有自发发展的社会,其社会阶级出现的先决条件都是一样的,但它们的具体途径会各有区别。

社会经济不平等与剥削的条件是在产品能够分为必要产品和剩余产品之后才出现的,而最初的不平等与剥削表现为原始的不明显差别的形式。同时,也就出现了管理机构和行政机构与生产机构的分离的必要条件。这是社会劳动分工最重要的结果之一,反映了社会结构和生产过程的日渐复杂。

学者们(Fried 1960:716—722)现在往往把原始社会的解体分为两个阶段——等级社会和阶层社会分别代表这两个阶段。

这种方法恰当地说明了统治阶层的逐步形成。但我们是否应该考虑把这解体过程分为两个阶段,或者还可以是更多或更少一些阶段?而且进一步说,我们是否应该给这两个阶段都赋予普遍的重要性?就我所知,这问题还没有解决。

总的来说,在阶级形成过程中可以分辨出两种不同的趋势。第一种趋势是与统治阶层对政治和经济活动的控制和协调相关连的,除其他后果外,其结果是统治阶层得以掌握全部剩余产品,这剩余产品是从生产者那里攫取过来的。第二种趋势是基于对生产者(特别是奴隶)的直接剥削来获得剩余产品,这或多或少是从生产资料中取得的。

从近东、非洲、美洲甚至大洋洲的实例来看,第一种趋势是早期国家形成的基本趋势。其次,我们要探讨一下,第二种趋势是在什么时候确切地成为主导的。很可能第二种趋势比第一种趋势较迟地出现。例如,现在已经清楚,地中海的古典国家是以大规模的奴隶占有为标志的,但它们不是那个地区的真正原始国家。在它们之前已经有基于不同的从属制度和剥削制度的早期国家存在过。

最近,对于有利于统治阶层出现和国家形成的环境和生态情况,人们已给予了更多的注意。

研究这一问题的一些学者特别强调,水利灌溉和控制洪水的需要是所有真正原始国家、即自然发展的国家形成的决定因素。这样一来,水利灌溉就不是国家形成的生产或经济条件,而是国家形成的组织和政治的条件。

这描述似乎太夸张了,然而,事实上,最早的国家的确产生在水利灌溉地区,但那里水利灌溉系统的起源早于国家的产生。在其他地区,早期国家、包括原始国家,远不是与这种农业类型有联系的。

国家起源于征服的形形色色的理论，同样不能使我们信服。征服可能会是早期国家起源的标志，可能会促进早期国家的产生，最后，也可能会决定特殊的地方差异。但是，有关的内部条件，即征服者与被征服者双方充分发展的水平，也应该放在这个问题之内考虑。

在探讨后来国家政治组织的特殊形式的决定因素时，人们应该到与之有关的前国家社会的管理结构中去寻求，这些结构经历了一定程度的改造，并被新出现的机构所补充。什么是特殊形式的政治组织在其形成期间的决定因素呢？当然，这总是根据地方条件而有差异的，常常表现为许多不同因素的再次联合。但对这些作全面的分析乃是将来学者们的任务。

例如，值得注意的是，从事管理官吏活动的统治阶层的逐渐兴起是与管理结构的演变和分化为许多附属结构相伴随的。在这些结构当中，行政管理的、宗教意识形态的和军事的附属结构是主要的。虽然这种分化有时与其说是个人的，还不如说是职责性的。但是，在国家形成时期的许多社会里，统治阶层差不多分为三种职业集团，即“管理人员”、“神职人员”和“军事领袖”。这些职业集团在过渡阶段的影响和权力的大小因社会的不同而不同，而且也许对有关的未来国家的形式有一定的重要性。

不管怎么说，在向国家社会过渡这一时期内，公共权力机关愈来愈脱离人民大众。统治阶层把从社会其余成员那里摄取的权力愈来愈集中在自己的手里，最后导致国家的产生。

五、早期国家与前国家社会的连续性

由它们的本质所决定，原始早期国家具有由前国家阶段继承的许多特征。这些连续性可以从该社会的社会成份，从属和剥削的各种形式，在社会生活中继续有重要意义的亲属关系，地方结构与制度的各种类型，以及这些制度的职能作用等当中追溯出来。在早期国家建立之后，许多传统的制度根据新的条件得到一定修改，而不是崩溃或者被废除，这完全可以说是一条普通的规律。

这里也许有两种不同的连续性。第一种具有地方和区域的特性，并与该社会的具体特征有关。第二种则包括了历史发展更普遍的趋势。政府机构里劳动分工的特殊形式，家庭和公社的特殊类型，社会和管理结构中亲族关系的重要性的不同，国家在直接占有剩余产品活动中所起积极作用的多少——这些为在实际存在的早期国家中可以看到的有地方性条件的连续性提供了各种实例。但是，公社本身的存在，亲属关系继续起重要作用，以及在大多数（如果不是所有的话）早期国家中都可见到的，自由平民阶层的普遍——这些则提供了第二种连续性的重要实例。将来研究的任务就是要给这两种连续性下详细的定义，确定其具体界限，并分析出制约它们的因素。

六、早期国家的社会结构

虽然有地方的差异，但早期国家还是有两大主要特征。即社会阶层的众多性和不稳定性，既在纵向方面，又在横向方面。这些特征在社会结构的各级水平上都可辩认出来。然而，任何社会都程度不等地具有这些特征；问题是早期国家与其他前工业类型国家之间是否有任何明显的区别。但是我们也要看到，在早期国家里阶级形式没有最后形成，阶级结构还没有稳定，同时社会、经济、法律和其他方面的等级划分还没有互相协调起来。任命与世袭之间的斗争是早期国家的特征与基本对立，顺便说，这也是许多以后国家的类型所具有的。

例如，我们可以从统治阶级的组成中划出“管理人员”，“神职人员”和“军事领袖”，这样一些职业性集团。“管理人员”还可以进一步临时划分为“贵族”和“官吏”。当然这种职能上的划分不是早期国家唯一的特征，也不是早期国家所独有的。但是严格意义上的早期国家的社会结构是最为复杂多样的，统治阶级的不同集团之间彼此是最为分裂独立的，其结果就是频繁的权力斗争。另外，还应该考虑到，早期国家中的这种职能上的划分还经常由种族的、亲属的以及其他形式的划分所补充。

与此同时，早期国家还存在着一个数量比较多，经济上仍然独立，享受着个人自由的平民阶层，可以认为，这些是从以前时期残留下来的。但这个阶层受到了上面的、尤其是下面的侵蚀，平民的权利逐渐被限制和削弱。一些平民上升为统治阶级，但是更多的平民下降为依附的阶层，或者甚至整个平民阶层愈来愈多地变成为一个依附阶层。这些不同种类或不同阶层的依附民的自由受到不同程度的限制，他们构成了所有早期国家社会结构的底层。征服集团同化的结果使这些阶层的成份变得更加错综复杂。依附阶层或各依附阶级的形成在早期国家时期同样地还没有完成。

还应该特别考虑的另一个问题是，我们能说早期国家的主要阶层和阶级有多大程度的开放性质(或相反地说，封闭性质)？在纵向的社会流动性方面早期国家与前工业时期较发展国家[①]之间有多大程度的重要差别呢？克列逊(1975:46)提出了有趣的假设:国家组织愈发展，社会愈复杂，纵向的社会流动性也愈大。但在探讨这个问题时，也应注意到其他可变化的因素，如战

① “较发展国家”指，比早期国家发展(先进)，比工业化国家落后时期的国家。

争和征服的作用，家系原则在该社会活动中的重要性质，社会结构的专门特征（如种姓制度的存在，甚至在现代印度，种姓制度仍是纵向流动性道路上的障碍）等等。我们认为，横向的共同纽带在这方面似乎特别重要。诚然，在中世纪的西欧，这些纽带关系相当发达，而如布洛克（1936）和其他科学家（例如 Perroy 1961）所证明，纵向流动率是颇高的。但到在拜占庭，这些纽带很是松弛，而纵向流动性则更大（Kazhdan 1698:49ff）。

不过，在早期国家还可以看到另一种阻碍纵向流动的趋势，那就是主要的阶层和阶级的组成成份之趋于稳定。这是与横向流动有关的，即在社会等级划分的天平上彼此地位接近的不同集团和阶层之间的划分逐渐消失。但是否这趋势在早期国家达到完成的任何程度，仍是一个没解决的问题。

七、从属与剥削的形式

如果不加追溯，而是静止地看问题，把任何早期国家简单地定为“早期奴隶制”或“早期封建制”，或者类似这样的国家是不可能的。恰恰是在早期国家里，不同形式的依附和剥削关系是同时并存的，其中没有任何一种关系占有明确和绝对的优势。奴隶制、奴役、扈从，纳贡制，强迫劳动，各种税收等等，诸如此类的关系和制度，在早期国家里都是存在的。但这些依附和剥削的形式至少大部分就已存在于前国家时期。而且，其中有些形式，比如纳贡关系，可以说相当笼统地包含着剥削的各种可能性。

但是至少大多数早期国家有一个特点值得特别注意，因为它很可能会变成一个突出的特征。我这里所说的是早期国家本身在通过税收、强迫劳动和其他的义务来直接剥削生产者中所起的重大作用。这一特征被普遍地认为是所谓“亚细亚社会”所特有的。但是所有早期国家至少拥有使它们与亚细亚社会相联的一部份特征。从许多方面来看，早期国家是“亚细亚社会”直接的前身，只不过比较不发达罢了。在它们进一步发展过程中，某一特定的依附和剥削形式一般说来将变成占主导地位。相应地，社会也就不再是早期阶级社会，国家也不再是“早期国家”，因为它变得更发达了。换句话说，法国在卡佩王朝统治下是个封建的而不是早期国家。另一方面，克洛维王国却是个早期的国家，特别是因为这个国家所有的封建因素是潜在的而不是实在的，只不过是可能发展的几种趋势之一。

八、政治组织的形式

根据相当流行的观点，专制政治是早期国家政治组织最普遍的形式(Wittfogel 1957)。在这种情况下，专制政治被理解为具有绝对的和无限制的权力，至少在理论上是这样。关于早期国家，也许人们会特别强调它们对公共资源，包括人力资源有无限的支配权力，并且直接控制了生产过程。

但事实上，这个问题不是那么简单。有很多早期国家的政府作为专制政治是不合格的。如游牧部落的国家就具有早期国家的全部特征。但是这种游牧国家的政府并不直接干涉生产，而其最高权力则被认为属于整个统治的民族。由此发展了“采邑”制度(或者用土耳其—蒙古语的名称“乌鲁斯”)或分权的原则，据此，统治民族的每一成员都有权管理某一游牧集团，及支配征服来的农业区域的一部分。早期中世纪的西欧是没有专制主义的另一例证。甚至在古代美索不达米亚，它在许多方面代表着专制主义的近乎典型的例子，绝对王权也只是到了阿卡德王朝才开始出现，到乌尔第三王朝统治下才充分发展。至于以前的城市国家，把它们定为君主政治的，一些专家甚至对此还有某种保留意见(Diakonoff 1959：145－147)。

因为这个理由，把专制主义说成是最初和最早的国家权力的形式是成问题的。而且，专制主义的起源或许在某些情况下，可能被看作是划分早期国家与较发展国家的界线。

我想着重强调的是，早期国家与专制主义之间没有直接的联系。向专制主义发展很可能是早期国家最普遍的趋势，但不是唯一的趋势。我认为，古代和中世纪的西欧历史，总的来说足以证明这一点。最重要的是确定促进专制主义产生的因素。而这些因素的本质我们还没有明确地理解。

显然，特殊的灌溉工程和一般的公共工程不能是唯一的解释。我的假设是，专制主义的产生是与更深更广的过程同社会整体的需求和困难相结合的条件有关①，与特定社会政治结构的一些特性有关。

可能早期国家和前国家政府的特定政治组织形式，在很多方面也是依统治阶层中不同集团之参加政府，以及和这些派别集团的历史背景而定的。让我们来看一些不同的例子。

第一类例子的特征是政府最高一级的职能没有分工。最高首领、后来是国王，往往同时又是主要的神职人员和军事首领。这方面的完全或部分的职能分工似乎只在较低级别层里发生。一般说来僧侣是一个密切结合的没有教阶制度的集团。这里也没有一个脱离大多数群众的军事集团。虽然战争确实可以使一些个人改善他们的社会地位，并加入统治阶层或阶级。但是我觉得，卡尔奈罗(1970)的观点是夸张了，他认为武士们同统治者

① 马克思曾说过，专制君主是社会统一的化身。

和他的亲属往往成为上层阶级的核心。

传统的亲属制度的重要性以及它在执行管理政府职能方面的影响是以上这类例子的典型表现。许多非洲社会、特别是波利尼西亚社会可看作是具体的实例。

第二类例子的显著特征是僧侣组织处于特别强有力的地位,他们组成为教阶团体,与其他统治集团有显著的区别。但是在这里,最高级政府职能也还没有完全分工。社会被一个最高首领兼祭司,后来是国王兼祭司统治着。强调祭司身份的神圣不可侵犯,甚至有神的起源。显然神权政治形式的政府是比较少有的,但神职人员有时甚至自称拥有最高权力。

显然,一当僧侣们开始管理生产活动或控制基本的公共资源时,如果世俗贵族不能保持臣民的团结一致,神职人员就立即变得强大和有影响了。

第三类例子表现为军事贵族逐渐兴起,把传统的贵族排挤在权力之外。促进军事集团增加势力的因素是十分明显的。主要是战争在社会生活中越来越重要,相应地,军事组织也越来越重要。其结果是,军事职务变成一种职业,这样的新制度诸如军事团体(扈从)便产生了。这就是权力由传统的机构转而集中到军事领袖手里的原因。而这些军事领袖的后裔比最高首领的后裔们如果不是更多但也不是更少地发展为真正的君主和专制统治者。

所以,早期国家的政治组织可以沿着不同的途径发展,而且是多种形式的。

九、早期国家和和文明

从 18 世纪初以来,许多学者认为国家与某一特定文明是同一的东西。但严格说来，这种的等同是很不正确的。文明比国家是个更广泛的概念，除包括国家外，它还包含了文字语言——“人类的传播经验和积累知识的新工具”(Childe 1957:37)，以及城镇的存在——“拥有相当多比例的依靠剩余产品为生的……职业统治者、官吏、神职人员、手工业者的公社”(同上)。明显的事实是，当代国家像过去那些或多或少发展的国家一样，都是以文明为先决条件的，亚里士多德的“政治的动物”首先指生活在希腊城镇、即城邦里的人。

然而，是否所有早期国家都达到了文明的水平？这问题不象人们想象的那么不言自明，不管怎么说，这问题是值得讨论的。

的确美索不达米亚的早期国家已经有了文字语言和城镇。但另一方面，在许多非洲的、美洲的和大洋洲的早期国家，或欧亚太草原的游牧部落，在早期国家产生的时候，并没有文字语言。除非统治者的大本营可以算是城镇外，许多早期国家都没有城镇。原则说来，原始的或早期国家如果没有文字语言和城镇，不是不可思议的。

所以，可以有充足的理由说，正是在早期国家里，文明得到了发展，或更正确地说，文明在那里得到了继续发展并最后完成。

这个事实是不足为怪的，我在前面已说过，在早期国家里存在着政府结构的多样性和差别性。至于它们的居住制度和交往工具(文字语言)这种情况，同样可以看得到。

十、早期国家的类型

类型划分本身——为类型而划分类型——是没有意义的。

用什么观点来探讨类型才是重要的。

早期国家的类别会因为分类原则的不同而大不相同——有按地区的，按时间的（比如把早期国家分为古代的和中世的），并列对比的，历史的（本书的编者们就用这种分类法，认为早期国家分为初期的、典型期的和过渡期的）分类法，或者甚至根据后来现实了那种发展可能性来追溯分类。最后一种分类方法在人类学上是不能采用的，因为人类学往往缺乏历史的研究方法，而且因为人类学所研究的那些社会的自发发展在近代就中断了。另一方面，在史学领域里这种分类原则是很可接受的。

此外，并列对比的分类法本身也会有差异的，这是因技术和生产制度、政府结构等等的异同而定的。

十一、早期国家发展的进程

因此所有的早期国家都有一些共同的特征。这些特征首先与早期国家发展的阶段和发展阶段前的传统有关。但同时它们当中永远没有统一的类型。

早期国家进一步的发展，同时意味着它们的分歧。阶级和财产是由特定的依附关系形式连结在一起的，而剥削关系是在这些依附形式的框框内形成的。相应地，早期国家也就变成“亚细亚的”，奴隶占有制的，封建的或其他形式的；同样地，政治组织也有不同形式，有专制的，立宪的，绝对君主的，独裁的，寡头的，民主的各种统治。另一方面，却没有一个发展的国家会采取象马林诺夫斯基和克列多尔所指的那种“部落国家”和“部落血亲国家”的例子（Kradcr 1968：4）。

但是早期国家进一步发展的实际进程的决定因素，以及尤其是在这发展过程中各国采取的特殊形式几乎仍然没有得到探讨。差不多可以肯定的唯一事实,是不可能有一种单一的普遍性的。显然,我们必须经常考虑到既有内部的也有外部的一整组决定因素同时起作用。在这些因素当中,一些因素可能比其他因素更为重要,但这是另一问题了。

参考书目

布洛克,《论法兰西贵族的过去》(Maurice Bloch, Sur le passe de la francaise),载《经济和社会史年鉴》(*Annales d'Histoi re economigue et noblesse sociale*),第 40 期,1936。

卡尔奈罗,《国家起源之我见》(Robert L. Carneiro, A theory of the origin of the state), 载《科学》(*Science*)第 169 期,1970。

——《进化面面观》("The four faces of evolution"),载《社会和文化人类学手册》(*Handbook of Social and Cultural anthropology*, ed. by John J. Honigmann, Chicago: Rand McNally),1973。

柴尔德,《文明的诞生》(V. Gordon Childc,"The birth of civilization"),载《过去与现在》(*Past and Present*)第 1 期,1952。

——(文明、城市和镇》(Civilization,Cities and towns),载《古代》(*Antiquity*),第 121 期,1957。

克列逊,《从贫穷到富裕及甚逆转——六国纵向社会流动的规律和实际》(Henri J. M. Claessen,From rags to riches and the reverse — Rule and reality of vertical social mobility in six states),载《规律为实际:纪念安德列·科邦论文集》(*Rule and reality Essais in Honour of Andre J. F. Kobben*,ed. by Peter Kloos and Klaas w. van der Veen,Amsterdam: A. S. C.),1975。

贾可诺夫,《古代两河流域的社会和国家制度:苏美尔》[I. M. D'iakonov. Obschestvennyi i gosuda rstvennyi Stroi drcvnego Dvurechia (*Social and Governmental Organization of Ancient Mesopotamia*) Moscow: Nauka],1959。

弗里德,《论社会阶层分化和国家的演变》(Morton H. Fried, on the evolution of social stratification and the state),载《历史上的文化》(*Culture in History, Essays in Honor of Paul Radin*, ed. by Stanley Diamond. New York: Columbia University Press),1960。

古列维奇,《西欧封建主义的起源》[A. J. Gurevich, *Genezis feo dalizma V Zapadnoi Europe* (*Genesis of Feudalism in Western Europe*) Moscow: Nauka],1971。

卡日丹,《拜占庭文化(10—12 世纪)》[A. P. Kazhdan, Vizantiiskaia Kul' tura (X—XIIV) (*Byzantine Culture in the 10th — 12th Centuries.*], Moscow: Nauka,1968。

哈赞诺夫,《斯基泰人的社会史:欧亚草原的古代游牧民发展中的主要问题》[A. M. Khazanov Sotsialnaia istorija skifov. Osnovnyea Problemii razvitiia drevnikh kochevnikov evraziisk ikh stepei (*Social History of the Scythians. Main Problems of Development among tbe Ancient Pastoral Nomads of the Eurasian Steppes.*), Moscow: Nauka], 1975。

克列多尔,《国家的形成》(Lawrence Krader, *Formation of the State*. Englewood Cliffs: Prentice Hall),1968。

佩罗依,《中世纪后期法国贵族中的社会流动》(E. Perroy, "Social mobility among the French noblesse in the later Middle Ages"),载《过去与现在》(*Past and present*),第 21 期,1961。

斯图瓦尔德,《关于文化演变的理论》(Julian Steward, *Theory of Culture Change*. Urbana: University of Illinois Press),1955。

魏特夫,《东方专制主义》(Karl A. Wittfogel, *Oriental Despotism*, New Haven: Yale University Press,1957。

关于早期国家的各种学说和假说*

克列逊/斯卡尔尼克 撰
杨玄塞 译 彭小瑜 校

国家这一社会现象仅仅有数千年的历史。迄今为止，人们提出了许多种学说来说明国家的起源和发展。哲学家、历史学家和政治学家，以及比较晚近的考古学家、社会学家和人类学家，各种学者都曾经探试过这个问题。所有这些人都试图以他们自己的观点来阐明这个问题。对于这个问题，人们早已广有著述，而新说还在不断出现。

使得研究者难以对这个问题获得确切认识的主要障碍，有以下三点：

1. 根本不存在为整个学术界所公认的国家定义。在这种情况下，几乎每位学者都会提出他(她)自己的国家定义，他的定义与别人的那些定义，不可避免地有这样那样的细微差别。当然，有一些定义代表着对问题近似的看法，因而这些定义的持有者被认为属于同一学派。但是，要想归纳各派观点而得出统一的国家定义事实上是不可能的。

---

* 译自论文集《早期国家》(*The Early State*, Editod by Henri J. M. Claessen, Peter Skalniik)，海牙，1978。

2. 在许多情况下，人们讨论不同时期国家的性质时，所依据的材料是不充分的、不扎实的。学者这时往往能够证明，他们的理论适用于他们曾经研究过的某一时期的某一国家。当他们试图证明他们的理论是放之四海而皆准的时候，他们的理论所固有的缺陷就暴露出来了。

3. 在关于国家形成和早期发展的各种学说中尤其存在许多混乱的认识。

探讨国家形成和早期发展问题是本书的主要内容。编辑本书的目的是：1. 集中若干篇基于当代最新研究成果的论文，这些论文对一些早期国家进行了研究。2. 参照这些论文提供的材料来检验现有的某些学说，从而为创立关于国家起源与发展的新学说打下牢固的基础。

那么，研究早期国家的一般原则，在我们看来，应该是什么呢？换言之，编者编辑本书的指导思想又是什么呢？

首先，我们认为，在事实材料与理论之间存在有一种辩证关系。我们同意这样一种信念：

> 设想有不依赖确定其意义的理论而存在着的事实王国，从根本上讲是不科学的。日常观察所得以及人们的常识是一些显而易见然而靠不住的东西，科学是从对之提出疑问开始的。(Blackburn，1972：10)[①]

另一方面，也不可能在与经验事实没有密切关联的情况下提出理论。诉诸实证主义或是诉诸脱离事实的推理，两种极端

① [译注]括弧中是本文作者所评介观点的出处：作者姓氏、其著述发表年代、页码。中译文读者可参见正文后的参考书目。

都是我们所不取的。

其次，对于作为社会关系产物的国家的认识，我们认为，不可求诸抽象概念的演绎、也不可求诸人性或神灵。我们赞同这种观点，即认为国家并不是

> 超越于组成社会的个人之上的一种实体，据认为，这种实体有一种叫作统治权的属性，有时这种实体被说成是具有意志的、或是能发布命令的。（Radcliffe—Brown，1940：xiii）

国家是一种组织，一种特定的社会组织，在一个社会里它体现了这个社会特有的社会秩序，它是

> 被复杂的关系体系联结起来的个人集合体。在这种组织内，不同的个人起不同的作用，其中有些人拥有特殊的权力或权威。（同上）

这也就是说，"国家"一词用以表示一个社会中的现存关系，用以表示与权力、权威、强制、司法、财产以及许多别的现象有关的概念。

国家是一种特定的、具有历史限定性的人类组织形式，正如恩格斯在近百年前所简要说明的：

> ……国家并不是从来就有的。曾经有过不需要国家、而且根本不知国家和国家权力为何物的社会，在经济发展到一定阶段而必然使社会分裂成阶级时，国家就由于这种

分裂而成为必要的了。① (1972:232)

作为一种分裂的社会的产物,作为一种政治关系、经济关系的产物,国家组织在产生它的那些条件遭到破坏时显然会消亡。

在人类的进化中,存在国家的时期,较之没有国家的时期短暂得不成比例,但国家却已经经历了几个不同的发展阶段。可以把国家粗略地分成两类:其一是结构、组成复杂,已经工业化并且继续在发展的国家;另一类是结构和组成上或多或少简单一些,还没有工业化,尚处在前资本主义发展阶段酌国家。

本书所要讨论的所谓"早期国家",乃是被假定为在前资本主义、非工业化国家发展的最初阶段上的典型国家。本书将着重讨论马克思曾提到的一个问题,即原生的社会结构如何向次生的社会结构过渡的问题。这一过渡的特征表现在各种不同的生产公社之间某种独特的关系上,表现在阶级划分的出现以及早期国家的存在上。然而,侧重于早期国家的探讨并不意味着这里所提出的观点无关于一般的国家问题、无关乎对于现代工业化国家的理解。

最近的比较研究(参看 Krader,1968; Claessen,1970)已经表明,一切时期与一切地区的早期国家在其结构、职能以及演变上都有明显的相近之处。这就使我们有理由相信:提出一种可以普遍接受的关于早期国家的定义并且推断其某些特点,也许是可行的。显然,只有本书第二部分中那些对具体实例进行研究的论文以及第三部分中进行比较研究的章节,才可用于论证我们所假设的范畴的一致性是否存在,以及一致到什么程度。在进行论证以前,早期国家在其结构、职能以及演变上的一致性

① [译注]《马克思恩格斯选集》(第四卷),人民出版社 1972,页 170。

和类似性暂且只是当作假设来采用。

一、各种学说

在这一节，我们将对关于国家起源和早期发展的某些学说提出一个相当简短的通论。很长一个时期以来，关于国家的起源和早期发展的问题，人们提出了许多观点和学说。塞尔维斯(Service)在他的新著(1975，第二章)中对其中的一些学说作了一个有趣的概述，而克列多尔(Krader，1968，chapterl)、德赫特菲尔特(d'Hertefelt，1968)与卡尔奈罗(Carneiro，1970)对这些学说也曾有所论及。所以，我们这里只限于对几种与早期国家问题有关的现代学说进行讨论。

对有关学说的回顾可以从1766年出版的卢梭的《社会契约论》(*Du Contrat Social*)开始。这部沦著阐述的一系列观点成了许多学说和争论的出发点。不过，从许多方面讲，也正是卢梭结束了一个特定的思想时代。这个时代在很久以前就开始了：当时，霍布斯写作《利维坦》(*Leviathan*，1642)来捍卫其专制君主论，洛克则以《关于政府的两篇论文》(*Two Treatises on Government*，1690)作出回答。就在这个时代，孟德斯鸠写下了《波斯人信札》(*Lettres Persanes*，1721)和《法意》(*De l'Esprit des Lcis*，1748)，而维柯出版了他的《新科学》(*Principi di una Scienza Nucva*，1744)。不过，霍布斯实际并非这场争论的发起者，因为博丹早在1583年就在他的《论国家》(*Les six Livres de la Republique*)中已讨论了国家的起源问题，他认为国家是人们互相之间存在矛盾与冲突的结果。这一看法，哈尔敦两个世纪前就在他的《摩克迪玛》(*Muqäddimah*，1377)中提出过。马基雅维利则在1532年写了《君主论》，系统地阐述了政府的原理。

这些原理事实上在他之前就已由法国的路易十一这样的统治者付诸实施了(参看 Kendal,1971)。

所有这些学者的共同点是:他们所用作论据的材料是极其有限的。他们主要是从自己设想的过去、展望他们所向往的未来、从而建立他们的学说,或者是试图以完全不适当的材料来解释仅仅是一知半解的现象(参看 Fortes and Evans — Prichard,1940:4)。

对国家的起源与早期发展所作的以经验为根据的分析,并没有十分久远的历史。梅恩、孔德和斯宾塞曾表示对这个题目具有兴趣,但对这个题目第一次透彻的讨论见于恩格斯的著作。他的著作以历史学和人类学的材料为根据。1884 年,他发表了《家庭、私有制和国家的起源》,在这部书中,他一方面总结了摩尔根的《古代社会》(1877),另一方面,他提供了重要的政治学和经济学方面的知识——这主要是根据马克思对摩尔根的著作所作的摘要和马克思对其他一些著作所作的摘要(参看 Skalnik,1973a;Krader, 1972,1973,1975)。恩格斯认为,当有了保护私有财产发展的必要性时,国家也就产生了(恩格斯,1964;121)。这就是说,国家的逐渐形成是为了维持一个阶级社会。用恩格斯自己的话来说,

> 由于国家是从控制阶级对立的需要中产生的,同时又是在这些阶级的冲突中产生的,所以,它照例是最强大的、在经济上占统治地位的阶级的国家,这个阶级借助于国家而在政治上也成为占统治地位的阶级,因而获得了镇压和剥削被压迫阶级的新手段。① (1972:231)

① [译注]《马克思恩格斯选集》(第四卷),前揭,页 168。

恩格斯学说的出发点在于，他认为曾经一度只存在着生产资料的公有制(对于这种观点的批判性的评价可参看 Firth，1972:17ff)。

人口的增长以及不断增加的生存手段的多样性，造成了社会劳动分工的发展；而分工的发展又产生了不断增加生产的必要性。上述情形的结果之一，是出现了一种用以满足不再从事食物生产的那些人的需要的剩余产品①(恩格斯，1964:178ff)。照恩格斯看来，提供这种剩余产品的途径在于奴隶制的发展(与之并存的还有其他事物)。这种观点的提出是下述情况的结果：恩格斯主要是以他所设想的典型情况为研究对象的，即主要是以欧洲历史的发展为研究对象(参看 Godelier，1970:99－100；Eosedy，1972；Skalnik，1973a；Krader，1975:279－280)。

然而，恩格斯较早时期的著作《反杜林论》讨论了阶级社会和国家由以发展起来的另一种可能的途径②恩格斯在那里谈到了"职能"上的权力到"剥削"的权力的渐变。他认为，这种阶级形成与国家发展的过程更带普遍性，曾经存在于绝大多数欧洲国家(不包括古希腊罗马)。正如克列多尔(Krader)在1975年所说的：

> 社会的公仆变成了最高统治者；部落的酋长随着原始社会转化为阶级社会而成为统治者。东方专制政治是最粗野的国家形式……(它)在社会内部履行保持和平的职能，对外履行从事战争的职能。并且控制水的供应。这些机构似乎是与社会对立的职能上的独立性，发展成了对于社会

① [译注]参见前述书，页154—175。

② 参见《马克思恩格斯选集》(第三卷)，前揭，页218—222。

的统治。(同上,274;参看恩格斯,1939:197—199,201)

恩格斯认为,军事力量、战争和征服的影响在国家的起源上起了巨大的作用,而官吏们作为管理者的地位也具有同样的作用(可参看 Godelier,1970:100—102;Khazanov,1972:146;Krader,1973:150)。正如有些人所指出的(Koranashvili,1976:39—40),恩格斯关于东方国家起源的学说(在他的《反杜林论》中所提出的)乃是多重原因论。恩格斯把剩余产品的出现、人口的增长、农业公社之间更密切的往来都看成是促使国家起源的重要因素。一个由少数人组成的官吏阶层共同调节着这些因素,并且以这种方式行使"对社会有用的职能",这种社会是以土地的私有制或别样财富的私有制的存在作为基础的。然而,在《家庭、私有制和国家的起源》中,恩格斯强调说,奴隶制是社会分裂为阶级的主要原因(在《反杜林论》中这仅仅是"第二种途径")。在这里,全体居民不再按自由与不自由的、或统治与被统治的来划分,剥削与被剥削的划分被赋予了最根本的意义。在《家庭、私有制和国家的起源》中,恩格斯将日耳曼人的历史作为反证而提出来,这曾引起了对于他较早时期著作中有关暴力所作论述的讨论。日耳曼人的国家直接产生于对外族国土的征服,在这里,部落的组织并不能提供统治的手段。常常引起争议的、国家发轫于酋长和他的部落组织这一假说,根源实际上就在于日耳曼人国家起源的历史,恩恪斯将这种部落组织称为"军事民主制"(参看 Khazanov,1974)。

《家庭、私有制和国家的起源》一书显然将社会的经济分化过程置于头等重要的地位。在某些家庭中,重要的经济职能趋向于变为世袭的。恩格斯以"真正的社会寄生虫"来表示其特征的一个商人阶级发展了起来。他们的成员在从……"生产上榨取油水"的同时，只以较少的服务作为报答，并且以这种方式积聚了巨大的财富。这种财富使他们在社会中拥有巨大的影响，并且使得他们有可能对生产本身也有不断增长的影响[①]（参看1964：185ff）。

依据希腊罗马和日耳曼人古代历史上的材料，恩格斯概述了阶级的形成和随之而来的国家权力的产生。阶级的形成使得这样一种政治机构的建立成为必要，它是为保证统治阶级永久的最高权势而建立起来的。如恩格斯所说的："这个社会陷入了不可解决的自我矛盾，分裂为不可调和的对立面而又无力摆脱这些对立面。而为了使这些对立面，这些经济利益互相冲突的阶级，不致在无谓的斗争中把自己和社会消灭，就需要有一种表面上驾于社会之上的力量，这种力量应当缓和冲突，把冲突保持在'秩序'的范围以内；这种从社会中产生但又自居于社会之上并且日益同社会脱离的力量，就是国家"[②]（1972：229）。

尽管行文带有修辞的色彩，恩格斯在这里还是指明了一个很重要的关系，即：一方面是私有制与社会阶级的发展，另一方面是国家的起源[③]。许多人的研究（Fried，1967；Godelier，1969、1970；Khazanov，1971、1972、1974、1975；Terray，1975；Eder；1976；等等）表明：这种关系并不象恩格斯所说的那样，是一种简单的因果关系；而且似乎也不象有些晚近的学者所设想的那个样子（参看 Semenov，1974；Hindes 和 Hirst，1975）。本书第三部分所作的探讨可能会使人们对这个重要的问题有更多

---

① 《马克思恩格斯选集》（第四卷），前揭，页162。

② 同上，页166。

③ 有趣的是，早期的佛教典籍就已经提到，社会中存在的土地私有现象导致了社会不平等，因而又引起维持法律和秩序的必要性（Rhys Davids，1965 N：77—94）。在早期的伊斯兰教作品中也确有同样的记载。

的认识。

这方面另一个重要的问题是早期国家的概念同所谓的亚细亚生产方式的关系。主要是从19世纪50年代以来，马克思（在某种程度上也包括恩格斯，见《反杜林论》），在其对印度、中国、波斯以及其他伊斯兰国家的历史发展的思考中，曾经强调这些欧洲以外地区国家的特殊性质。他特别强调农业公社同国家组织之对立关系，这种国家组织是为建设并维护灌溉系统而产生的。马克思发现，对于农村公社内的生产者的剥削并不是基于土地私有制的存在，而主要是基于对一个神化了的专制统治者的忠诚，他是国家的化身。人们出于这种忠诚定期地或不定期地以实物、劳务甚或以现金形式提供贡品。国家的税收被当作国家对公社以及（或者）对贸易实行想象的或真实的保护所得的报酬，被当作国家组织水利工程所得的报酬。马克思认为，这种形式的国家对于最早的阶级社会结构的特点具有决定性的意义；事实上，在他看来，这种形式的国家代表着原始社会（原生的社会）与文明社会（次生的社会）之间的转变阶段。他把这种形式的组织称作亚细亚生产方式（参看马克思，1859、1953、1964；Vitkin，1972；Skalnik，1975；Krader，1975：118ff）。在马克思看来，这种组织代表着社会经济结构或文明的"演进"的第一个时代，代表着政治经济的社会的开始（这种社会也被马克思称之为文明的，开化的或政治的社会）。

马克思对摩尔根、梅恩、菲尔（Phear）、卢伯克（Lub bcck）以及瓦科列夫斯基的著作的摘要直到最近才出版（参看Gama-iunov，1968：270，343—412；Krader，1972，1975：196）。然而，这些摘要有一部分被恩格斯在《家庭、私有制和国家的起源》中采用了，不过恩格斯并未使用亚细亚生产方式这个概念（参看Krader，1975：271—280；Bäck，1976）。

有人认为,国家组织的早期形式揭示了一些具有普遍意义的特征,类似的特征马克思在东方也发现了。这种看法不论在信仰马克思的人们中间,还是在马克思的反对者中间,都激起了热烈的争论,这场争论至今已历时四五十年。(例如有:Wittfogel,1957; Skalnik 和 Pokora, 1966; Peöirka — Pesek, 1967; Tökei, 1969; Godelier, 1969; Vitkin, 1972; Koranashvili, 1976)。某些马克思的信徒在把他的概念进一步发展成一种或多或少可以普遍适用的学说方面取得了成功(特别是 Krader, 1975)。然而,按照这种学说的观点,灌溉工程与专制主义仅仅是次要的特征;这种学说的核心在于:拥有公共土地的农村公社与拥有政治、思想和经济上统治权的国家组织之间存在着社会基本的阶级对抗。

马克思和恩格斯关于国家起源及其早期形成的学说,在 19 世纪和 20 世纪早期的社会科学家中间是绝少受到注意的,这部分是因为他们粗鲁的、讥讽的文体极少为当时倾向于资产阶级的学者所赏识,部分是因为对于以进化论观点为指导的社会科学学派的兴趣到 19 世纪末已迅速地减弱了。主要是基于实地调查的人类学与别的学科所提出的新概念当时取代了进化论。后者只是到了本世纪的下半期才再次成为人类学家兴趣的中心(参看 Harris,1968)。①

这并不是说,国家的起源和它进一步发展的问题在当时全然不再受到任何注意了。相反地,本世纪初,德国社会学家奥本海默在古姆普劳威茨之后提出了他著名的《征服论》来论述这个问题(Gumplowiez,1899;Qppenheimer, 1909)。他原打算在自

① 列宁在国家理论方面所作的革命性尝试(1917),主要是基于他对恩格斯的《家庭、私有制和国家的起源》和马克思的一些著作的研究。

己的著作中进行一种历史的分析，但他的方法实际上却是进化论的。奥本海默的观点同恩格斯的观点有很多类似的地方。在奥本海默看来，国家是被用来维护社会不平等的压迫工具。他认为，这种不平等起源于一个民族被另一个民族所征服而受其支配。这种支配——在这里奥本海默又一次非常接近恩格斯的观点——除了在经济上剥削被击败者外并无其他目的。因此，征服是国家所由发生的根源。把组织性、机动性以及有效的打击力量结合在一起的畜牧民族尤其能够征服迟钝的农人。后者在他们的家乡接受他们的从属地位并向征服者交纳贡赋，为此所必要的组织就是国家（Qppenheimer，1932：42）。

奥本海默的观点受到了严历的批抨。1922年，劳威（Lowie）在他的一些文章中提出了自己的异议，后来这些文章被汇编成书出版（1927）。他指出，1. 征服并不永远导致国家的形成，2. 某些国家似乎并未借助征服就发展起来了，3. 奥本海默所提到的征服民族在其内部必定已经有了某种社会分化。于是他得出结论说，征服不可能是对国家形成唯一起作用的因素。劳威自己则认为，“团体”（association）——自愿在一起行动的若干人——或许曾导致国家的形成。他援用密西西比河以西大草原上的印第安人的“协作团体”为例。这种“协作团体”在组织猎捕野牛时起了主要的作用，在狩猎季节显示了巨大的威力。某种集中的权力可能就是从这种形式的团体中发展起来的。然而，劳威并未详细论说他的上述意见。近来有人试图从他称之为“组合”（corporation）的、与“团体”非常相似的政治现象出发来从根本上说明“政治的变化”（M. G. Smifh，1974：165—204）。这所谓的“组合”本质上与劳威所谓的“团体”是相同的。

尽管受到这样那样的批评，征服说依然有着众多的信奉者。特恩瓦尔特详细地阐述并改进了这个学说（Thurnwald 1935），他主要援用了非洲的材料。韦斯特曼(Westmann)也常常以征服学说来解释国家在非洲的形成。在某些场合,国家的发展深受征服的影响,这一见解似乎并未受人异议;但要把征服学说推而广之就生出颇难令人满意之处。我们知道,在相当多的场合下,国家的出现乃是社会内部某种发展的结果,或者是相邻的民族之间的和平往来所促成的(参看 Lewis,1966;Cchen,1974)。

二次大战以后,"进化"又成为人类学者感兴趣的中心问题,对于国家的起源和发展问题的兴趣也又一次浓厚起来。在进化论者当中,首先是斯特瓦尔德(Steward, 1955)试图再现使社会从狩猎和采集水平进化到国家的各个进化阶段的序列。虽然斯特瓦尔德有时候歪曲他所用的材料,以便将之塞入他的学说的统一模式之中,但应当承认,他通过努力所取得的成果是相当可信的(参看 Harris,1968;Carneiro, 1973)。

斯特瓦尔德斯所划分的几个阶段是:

1. 狩猎与采集,2. 早期农业,3.(国家的)形成时期, 4. 地区性的繁盛,5. 最初的征服,6. 黑暗时代,最后是 7. 周期性的征服。

随后斯特瓦尔德说明,他做过一番考察的国家全都位于干旱或半干旱地区(1955:199)。也许,他是有意地把他的研究成果局限在这些地区。后来所做的研究证明、他的学说实际上能够适用于广泛得多的范围。但是,正象有些人所提出的那样,将斯特瓦尔德的学说推而广之,会使人觉得过于接近于单线发展的进化论了,而斯特瓦尔德是倾向于多线发展说的。

不过,照斯特瓦尔特看来,在进化过程中使得大的向前跃进成为可能的作用力是"灌溉"。这是因为灌溉需要组织、权力与协调。灌溉造成了人民大规模集中的可能性,并且(按照推测)最终导致了国家的形成。"征服"虽然至少在斯特瓦尔德划分出的两个阶段上起着某种作用，但是他并未把它当成是进化的原因。在他对问题所做的探讨中，征服是发展的结果而并非原因。

魏特夫(Wittfogel,1957)不啻是捍卫灌溉——在特定的条件下——导致国家的发展这一观点最热忱的人。他认为，对水流的有效管理使得一个有效能的组织成为必要。一旦有了这种组织，以劳动分工、集约耕作、大规模合作为特征的一种水利经济就不可避免地发展起来，并且由国家在其中最终承担了管理任务。在介绍了这些观点之后，应当看到，对于斯特瓦尔德与魏特夫可以做同样的批评：以为灌溉是国家形成之原因的看法还没有被证实具有普遍规律性意义。有许多国家并无灌溉工程，而且还有灌溉全然未曾导致国家发展的许多例子(参看 Claessen,1973)。

这并不是说，灌溉工程的存在与发展对于政治组织的发展不产生任何影响。对灌溉系统的组织与控制是经常与政治权力密切相关的(Smith,1969;Downing and Gibson,1974)，同时，政治领导者对灌溉系统的干预时常导致(已经存在的)专制主义、官僚政治、或管理的趋向的增强(参看 Mitchell,1973)。然而，说到是什么影响了国家制度的发展，以灌溉工程为核心的现论似乎并未作出适当的回答(参看 Adams,1966:68,76;Krader,1975:290)。

考古学家柴尔德和亚当斯以及其他一些作者曾经提出，国家是同一种城市型的社会同时发展起来的。有一些实例使他们得以阐明这两种发展是共生并存的(参看 Adams,1966;Childe,1950;Redfield,1953)。尚待考察的是，究竟在什么程度上，国家的形成与发展必然同城市的兴起相联系。此外，人们的定居生活发展到什么水平上才可能使国家组织发展的问题得以提出，这也是应予讨论的问题。这个问题与游牧民族中的国家产生和发展问题密切相关(参看 Krader 和著有《Scythia》的 Khazancv 收入本书的著述)。

1967年,弗里德出版了他的研究著作《政治社会的进化》(*The Evoluticn of Political Society*)。他把所谓"进化"分为下面这些阶段:1.平等的社会,2.有等级的社会,3.划分出阶层的社会,4.国家社会。就眼前所讨论的问题而言,最后两个阶段是特别重要的。按弗里德的观点,"划分出阶层的社会是如此情形:其中性别与年龄相同的成员对维持生活的基本资源没有同等的权利"(1967:186)。弗里德所给的国家定义是:"……制度的体系,人们借助于这种体系组织起超越于亲属关系之上的社会权力"(1967:229)。这个定义与弗里德在立论中提出的主要的一点有所不同,他说国家是发展起来在必要时用强力维护对于基本资源不平等权利的组织。在这种强制权力不曾发展的地方,不可能维持对基本资源权利不平等的局面。利奇(Leach)在他对克钦(Kachin,[译注]在缅甸)社会的分析中,提出了社会由于缺乏强制权力而返回到比较简单的社会组织的例子。

照弗里德看来(1967:191),社会阶层形成于作为生产手段的财产从公有转变为私有之际。这种公式很接近于前述恩格斯的概念。弗里德认为引起这种转变的最重要的因素是人口增长对资源造成的压力。

然而,人口的增长未必是社会结构变化的直接原因。只要土地充足,分散人口似乎就是最容易的解决办法,而社会制度发生变化的必要性只能是有限的(参看 Stauder,1972;Harner,1975)。然而,当没有较多的机会来扩张领土时,人口的增长就可能造成对资源的压力。结果是,人民中的某些集团可能在占有生存手段方面比别人居于更有利的地位,在这种情况下,社会阶层也可能随之而形成(参看 Van Bakel,1976)。

科他克(Kottak,1972)应用弗里德的学说来考察东非布干达(Buganda,[译注]在乌干达)国家的发展,试图以此验证弗里德的学说。科他克的记述部分是以假设为依据的,他指出,诸如人口增加、生存手段的变化、以及某种市场经济的发展,是与从"有等级的社会"到"划分出阶层的社会",并且最后到国家的进程同时进行的。

他的议论似乎是足以服人的,但弗里德的假说还要求有更多确定的、被证实了的证据(参看 Service,1975:44ff、90ff、284ff)。这个问题将在本书的第三部分中讨论,但人口压力这个问题将不予讨论。其他有一些学者对人口压力问题也进行过探讨。早在1956年,沙佩拉根据南非的材料提出,增长的人口会引起更复杂而且更强有力的政治制度(Schapera,1956:219ff)。当时,这个观点并未受到多少注意。1968年,史蒂文森(Stevenson)又试图证明,在人口密度与社会分化程度之间有一种因果关系;他虽然能够证明两者之间存在有一种明显的相互作月,但并未能成功地进一步证实这是一种因果关系。

卡尔奈罗因写了《国家起源之我见》(*A Tneory of the Origin of the State*,1970a)而受到了更多的注意。在这篇论文中,他把人口压力当作向国家状态进化的原动力,不过他的学说是要精微得多了。他把人口压力同战争、征服结合起来,并主张这些因素只是在特定的条件下才组合成促使国家产生的作用过程。这些条件或因自然环境而定、或因社会环境而定。人口的增长发生在一个有限的,被山脉、丛林、沙漠或海洋限定疆界的地区,这种情况可视为"自然环境造成的条件"。人口增长发生在一个并无自然疆界限制的地区,但此地的部落受到其他部落包围,以致领土的扩展由于这个原因而成为不可能,这种情况可视为"社会造成的条件"。在这些情况下,人口的增长发展成为人口的压力。于是在一定时期之后，扩大部落领土的唯一办法就是对相邻部落进行意味着战争的征服，这是不可避免的。被征服的一方只有一种生存下去的机会：归顺征服者，缴纳被索取的每一种贡赋。最后，一定疆界的整个领土就被置于某一特定的民族集团的统治之下，而被征服民族活下来的人们变成了它的臣民。

于是又可以提出一个问题：在这种新的体制中，当战争中的伤亡为新出生者补充之后，人口增长问题又是如何解决的。卡尔奈罗不曾回答这个问题，他只是说被征服者不得不比过去生产更多的食物(1970a：735)。在短时间内这当然是可行的。

最近，考古学家韦伯斯特(Webster，1975)对卡尔奈罗的学说提出了某些修正，这种修正总的说来似乎是很正确的。他强调如下事实：甚至战争的威胁也

> 造成一种有力推动渐进变化过程的环境，因为战争的威胁使得等级社会内部原来限制社会政治进化的许多因素不复有效(1975：467)。

按照他的意见，上述情况往往导致一种较为稳定的领导(至少是在某些场合)；酋长的地位于是往往变得更为强固。还会出现把一个不太大的整个地区并入一个酋长统辖范围之内的可能性，他认为这是上述情况的第二个后果。最后，酋长往往掌握一些基本的财富，他对那些被征服领土的权利不受任何相互间契约的限制。于是，在这种财源的支持下，统治者总是能给他的支持者(雇佣兵、幕僚、仆从)以“报酬”的。这可能引起了各种主仆关系的发展(Webster，1975：468；Mair，1962)。在一定的社会中，管理者集团地位的增强，可能在事实上引起国家组织的

发展(参看 Bigelcw, 1969)。

科恩(Cohen,1974)也曾详尽地讨论了战争与国家起源之间的关系。他说(1974:173):“战争确实促成中央集权国家的形成”(也可参看 Danilcva,1968)。这种假说看起来似乎是很令人信服的。然而象其他那些貌似有理的学说一样,它是否具有普遍意义尚有待本书第二部分中对实际情况所作的研究来检验(参看 Service,1975:44)。

波尔伽尔(Polgar,1975:15ff)也从人口压力出发进行讨论。他在有些方面同意卡尔奈罗的看法,但他相信,只是在社会分化过程开始之后人口压力才出现。他主张(1975:8),

> 向着经济权力和政治权力集中所走的每一步,都逼迫生产者去创造更多的“剩余产品”——生产者对这种强制性压力的反应是多生子女,即增加家庭的劳动力,并更充分地利用土地。

在理解波尔伽尔这番言论时应当记住,较多的子女只是在若干年后才对生产有利,而在那个美好时刻到来之前,双亲将不得不比任何时候更艰苦地工作。人们几乎是天生不乐意去生产超出需要的更多产品的(参看 Sahlins,1972),有鉴于此,认为某种形式的政治或宗教领导体制是剩余产品生产的必要条件,反倒显得有一番道理了。

认为人口多少与社会政治组织的复杂性之间有某种关联的流行看法,其正确性也许是可以承认的,但是正如波尔伽尔所说的,这种关联并不是一种因果关系。为证明这一点,只需看一下时间的顺序。至少某些考古学的材料表明,政治变化似乎发生在人口增长之前(Polgar,1975:10)也可参看(Wright 和 Johnson,1975:276)。勃塞拉普(Boserup)在她广为人知的假说中所断言的情况,正好与之相反。

这种有关"关联"和"因果关系"的讨论在某种程度上类似于萨林斯的《波利尼西亚社会的分化》(Sahlins:*Social Stratification in Polynesia*,1958)所引起的、时常是激烈的辨论。事实上,萨林斯只是证明:在社会制度的复杂性与剩余产品的数量之间有密切关联。虽然"剩余产品"这一用语引起过激烈的辩论(参看 Orans,1966),但人们时常吃不是由他们自己生产的食物这一事实却难以解释清楚。在他后来写的一部著作中,萨林斯或多或少把他早先的观点重新表述了一番。他说,

> 人类学家们过于频繁而且机械地把酋长统治地位的出现归因于剩余产品的生产;然而在历史过程中这两者至少一度曾经是一种相互作用的关系。而在原始社会的发展中,情况勿宁是相反的。统治关系不断引起家庭剩余产品的生产。等级与酋长统治的发展同生产力的发展是一致的。(1972:140)

有人认为:比较复杂形式的政治与经济组织是在相互作用中发展的,这种看法的吸引力具有实际意义:因为它使得寻求特定的主要的原动力成为不必要了。

戈德曼(Goldman,1970)提出的见解更加远离唯物主义的解释,他将地位竞争作为存在于社会制度进化背后的原动力。他认为,有权拥有地位的人同已经取得地位的人之间的对抗,导致一种更为复杂的社会形式的逐渐发展,可惜他不能提供充分的证据来证明这种发展确实曾经发生(参看 Claessen, 1974)。

还有另一种学说有待讨论。这是由塞尔维斯在他的《国家

与文明的起源》(Service, *Origins of the State and Civilization*, 1975)一书中提出来的。在具有导言性质的几章后面,塞尔维斯提出了对一些实例的研究结果;结尾的两章是全书的结论。结论的前一章曰“否定”(negative)后一章曰“肯定”(positiYe)。塞尔维斯的观点在棍本上是同认为经济不平等对政治权力结构的发展必不可少的观点相对立的(1975:290)。塞尔维斯指出了一个事实:最初的政治领导是同个人品质、而不同经济地位差异相联系的(参看 Ecsedy,1972:195)。

这种类型的统治者的出现经常是同对某人的行为给予报酬的结果(Service,1975:292; Van Baal,1975)。塞尔维斯接着补充说,“领导者的地位由于其履行职责出色和公正而得到增强”(1975:293,着重号是本文作者加的)。然而,领导者这种“具有魅力的地位”是如何变成了“官职”的呢? 这是一个大问题。在世袭制度发达的场合,这个问题自有其解决办法。这样一来,不平等得以制度化。只要所谈到的社会以相对和平的神权统治为特征,塞尔维斯就称之为“酋长辖地”。在世俗的法律在强力或强力威胁的支持下发展起来的场合,国家就出现了。塞尔维斯提出,社会中非宗教的制裁最初是针对蔑视权威的现象(1975:295)。在修正卡尔奈罗的“疆界说”时,塞尔维斯指出,或许比战争更重要的是“置身于社会之中来作用,这样做的好处显然比不这样要大得多”。事实上,这是对从酋长出色和公正地履行其职责一事中引伸出的观点所作的一个煞费苦心的说明(1975:229)。塞尔维斯另一方面又强调了早期国家下层等级恶劣的生活条件。这部分地修正了上面那种相当和平的图景 (1975:301)。

塞尔维斯的观点的确远远离开了关于国家起源于社会中冲突的观点。因此,我们把他所用来反对这一观点的某些论据加以枚举是令人感兴趣的。他首先指出,缺乏材料证实在已知的早期国家中或晚期的“酋长辖地”中存在一批进行重要的私人贸易的商人(1975:283)。其次,他讨论了时时为人所捍卫的关于社会经济分化(对基本资源不等的权利)的观点。并且,虽然他还是承认经济上不平等存在的可能性,但他断然驳斥对社会地位低下的集团进行剥削的见解。然而,从这种剥削的定义出发,甚至能够证明在以血缘为基础的社会中也有剥削,特莱已经做到了这一点(Terray, 1975:106—111)。至于塞尔维斯反对冲突论的最后论据是,他认为不曾发现在早期国家中有阶级冲突的事实。

总而言之,关于国家起源与早期发展的学说主要涉及其起源问题(萌发、形成、兴起、出现)。对于早期国家进一步的发展问题则较少注意。

以上所讨论的各家学说,可以大致分成两大类:

1. 认为国家是以社会不平等为基础的。

2. 认为国家是以某种形式的社会契约为基础的。

虽然这两大类学说并非绝对地互相排斥,但确可认为是有根本不同的。

说得更明确一点,恩格斯与弗里德所持观点可以归入第一类。按照他们的观点,国家是为了维护社会(尤其是经济方面的不平等而发展起来的一种组织。恩格斯和他的追随者海因兹(Hindess)、赫斯特(Hirst)和特莱等人,还有弗里德和科他克,都提山了很多论据来支持他们的见解。

这种见解的信奉者也应包括斯特瓦尔德、魏特夫和戈德曼。不过,他们所特别看重的是生态的特征和组织的特征。

从恩格斯到戈德曼都把国家看成主要是内部发展的结果。而也可归入第一类的其他学者提出了国家由于外部影响而产生的学说。例如奥本海默、图恩瓦尔特(Thurnwald)以及后来的卡尔奈罗都主张征服与战争导致一个民族被另一个民族征服并受其剥削,这就产生了以维护既存的不平等状态为目的的国家组织。卡尔奈罗提出人口的增长以及由此造成的资源紧张作为国家起源的主要原因。

第二类的学说以劳威和塞尔维斯的学说为代表。这些作者并不否认诸如不平等和剥削等因素的存在,但他们依然相信,国家是作为人们或社会集团的一种实用的或者有用的社团出现和发展起来的,合作和有效的中央政府对于人们或社会集团是有利的。

现在要对以上讨论的各种学说进行评价,为时尚早。这些学说必须对照汇编于本书第二部分的材料进行检验。

二、各种假说

用最简单的话来说,每个国家可以看作一个包括有三个主要组成部分的组织:若干人民、一定的有边界的领土和一个特定类型的政府。这样来说明国家的特征虽然可能是正确的,但过于笼统而不能解决什么问题。因为这样的特征可见于任何共同体,也可见于无阶级社会(参看 Mair,1962)。因此,对国家的上述三个组成部分作进一步的详细说明是必不可少的。

需要详细说明的第一个组成部分是:“若干人民”。甚至最模糊地估计一下一个国家的存在最少需要有多少人民,也是不可能做到的。伯索尔(Birdsell,1973:337ff)指出,一旦人数超过了五百,以其统治者同人民之间的直接联系为基础的政府就行不通了,并且,除非发生分裂,某种形式的组织就将变成必要的了。不过,目前似乎还不可能从这个数字推断出一个早期国家所应有的人民的最小数量(参看 Adams,1975:252ff)。

在讨论领土的概念时，纳德尔(Nadel，1942：69)指出："具有一国公民的身份是由于，在领土内居留或出生。"在早期国家中，领土的概念似乎是十分含糊的，它首先是指一定的人口和其所居住的地区的某种关系。可以看到，在大多数早期国家中，对特定的地区的统治是如何密切地同对居住在这里的人民的统治相关联的(可参看 Skinner，1964：107；Beattie，1971：166；Trouwborst，1973)。另一方面，如同萨林斯所指出的(1968：5ff)，"国家和国家的各地区组成为公共权力下的领土实体"。如此则"领土"这一概念比"一块有人居住的土地"有了更多的函义。所以，对"领土"函义的一种必要补充似乎就是："领土"意味着早期国家把它的统治扩展到了不论是出生还是居留在它的辖地上的任何人。

关于国家的政府，纳德尔说，政府必须集权以维护法律和秩序，并且排斥其公民的独立活动的可能性(1942：69)。克列多尔(Krader，1968)和克列逊(Claessen，1970)的分析同样表明，由最高统治者、他的顾问和大臣等组成的政府核心在各个地区都存在。此外，在这些作者分析过的国家中，还必定存在维护法律与秩序的要求。这意味着：至少在理论上，统治者或中央政府有权制定条例和法律，发布命令并强迫全体居民完全服从之，不服从者要受到惩罚(参看 Radcliffe-Brown，1940；Weber，1964；Cohen，1970：489；Service，1971)。

作为国家组织的主要特征和职能的政府，可以分成两个主要的组成部分："权力"(存在有相互争权的政治派别)和"行政"(参看 M. G. Smith，1956，1960：15—39)。

先说"权力"。"权力"，从根本上讲，就是足以支配旁人的行为选择的能力。这可以用各种手段达到目的：或用道德说话，或用威胁，或用暴力，也可以利用"对某种合力"的控制(Adams，

1975:12),或者干脆使人觉得集权政府的意志或法律是同自己的社会准则和价值观一致的。

按照这种观点,“权力”是一个具有多方面涵义的概念,既指非理性的强制力,也指被激发起来的对当权者的命令的忠心服从。换言之,“权力”可以视为两极的统一体,一极是“强制力”,另一极是“权威”。斯瓦尔茨(Swartz)及其他人曾经把“权力”分为“强制型”和“契约型”。这两个名词与上面提出的“强制力”和“权威”可以互换使用。有趣的是,斯瓦尔茨在他后来的研究中提出一种两极的统一体,一极是“强制性”,一极是“合法性”。他喜欢谈论一个政府的合法程度,暗示每个政府由于某种原因必须设法解决下述问题:即全体人民并非永远相信法律和命令是可以接受的。事实上,这恰好是通常的情况(参看 Wertheim,1971)。

这里所说的“合法性”通常是基于思想信念和精神驯服的。虽然国家权力通常为居民的大多数所承认和接受,统治者还是不得不组织居民在道义上给自己以支持,并且时常为了他们自己的目的而利用这种支持。似乎颇为明显的是,政府希望阻止其公民的“独立行动”。当一个政府不再能够保持其权力而分裂的倾向得以放纵时,就不再有任何实际存在的中央政府,并且从而也就不再有国家了。这个观点意味着,一个国家的政府必须是独立的。然而在某些场合,明明是独立的国家却不得不向别的国家的统治者缴纳某种礼仪性的贡赋。只要这种义务不导致对这个纳贡的早期国家内部与外部事务的干涉,那就没有理由认为这个国家不是独立的。因此,只有一个国家的独立是客观实际,它就应被认为是独立国家。这就是说,国家也必须有能力去反对外来威胁,保卫国家的完整性。

“行政”一词,指的是国家事务的管理或管理国家事务的机构。后者通常表现为官吏的等级制度的形成,其最高职位的官员集中在首都(政治中心)。按理说,这种机构是为实现决策人的意图服务的。然而在某种情况下,这种机构在国家中也可能夺取或多或少独立的权力。

国家的特征可以简单地表述为:在一个至少分裂为两个主要社会集团的社会里,为调整社会关系而产生的组织。考虑到这一点,现在似应讨论一下社会分化现象(参看 Sahlins, 1958; Maquet,1961;Fried,1967; Holy 和 Stuchlik, 1968;Tuden 和 Plotnicov, 1970; Plotnicov 和 Tuden, 1970; Claessen, 1970; Smith,1974; Service,1975)。一般说来,社会阶层的形成意味着特定的人口被分成为不同的、或多或少是稳定的大集团,这些集团依据财产、身份或权力组成高低不同的等级(参看 Sahlins, 1958:1—3)。虽然史密斯不偏不倚地把社会阶层的形成看作是"(制度化了的)对获得各种优越地位的机会的限制"(p. 151),并且提出,它在"根本上是政治的并且最终以强力为依据"(p. 158),但在绝大多数学者的心目中。形成阶层的真正原因是在一个既定社会中的对生产资料的不平等权利。对其中的某些学者来说,这个方面是如此重要以致他们把它看作是国家出现的决定性的先决条件。追随着恩格斯(1964: 189),他们论证说,国家主要是作为保持这种不平等的一种组织而存在的(参看 Nadel,1942:69;Fried,1967:225ff)。海因兹和赫斯特在最近发表的著述中(1975:28ff)重新强调了这种观点,把基于经济上不平等而互相对抗的社会阶级的存在作为他们主要的论据。认为国家的特征之一(并且是最重要的)是阶级的存在,似乎是没有异议的。不过,在下述两个社会之间还是有明显的差异:其一是,"一个分为阶层的社会……同一性别与相同年龄的社会成员对维持生命的基本资源不具有同等的权利"(Fried,1967: 186)。

另一个社会中的情况是，

> ……强制机构作为一种保持在一个劳动者阶级与一个非劳动者阶级之间剥削性的生产关系的机构，被组织和协调起来(Hindess 和 Hirst，1975：34)。

这两段引文描述的两种社会在社会进化中代表着两个相隔颇远的不同的阶段。从前一个阶段转变到后一个阶段可能经过了相当长久的时间，分析这个转变是本书的主要内容之一。

苏联的中世纪史家涅乌西辛(Neusykhin，1898—1969)清楚地认识到了这两种社会的差异，他提出了"未开化的王国"这一说法，用来指示阶级划分尚未十分明显和"一个阶级或阶层对其他社会阶层的政治权力"尚未充分发展的那个阶段(Neusykhin，1967：80—81，还可参看 1974：167—209，225—233)。一个刚刚出现阶级的社会同国家不完全相同，前者同后者之间相隔着一个漫长的进化时期。哈赞诺夫(Khazanorv)也表述了这种观点。他详尽地论述说，无论如何必须估计到，有一个漫长的阶级形成的时期，在这一时期，从刚刚出现阶级的社会中逐渐演化出国家制度(1971：73 ff.，1972，1974：141、145，1975；也可参看 Terray，1975：96、100)。

对这些观点，最近有许多苏联学者撰文表示含蓄的支持。他们引入了"类似国家的结构"(gosudarstvennoe obrazovanie)这一概念，其他如"未开化王国"、"非洲王国"等等也具有同样的意义(参看 Tomanovskaia，1973)。奥尔德罗格依据恩格斯关于国家是"阶级最高权力的组织"这一定义，否认"国家"一词可以用之于许多非洲社会(Ol'derogge，1970；Tomanovskaia，1973：280，P. 283 的注释第 16 条)。很明显，提出"类似国家的结构”只是一种权宜之计，而且可能是过于谨慎了。

许多学者在划分国家与非国家之间的界线上之所以有许多困难，是因为他们未能理解这种（从非国家到国家的）转化不是一个突然的、机械的过程，而是一个漫长的过程。这一过程的特征在于一种独特的社会政治组织的发展，这种社会政治组织我们建议称之为“早期国家”。

对“早期国家”或许可以先提出下述不成熟的定义：在一个刚分化为统治阶级与被统治阶级的社会中调整社会关系的组织。

从前面的讨论中可以推断出早期国家的下述主要特征：

1. 有足够的居民，这使得阶层的形成以及特殊化成为可能。

2. 居民因在领土内居留或出生而具备公民身份。

3. 政府是中央集权的，行使权威和强力、或者是强力的威胁，从而具有维持法律与秩序所必要的最高权力。

4. 是独立的，至少在事实上是如此，并且政府拥有制止分裂的充分力量以及反对外来威胁、保卫国家的能力。

5. 劳动生产率（生产力发展的水平）已经发展到经常有剩余产品可用于维持国家组织的程度。

6. 全体居民呈现出某种程度的阶层分化。以致能够分辨出作为这种分化结果而出现的社会阶级（统治者与被统治者）。

7. 有共同的意识形态存在，统治阶层（统治者）的合法性是以此为依据的。

这并不意味着，在早期国家的发展中所有这些特征必定起过某种构成原因的作用。很可能相反，这些特征中的有一些是作为向国家进化的结果而发展起来的。

每当一个社会实体（权力关系的最大规模的组合，影响着各种社会成分的相互关系。Cohen,1970:488)能够被证明拥有上边概述的那些特征时,早期国家阶段也就来临了。这也就是说,“早期国家”不一定具有弗里德(1967:231ff)使用该用语时所赋予的那种“原始的”、“初始的”意义。这也就是说,一个特定的社会可能不止一次地进入早期国家的状况。对国家的现实发展的分析清楚地表明,因中央集权时期与分裂时期相交替,事实上也的确有这种情况,这方面埃及和中国是有名的例子(也可参看Steward, 1955:185ff.;Service,1975:225—264)。此外,一方面有发明、技艺以及组织的进步(各种新思想),另一方面有从酋长统治向国家的发展,这两者之间关系的演进是一个老问题了,亚当斯在新的高度上对之进行了探讨(Adams, 1975)。他同时强调了两种可能性:从酋长统治向国家发展,或是从国家向酋长统治反方向发展。遗憾的是,在这种前前后后的运动的辩证法中,他似乎忽视了酋长统治与国家之间在基本性质上的差异,这是由于他主要使用的是结构方面与量的方面的标准。

这里为了论述的方便提出酋长统治的定义似乎是可行的。若以塞尔维斯的定义(1975:16)为基础,对酋长统治可以表述如下:

酋长统治是具有贵族政治特色、中央集权政府和世袭等级制度的社会政治组织,但是不具有用于强力镇压的、正式的、法定的机关,并且也没有制止分裂的力量。这种组织似乎普遍是神权政治的,对当局的服从采取宗教信徒对宗教首领服从的形式(关于贵族政治,参看 Goldman,1970:XV—XXI)。

比起“大人物”或类似的领袖所领导的比较简单的政治组织,酋长统治有高得多的水平。

达到早期国家的水平是一回事,发展成为一种充分发展了的、或成熟的国家又完全是另一回事了。经常是由一个长期与复杂的进化过程把这两个发展阶段联系起来。因而在可以归类为早期国家的各种社会中，复杂的程度、领土的范围、人口的多少以及中央政府权力的大小，可能有很大的区别。有些学者虽然治学方法不同，但都看到了这一点（参看 Gluckman，1965：83ff.；Claessen，1970，311ff.；Goldman，1970：541ff.；Carneiro，1970b：845）。所以，把三种类型的早期国家加以区分——再一次提出尚待论证的假说——可能是有用的：

1. 未发达的早期国家。
2. 典型的早期国家。
3. 转变中的早期国家。

主要根据编者（Claessen，1970；Skalnik，1973b）以前的研究引申出的下列标准可能有助于辨别这些类型。它们是对上边作为定义的早期国家的七个（假设的）特征的一个更进一步的详细说明。

未发达的早期国家存在于亲属关系、家庭以及公社纽带依旧支配政治关系的场合；在那里，专职人员是罕见的；在那里，税收制度是原始的而特别税是频繁的；并且在那里，社会地位差异因为统治者与被统治者之间的互惠与密切接触而得以弥补。

典型的早期国家存在于亲属关系被地域关系所代替的场合；在那里，对公职官员的竞争与任命代替了公职继承的原则；在那里，脱离血缘关系的官员和爵位持有者开始在政府部门起主导作用；但是在那里，再分配与互惠的纽带依旧支配各社会阶层间的关系。

转变中的早期国家存在于被任命的官员支配行政机关的场合；在那里，亲属关系的影响对政府只起无足轻重的作用；并且在那里，出现了生产资料的私有—市场经济和公开的阶级对抗发展的先决条件。这种类型的早期国家已经具备了向成熟的国家发展所需要的前提。

现在可以说明,本书的主要目的是:检验上面介绍的关于早期国家的最主要的一些假说。要回答的基本问题如下:

I. 早期国家的一般特点是什么?七个假设的特征合适到什么程度?

II. 早期国家最本质的定义是什么?

III. 能够区分出早期国家的几种类型?并且,它们互相区别的特征是什么?

IV. 国家形成的过程最可能是什么?在什么程度上这一过程与前面提到的两人类学说相吻合?

介绍各种学说过程中提出的一些问题可概述如下:

1. 如何估价在国家的进化中社会阶级的存在和作用?

2. 是否能够认为亚细亚生产方式的特征属于全部的(或只是某些)早期国家?

3. 在早期国家的起源和进一步发展中,征服所起的作用是什么(假定征服者与被征服者都还没有一种国家组织)?

4. 在早期国家的进化中,战争与别的外部冲突起了什么作用?

5. 人口以及(或者)人口的增长对早期国家的发展有什么影响?

6. 商业和市场的发展与早期国家的出现有什么联系?

7. 早期国家解决内部冲突的方法是什么?

8. 在早期国家的发展与城市及城市生活的起源之间有一种什么关系?

本书下面由科恩、哈赞诺夫和克列多尔撰写的理论部分的章节是为了提出一些研究早期国家中的疑难和问题而撰写的。这些章节与作为导言的这一章合在一起,庶几能够展示我们这一研究领域是何等的广博和变化多端。这些章节的作者所作的论述与所谈及的各种问题，将同本章所提出的各种假说一起受到验证。①

参考书目②

《动力和结构：关于社会权力的学说》，亚当斯（Richard N. Adams, *Energy and Structure: A Theory of Social Power*, 1975, Austin: University of Texas Press）

《城市社会的进化》，亚当斯（Robert McC Adams, *The Evolution of Urban Society*, 1966, Chicago: Aldine）

《妇女的义务、权利和地位》，巴尔（J. van Baal, *Reciprocity and Position of Women*, 1975, Assen: Van Gorcum）

《论阶级社会的产生，马克思和恩格斯著作中有关人种学问题论述的研究》，巴克（Lucien Bäck, *Zum Entstehen einer Klassengesellschaft. Textkritische Untersuchung zu ethnologischen Studien in den Werken von Karl Marx und Friedrich Engels*. 1976, Berlin: Dissertation Manuscsipt）

《人口压力与文化的进化》，巴克尔（M. A. van Bakel, *Bevolkingsdruk en culturele evolutie*. Ms., Leiden）

《尼奥罗国家》，贝蒂（John Beattie, *The Nyoro State*, 1971, Oxford: Clarendon）

《最早的武士》，比奇洛（R. Bigelow, *The Dawn Warriors*, 1969, Boston: Little, Brown）

《一个基本的人口单位》，伯索尔（Joseph B. Birdsell, 'A Basic Demographic Unit', *Current Anthropology* 14:117—356）

《社会科学思想》，布莱克本（R. Blackburn, ed., *Idelogy in Social Sci-*

① 法勒斯（Fallers, 1973:3—29）指出，倘若完全摒弃“社会分化”这一用语而代之以有多方面含义的概念“不平等”，或许就可以避免划分“阶层”和“阶级”。

② ［译注］本书目大体按作者娃氏字母顺序排列，德文书目系杜文堂同志代为译出。

ence: Readings in Social Theory. 1972, London: Fontana Books)
《农业的发条件》,勃塞拉普(Eater Boserup, *The Conditions of Agricultural Growth*. 1965, Chicago: Aldine)
《国家起源之我见》,卡尔奈罗(Robert L. Carneiro, 'A theory of the origin of the state', 1970a, *Sciene* 169:733—738)
《等级的划分、进化的顺序和文化的估价》,卡尔奈罗(Robert L. Carneiro, 'Scale analysis, evolutionary sequences, and the rating of cultures', in: *A handbook of method in culural anthropolgy*, ed. by R. Naroll and Ronald Cohen, pp. 834—871. 1970b, New York: Natural History Press)
《进化面面观》,卡尔奈罗(Robert L. Carneiro, 'The Four Faces of evolution', in: *Handbook of Social and Cultural Anthropology*, ed. by J. J. Honigmann, pp. 89—110, 1973, Chicago: Rand McNally)
《城市革命》,柴尔德(V. Gordon Childe, 'The urban revolution', 1950, *Town Planning Review* 21:3—17)
《王公和各族人民》,克列逊(Henri J. M. Claessen, *Van vorsten en volken*, 1970, Amsterdam: Joko)
《水利灌溉和专制主义》,克列逊(Henri J. M. Claessen, 'Despotism and irrigaton' 1973, *Bijdragen tot de Taal —, Land — en Volkenkunde* 129:70—85)
《评I·戈德曼的(古代波利尼西亚社会》,克列逊(Henri J. M. Claessen, Review of I Goldman, Ancient Polynesian Society, 1974, *Bijdragen tot de Taal-, Land-en Volkenkunde* 130:180—184)
《政治制度》,科恩 (Ronald Cohen, 'The Political system', in: *A Handbook of Method in Cultural Anthropology*, ed. by Raoul Naroll and Ronald Cohen, pp. 484—499, 1970, New York: Natural History Press)
《教阶制度的进化》,科恩 (Ronald Cohen, 'The evolution of hierar chical instistutions: a case study from Biu, Nigeria', 1974, *Savanna* 3:153—174)
《关于前资本主义社会的一些正在讨论的理论问题》,达尼洛娃(Ludmila V. Danilova, 'Diskussionnnye problemy teorii: dokapitalisticheskikh obshchestiv' (Problems under discussion in the theory of the precapitalistic societies) in: *Problemy istorii docapitalist cheskikh obshchestiv*, ed. by L. V. Danilova. Vol. I. Moscow: Nauka. Also Published as: Controversial Problems of the theory of precapitalist societies, 1968,

Soviet Anthropology and Archaeology 9:266—328,1972)
《水利灌溉对社会的影响》，唐宁和吉布森（*Th. E. Downing and McGuire Gibson eds*，*Irrigation's impact on society*. 1974，Tucson：University of Arizona Press)
《撒哈拉沙漠以南非洲往昔的政治进化》，埃克斯丁(Cs. Ecsedy，Some questions on the political evolution of the traditional state in Africa，south of Sahara，1972，*Neprajzi Ertesito* 54:189—215)
《按国家形式组织起来的诸社会》，埃德（Klaus Eder，*Die Entstehung staatlich organisierter Gesellschaften. Ein Beitrag zu einer Theorie sozialer Evolution*. 1966，Frankfurt/Main：Suhrkamp)
《反杜林论》，恩格斯(Friedrch Engels，1877/78，*Herrn Eugen Dührings Umwälzung der Wissenschaft. d. h. Anti — Dühring*. Marx Engels Werke 20，pp. 5—303.
Herr Eugen Duhring's revolution in science. i. e. Anti-Dühring 1939，New York：International Publishers)
《家庭、私有制和国家的起源》，恩格斯(Friedrich Engels，*Der Ursprungder Familie*，*des Privateigentums und des Staats*. 1964，Bücherei des Marxismus-Leninismus，Band 11-Berlin：Diez.
The origin of the family，*Private Property and the state*.
Edited with an Introduction by Eleanor Burke Leacock. 1972，London：Lawrence and Wishait)
《不平等和社会分化的新解释》，法勒斯(Lloyd Fallers，*Inequality, Social Stratification Reconsiderd*. 1973，Chicago and London：University of Chicago Press)
《人类学家多疑了吗?》，弗思(Raymond Firth，'The sceptical — anthropologist? Social anthropology and Marxist views on society'，*Radcliffe-Brown Lecture* 1. 1972，London：Oxford University Press. Repr. in：*Marxist Analysis and Social anthropology*，ed. by M. Bloch. London：Malaby Press，1975)
《非洲的政治制度》，福特斯和埃文斯—普里查德(Meyer Fortes and E. E. Evans-Pritchard，eds，*African political systems*. 1940，Internatioal African Institute. London：Oxford University Press)
《政治社会的进化》，弗里德(Morton H. Fried，*The Evolution of Political Society*. 1967，New York：Random House)
《论马克思对关于东方社会的几本著作所所作的摘要》，加马尤诺夫(L.

S. Gamainov, O vypiskakh Karla Marksa. iz rabot po Vostoku)〔On Karl Marx's excepts from the works on the Orient〕, 1968, *Narody Aziii Afriki* 2:137—147)

《部落社会中的政治、法律和宗教仪式》,格拉克曼(Max Gluckman, *Politics, Law and Vitual in Tribal Society*. 1965, Oxford: Blackwell)

《'亚细亚生产方式'的概念和马克思主义社会进化的图式》,戈德利尔(Maurice Godelier, La notion de 'mode de production asiatique' et les schemas Marxistes d'evolution des societes', in: *Sur le 'mode de production asiatique'*, ed. by Roger Garaudy, pp. 47—100. 1969, Paris: Editions Sociales)

《序言》,戈德利尔(Maurice Godelier, Preface, in: Sur Les societes precapitalistes, ed. by Maurice Godelier, pp. 13—142. 1970, Paris: Editions Sociales)

《古代波利尼西亚社会》,戈德曼(Irving Goldman, *Ancient Polynesian society*. 1970, Chicago: Chicago University Press)

《社会学大纲》,古姆普罗维奇(L. Gumplovicz, *The Outlines of Sociology*. 1899, Philadelplia: American Academy of Poliical and Social Science)

《饥荒,生产的诸因素和社会进化》,哈纳(M. J. Harner, 'Scarcity, the factors of production, and social evolution', in: *Population, Ecology and Social Evolution*, ed. by Steven Polgar, pp. 123—138. 1975, The Hague: Mouton)

《人类学理论的发凡》,哈里斯(Marvin Harris, *The Rise of Anthropological Theory*. 1968, London: Routledge aud Kegan Paul)

《关于政府的一个概念》,德赫特菲尔德(M. d'Hertefelt, A concept of goverment. 1968, *Cahiers Economiques et Sociaux* 4:329—345)

《前资本主义诸生产方式》,海因兹和赫斯特(B. Hindess and P. Q. Hirst, *Precapitalist Modes of Production*, 1975, London: Routledge and Kegan Paul)

《社会分化之研究》,霍利和斯图里克(L. Holy and M. Stuchlik, 'Analysis of social stratification', in: *Social Stratification in Tribal Africa*: ed. by L. Holy, pp. 7— 65. 1968, Prague: Academia)

《路易十一》,肯德尔(R. M. Kendall, Louis XI. 1971, London: Allen and Unwin)

《略论原始社会中阶级的产生》,哈赞诺夫(Anatoiii M. Khazanov, 'Les

grandes lignes de la formaton des classes dans la societe primitive', in: *Problemes theoriques de I, ethnographie*, pp. 66—75. 1971, Moscow: Academy of Sciences)

《恩格斯和阶级产生的一些问题》,哈赞诺夫(Anatolii M. Khazanov, 'F. Engels i nekotorye problemy klassoobrazovania'〔F, Engels and problems of class formation〕, in: *Problemy etnografii i anthropologii v svete nauchnogo nasledia F. Engel'sa*, ed. by Iu. V. Bromley, A. I. Pershits and S. A. Tokarev, pp. 134—161. 1972, Moscow: Nauka)

《"军事民主制"和阶级形成的时代》,哈赞诺夫(Anatolii M. Khazanov, 'Military democracy' and the epoch of class formation in: *Soviet Ethnology and Anthropology Taday*, ed. by Yu. Bromley, pp. 133—146. 1974, The Hague: Mouton)

《原始公社制度的瓦解和阶级社会的起源》,哈赞诺夫(Anatolii M. Khazanov, 'Razlozhenie pervobytnoobshchinnogo stroya i vozniknovenie klassovogo obshchestva' 〔Disintegration of the primitive communal order and the origins of class society〕, in: *Pervobytnoe Obshchestvo*, ed. by A. I. Pershits, pp. 88—139. 1975, Mocow: Nauka)

《动机和意图》,科本(A. J. F. Köbben, 'Cause and intention', in: *A Handbook of Method in Cultural Antropology*, ed. by R. Naroll and Ronald Conald Cohen, pp. 89—99. 1970, New York: Natural History Press)

《历史唯物主义中前资本主义社会经济结构问题》,科拉纳斯维利(Guram V. Koranashvili, *Problema dokapitalisticheskikh obshchestvenno-ekonomichekikh formatsii v istoricheskom materializme* 〔The problem of pre-capitalist socio-economic formations in historical materialism〕, 1976, Tbilisi: Tbilisi University Proess)

《非洲国家起源和进货中生态环境的多样性》,科他克(C. P. Kottak 'Ecological variables in the origin and evolution of African states', *Comparative Studies in Society and History* 14:351—80, 1972,)

《国家的形成》,克列多尔(Lawrence Krader, *Formation of the State*. 1968, Englewood Cliffs: Prentice Hall)

《马克思的民族学笔记》,克列多尔(Lawrence Krader, *The Ethological Notebooks of Karl Marx*. 1972, Assen: Van Gorcum)

《马克思著作中的民族学和人类学》,克列多尔(Lawrence Krader, *Ethnologie und Anthropologie bei Marx*. 1973, München: Hanser)

《亚细亚生产方式》，克列多尔（Lawrence Krader, *The Asiatic Mode of Production*. 1975, Assen: van Gorcum）

《社会进化和社会革命》，克列多尔（Lawrence Krader, 'Social evolution and social revolution', 1976, *Dialectical Anthropology* 1:109—120）

《缅甸高原的政治制度》，利奇（E. Leach, *Political Systems of Highland Burma*. 1954, London: Athlone）

《国家与革命》，列宁（V. I. Lenin. Gosudarstvo i revoliutsiis. Uchenie marksizma o gosudarstve i zadachi proletariata v revolintsii. 〔*State and revolution. The teachings of Marxism on the state and the tasks of the Proletariat in the revolution.*〕, 1917, Polnoe sobranie sochineni, Vol. 33）

《非洲诸王国的起源》，刘易斯（Herbert S. Lewis, 'The origins of African kingdoms', 1963, Cahiers d'etudes: *Africaines* 23:402—407）

《国家的起源》，劳威（Robert H. Lowie, *The Origin of the State*. 1927, New York: Harcourt Brace）.

《原始的政府》，梅尔（Lucy Mair, *Primitive Government*. 1962, London: Pelican Books）.

《卢旺达社会中不平等出现的原因》，马克维特（J. J. Maquet, *The Premise of Inequality in Ruanda*. 1962, London: Oxford University Press）.

《〈政治经济学批判〉导言》，马克思（Karl Marx, 'Vorwort', in: *Zur Kritik der politischen Ökonomie. Marx-Engels Werke* 13, 1959）.

《政治经济学批判大纲（草稿）》，马克思（Karl Marx, *Grundrisse der Kritik der politischen Ökonomie*. 〔*Rohentwurf 1857—1858*〕 1953，这部著作又以下面这个书名重印出版：）

《前资本主义经济形态》，马克思（Karl Marx, *Pre-Capitalist Economic Formations*. With an Introduction by Eric Hobsbawm. 1964, London: Lawrence and Wishart）

《水利社会假说再评价》，米切尔（W. P. Mitchell, 'The hydraulic hypothesis. Á reappraisal', 1973, *Current Ánthropology* 14:532—535）

《古代社会》，摩尔根（Lewis H. Morgan, *Áncient Society*. 1877, Cleveland: World Publishing Company）

《一个黑色的拜占廷，尼日利亚的努普王国》，纳德尔（S. F. Nadel, *A Black Byzantium. The Kingdom of Nupe in Nigeria*. 1942, London: Oxford University Press）.

《从氏族部落社会向早期封建社会过度的阶段：前封建时期》，涅乌西辛

(A. I. Neusykhin, Dofeodl'nyi period kak perekhodnata stadiia razvitia ot rodo-plemennogo stroia k rannefeodal nomu, (na materiale istorii Zapadnoi Ievropy rannego srednevekovia)〔*The Prefeudal period as a transitional stage in the development from the clan-tribal order toward the early feudal one* (based on materials from the history of western Europe in the early Middle Ages)〕, 1967, Voprosy Istorii 1:75—87)

《欧洲封建主义问题》,涅乌西辛(A. I. Neusykhin, Probiemy ievropeiskogo feodalizma〔*Problems of European feudalism*〕, 1974, Moscow: Nauka)

《列宁和国家起源问题》,奥尔德罗格(D. A. Ollderogge, 'V. I. Lenin i problemy vozniknoveniia gosudarstva', 〔V. I. Lenin and the problems of the emergence of the state〕, in: *Kratkoe soderzhanie dokladov godichnoi nauchnoi sessii Instituta etnografii* AN SSSR, pp. 5—7, 1970, Leningrad)

《国家》,奥本海默(Franz Oppenheimer, *Der Staat*. 1909, Frankfurt am Main: Mohr)

《国家》,奥本海默(Franz Oppenheimer, *Der Staat*. 1932, Utrecht: Bijleveld)

《剩余产品》,奥拉斯(Martin Orans, 'Surplus', 1966, *Human Organization* 25:24—32)

《文明的早期形式》,佩奇尔卡和佩舍克(J. Pecirka and J. Pesek, eds, *Rane formy civilizace* 〔Early forms of civilization〕. 1967, Prague: Svoboda)

《社会分化比较研究》,普洛特尼科夫和图登(L. Plotnicov and A, Tuden, eds, *Essays in Comparative Social Stratificaton*. 1970, Pittsburgh: University of Pittsburgh Press)

《人口、进化、理论的范例》,波尔伽尔(Steven Polgar, 'Population, evolution, and theoretial Paradigms', in: *Population, Ecology and Social Evolution*, ed. by Steven Polgar, pp. 1—25. 1975, The Hague: Mouton)

《序言》,拉德克利夫—布朗(A. R. Radcliffe-Brown, Preface, in: *African Political Systems*, ed. by Fortes and E. E. Evans-Pitchard, pp. ix—xxiii. 1940, London: Oxford University Press)

《原始的世界和它的变化》,雷德菲尔德(Robert Redfield, *The Primitive World and Its Transformations*. 1953. Penguin Books, 1968, 1953 年

初版）

《佛教圣典》，戴维斯（T. W. Rhys Davids, ed. *Sacred Books of the Buddhists*: IV. 1965, London: Pali Text Society）

《波利尼西亚的社会分化》，萨林斯（Marshal D. Sahlins, *Social Stratification in Polynesia*. 1958, Seattle: University of Washington Press）

《部落民》，萨林斯（Marshal D. Sahlins, *Tribesmen*. 1968, Englewood Cliffs: Prentice Hall）

《石器时代经济学》，萨林斯（Marshal D. Sahlins, *Stone Age Economics*. 1972, Chicago: Aldine）

《部落社会中的政府和政治》，沙佩拉（Isaac Schapera, *Government and Politics in Tribal Society*. 1956, London: Watts）.

《西北沿岸地区的社会》，谢苗诺夫（Iu. I. Semenov, 'On Northwest Coast society', 1974, *Current Anthropology* 15:400）.

《原始的社会组织》，塞尔维尔（Elman R. Service, *Primitive Social Organization*, 2nd edn. 1971, New York: Random House）.

《国家和文明的起源》，塞尔维斯（Elman R. Service, *Origins of the State and Civilization*. 1975, New York: Norton）.

《恩格斯对前资本主义的论述与现代民族学的成就》，斯卡尔尼克（Peter Skalnik, 'Engels über die vorkapitischen Gesellschaften und die Ergebrisse der mordernen Ethnologie', 1973a, *Philosophica*. Zbornik Filozofickej Fakulty Univerzity Komenskeho 12—13:405—414）.

《西非沃尔特地区早期国家发展的原因》，斯卡尔尼克（Peter Skalnik, 'The dynamics of early state development in the Voltaic area (West Africa)'. Unpublished CSc. Dissertation, Charles University, 1973b, Prague, Abstract of it forthcoming in: *Political Anthropology and the State of the Art*, ed by S. Lee Seaton and Henri J. M. Claessen. The Hague: Mouton）.

《评维特金（马恩哲学历史观中对东方的看法）》，斯卡尔尼克（Peter Skalnik, Review of M. A. Vitking 'Vostok v filosofskoistorieheskoi Konceptsii K Marksa i F. Engel sa', 1975, *Political Anthropology* 1: 88—90）.

《苏联和中国对亚细亚生产方式讨论的开始》，斯卡尔尼克和波科拉（Peter Skalnik and Timoteus Pokora, 'Beginning of the discussion about the Asiatic mode of production in the USSR and the People's Republic of China', 1966, *Eirene* 5:179—187）.

《上沃尔特的莫西人》，斯金纳(E. P. Skinner, *The Mossi of Upper Volta*. 1964, Stanford: Stanford University Press).

《技术和对社会的统制》，史密斯(M. Estellie Smith, 'Technology and social control'. Paper Presented at the 68th meeting of the AAA, 1969, New Orleans).

《论已分解的血亲制度》，史密斯(Michael G. Smith, 'On seymentary lineage systems', 1956, *Journal of the Royal Anthropological Institute* 86:39—80).

《扎扎乌地方的政府》，史密斯(Michael G. Smith, *Government in Zazzau*. 1960, London International African Institute).

《合作和社会》，史密斯(Michael G. Smith, *Corporation and Society*. 1974, London: Duckworth).

《论国家和政治制度类型之研究》，索撒尔(Aidan Southall, 'Critique of the typology of states and political systems', in: *Political Systems and the Distribution of Power*, ed. by Michael Banton, pp. 113—138. 1965, ASA monographs 2. London: Tavistock)

《无政府状态和生态环境》，斯托德(Jack Stauder, 'Anarchy and ecology: politial society among the Majangir', 1972, *Southwestern Journal of Anthropology* 28:153—168)

《热带非洲的人口和政治制度》，史蒂文森(Robert F. Stevenson, *Population and Political Systems in Tropical Africa*. 1968, New York: Columbia University Press)

《关于文化演变的理论》，斯图瓦尔德(Julian H. Steward, *Theory of Culture Change*. 1965, Urbana: University of Illinois Press)

《地方政治》，斯瓦尔茨(Marc J. Swartz, ed. *Local-level Politics*. 1968, Chicago: Aldine)

《政治人类学》，斯瓦尔茨等(Marc J. Swartz, V. Turrner and A. Tuden, eds. *Political Anthropology*. 1966, Chicago: Aldine)

《一个王国中的阶级和阶级意识》，特累(Emanuel Terray, 'Classes and class consciouseness in the Abron kingdom of Gyaman, in: *Marxist Analysis and Social Anthropology*, ed. by Maurice Bloch, pp. 85—135. ASA Studies 2. 1975, London: Malaby)

《人种社会学中的人类社会》，图恩瓦尔特(Richard Thurnwald, *Die menschliche Geselishaft in ihren ethnosoziologischen Grundlagen*. Vol. 4. 1935, Berlin: De Gruyter)

《关于亚细亚生产方式问题》,特卡埃(Ferenc Tokei, *Zur Frage der asiatischen Produktionsweise*. 1969, Neuwied und Berlin: Luchterhand)

《根据非洲的材料对国家起源问题的研究》,托马诺夫斯卡娅(O. S. Tomanovskaia, 'Izuchenie problemy genezisa gosudarstva na afrikanskom materiale 〔The study of the problem of the genesis of the state, based on African material〕, in: *Osnovnys problemy afrikanistiki*, ed. by Iu. V. Bromley, pp. 273—283. 1973, Moscow, Nauka.)

《古代布A隆迪的疆域》,特鲁夫布斯特(A. A. Trouwborst, *La base territoriale de l'etat du Burundi a ncien*. 1973, Revue Universtaire du Burundi 1:245—254)

《非洲的社会分化》,图登和普洛特尼科夫(A. Tuden and L. Plotnicov, eds., *Social Stratification in Africa*. 1970, New York: Free Press)

《马恩哲学历史观中对东方的看法》,维特金(M. A. Vitkin, Vostok v filosofssko-istoricheskoi konceptsii K. Marksa i F. Engel'sa 〔*The Orient in the philosophical-historical conception of Karl Marx and F. Engels*〕, 1972, Moscow: Nauka)

《经济和社会》,韦伯(Max Weber, *Wirtschaft und Gesellschaft*. Studienausgabe. 1964, Koln/Berlin: Kippenheuer und Witsch)

《战争和国家的进化》,韦伯斯特(David Webster, 'Warfare and the evolution of the state: a reconsideration', 1975, American *Antiquity* 40:464—470)

《进化与革命》,沃特海姆(W. F. Wertheim, Evolutie en revolutie. De Golfslag der emancipatie 〔*Evolution and revolution*〕. 1971, Amsterdam: Van Gennep)

《非洲史》,韦斯特曼(D. Westermann, *Geschichte Afrikas. Staate-nbildung südlich der Sahara*. 1952, Koln. Greven Verlag)

《东方专制主义》,魏特夫(Karl A. Wittfogel, *Oriental Despotism. A comparative study of total power*. 1957, New Haven: Yale University Press)

《伊朗西南部:人口、交换和早期国家的形成》,赖特和约翰逊(Henri T. Wright and Gregory Johnson, Population, exchange and early state formation in southwestern Iran', 1975, *American Anthropologist* 77:267—289)

十九世纪初的约鲁巴城邦*

科恰科娃 撰

张晓华 译 郭健 校

约鲁巴城邦形成于尼日尔河以西和以南连绵的热带森林和树木繁茂的热带草原，按照今天的地理概念，包括尼日利亚联邦的克拉瓦、拉各斯和西尼日利亚各州，此外还包括贝宁共和国和多哥共和国的一部分。

从政治上说，殖民时期以前的约鲁巴兰（19 世纪后半叶以前），是由若干个大小不一、相互依存的城邦组成的一个复杂体制。

一般情况下，国家由一个首府，一个或几个下属城市，以及周围的农村所构成。在农忙季节，农村吸引着大量城市居民。各个居民点都由维修良好的道路连接在一起。17—18 世纪，奥约城将大部分约鲁巴城市和邻近的若干民族统一于它的权力之下，从而建立了奥约帝国。作为热带西非最强大的军事政治联盟之一，奥约帝国经历了约鲁巴国家发展的鼎盛时期，一直存在到 19 世纪初。

---

* 译自论文集《早期国家》（*The Early State*, Edited by Henri J. M. Claessen, Peter Skalnik），海牙，1978。

约鲁巴诸城市是名符其实的城堡，四周筑有城墙，城墙之外又修有土墙、壕沟或者防护林带。到19世纪中叶，这些城市中人口最多的约有2万、2万5千或7万人（鲍恩所著书；1857年版，第35页）。① H. 克拉珀顿对19世纪20年代人口数字的估计则慎重得多，即大约为8千至1万。不过，根据考古发掘，我们可以假定这些数字是被大大地低估了。②

这些城市的出现与手工业同农业的分离没有什么联系。约鲁巴诸城市是在从原始公社向阶级社会过渡时期形成的。这是一种特定的组织形式。其目的在于在各自的领土范围内，保护属于地域性家族农业公社的财产。

显然，10至12世纪国家形成的过程在整个约鲁巴地区均曾出现，而且其性质也各不相同。根据口头传说，大多数约鲁巴城市起源于古伊费（Ile—Ife）城邦。这一点可以从传统的统治者的即位仪式和其他一些礼节中得到证实。考古发掘证明，古伊费城遗址的建造时间不会迟于公元9世纪，甚至早在公元6世纪（比奥巴库 1973：137）；而通常根据赤陶和青铜的国王雕像，以及砖铺道路的发展情况，证明该城邦在10至14世纪时达到了它的黄金时代（比奥巴库 1973：128）。通过对口头传说的分析，可以推论出其他城邦的建立当在13至14世纪（史密斯 1969：100—106）。

直到现在，还有人怀疑、甚至否定约鲁巴国家是由当地的土著建立的。其根据是口头传说资料曾经提到最早的几代约鲁巴国王是从东北方面迁徙来的。很可能这是古代约鲁巴人在约鲁巴地区内所进行的迁徙。没有可靠的依据证明是外来人建立了

---

① [译注]以下均略写，如“鲍恩 1857：35”。

② 例如根据14至16世纪的考古学资料，古伊费城的境界远远超过了现在该城的疆界，而该城1953年时的人口将近15万人（威利特 1960：144）。

约鲁巴国家。有关这个地区的国家起源于外来民族的说法，一般是在这样一种假设的前提下提出的：约鲁巴人当时尚处于未开化的状态，他们还不具备独立地发展政治和文化的能力，因此，他们就不得不借助其他地区的社会和政治制度。然而，即使我们知道的很少，约鲁巴人的古代文化成就也足以使我们驳斥上面这种假设。如果说真有这种借助别地区制度的情况的话，那么，一个社会既然能做到这一点，它本身的经济和社会发展，也就足以使它能够去建立一个国家。约鲁巴国家正是建立在包括使用锄在内的一种刀耕火种式的休耕制的经济基础上的。①

在几内亚森林地区的某几个地方，虽然至迟在公元五百年可能已经开始炼铁，但是整个几内亚森林地区则早在公元初的几个世纪，即在大规模使用铁器之前，就已过渡到生产性经济。② 由于冶铁术还不完善，这种金属在很长一个时期未能在约鲁巴兰广泛使用（比奥巴库 1973：148、149）。以隆重的仪式在古老的古伊费城石雕像上镶嵌铁的情况，证明约鲁巴国家形成初期铁是缺少的。虽然殖民时期以前的资料没有在欧洲向约鲁巴出口的主要项目中提到铁和铁器，而只是注意到当地的铁制品（兰德 1832：179—180；克拉珀顿 1966：39；约翰逊 1921：121），但是可以设想，从十六世纪起，主要是从欧洲进口以弥补铁的不足（比奥巴库 1973：148、149）。

① 产生人类社会更高发展形态的基础，乃是作为种植庄稼的初期阶段的。刀耕火种式的耕作方法，而不是那些由于在一定程度上精耕细作而形成的耕作方法，关于这一点见西蒙诺夫 1974 年的著作，页 311。

② 在新石器时代即已存在刀耕火种式的耕作方法，这一点已有实际证据证实（西蒙诺夫 1974：121）。

一、社会经济背景

19世纪初，一种先进的锄耕方式成为约鲁巴城邦的经济支柱。这个时期欧洲的资料曾详细地讲述了农业的繁荣情况，提到了广大地区生长着农作物，土地耕种得很好，农作物品种繁多（有木薯、小米、玉米、棉花、香蕉及其他水果、靛青、蔬菜等），以及在当地市场上有丰富的食物出售的情况（克拉珀顿 1966：6，12，59；兰德 1832：59，165，179—186，202；柯廷 1967：232，239）。这里的农业经济以富有马匹、绵羊、山羊和家禽著称。但是，由于萃萃蝇的侵袭，往往使牲畜体型很小，肉类的价格也因此而变得昂贵。于是，人们就以狩猎和采集（如青蛙、蜥蜴、毛虫等）的方法来弥补肉食的不足（兰德 1966：323；1832：179—180）。

手工业未能发展成一个独立的生产部门。一般说，人们以自给自足的方式来维持生计，但是这并不妨碍需要专门技能来发展手工业。19世纪初，在当地市场上已有纺织品、陶器（尚未使用陶轮）、铁器、木雕和其他一些工艺品出售（克拉珀顿 1966：14，16，59；兰德 1832：90—91，165，179—180；柯廷 1967：232）。

工艺品通常是定制的，技术熟练的工匠被国王和贵族召去为他们制作工艺品，并且受到他们的保护（约翰逊 1921：123；奥乔 1966：73）。根据18世纪和19世纪初的欧洲文献资料，约鲁巴向其他非洲国家出口的主要产品是当地出产的纺织品，这些纺织品甚至通过欧洲的居间商人出口到巴西（诺里斯 1968：125，138；克拉珀顿 1966：57；兰德 1832：112—113，139；柯廷 1967：263，269—170①）。19世纪初，在较大的城市中可以看到

① ［译注］原文如此。

有的家庭用八至十架织机从事常年的纺织生产(克拉珀顿1966:14,16)。国王垄断了对外贸易。国外市场上的约鲁巴手工艺品,主要是不通过市场直接从工匠手中获得的多余产品。

在约鲁巴城邦,社会组织的基础是公社。在部落关系尚未瓦解的时候,开始出现了剩余产品的生产,促使特殊统治阶层出现的经济基础也在发展。土地和称号不是传给个别家族,而是在整个家族集团或称伊迪莱(idile:意为"家族之根",root of the house)内部世袭的。这个父系亲族集团出自一个共同的祖先,具有共同的族名,对某些食物的共同禁忌,信奉同一个保护神,实行族外婚。动产的继承权不是由父传子,而是由死者传给他的兄弟姐妹,这说明公社的原则是高于个人之上的(法戴普1970:140)。施瓦布的文章谈到,"伊迪莱"的成员资格是"决定个人的社会、经济和政治地位的主要因素之一",这也完全适用于殖民时期以前的约鲁巴兰(施瓦布1955:301)。每个城市都是这样的家族共同集聚的地方。每一个"伊迪莱"(或者常常是它的支系)的成员,形成了一个传统的约鲁巴人居住区的居民核心,这种居住区(Compound)称为"阿格博莱"(agbole)。[①] 伊迪莱成员被看作是阿格博莱的主人,即"族主"(the masters of the house)。但是他们的妻子不能得到这个特权,她们被称为"族妻"(the wives of the house),她们在自己的丈夫死后,就为其丈夫的兄弟或丈夫的兄弟姐妹的孩子所继承。阿格博莱的居民中差不多总有一些"外来人"(即由于某种原因脱离了自己的伊迪莱的人)和奴隶。

"阿格博莱"就字面讲是"房屋群"的意思,但它实际上并不

---

① 这样的阿格博莱的遗迹已在古伊费城和古奥约城的发掘中发现了。因此这种类型的住所在19世纪初以前很久即已存在了(法格和威利特1960:358;威利特1960:66)。

单纯是一个居住区。这个传统的组织是约鲁巴人基本的社会和政治单位。每一个成员的权利、特权和义务，是通过阿格博莱的首领——巴莱(bale，即族长 father of the house)而间接行使的。巴莱的职责之一是照管阿格博莱的公共财产；负责对家族的地产进行分配和再分配；监督土地的耕作情况；组织居住区内的互助，以保证家族的每个成员都能得到必需的生活资料。

此外，巴莱还负责裁决家族成员之间的小争执，组织销售总产品中适合市场销售的部分，主持日常的宗教仪式，在家族和外界之间充当中间人。例如为家族成员介绍婚姻，主持葬礼，在土地纠纷中保护家族的利益，负责征收税款和其他款项，完成其他向地位比他更高的酋长应尽的义务等。

在阿格博莱以外，巴莱在一切情况下都代表他的家族每一个成员的利益；反过来，又就每个成员的行为向城市当局负责(阿吉塞夫 1924:3)。

巴莱是从伊迪莱中年长的男人中选出来的，当选者通常是经济地位相对来说比较高的人(法戴普 1970:110)。所有“族主”即所有伊迪莱的成员，都享有被选举权，他们的候选人资格必须经过酋长和市议会的批准。

从经济上来说，阿格博莱(它往往居住着好几个伊迪莱的支系)一般并非就是最基本的单位。每个阿格博莱的居民又分成若干个家庭，称伊莱泰米(ile te mi:意为“我的家”)，每个伊莱泰米在阿格博莱中占有指定分配给它的一小块地方，耕种着从伊迪莱总土地中分来的一块单独的土地。每一个男人都可以要求得到足够他一家人耕种的土地。尽管如此，伊莱泰米的经济独立也只是部分的，它的主要财产，即土地，仍归伊迪莱集体所有，伊迪莱有权随时将土地收回重新分配，并通过巴莱保留着对这些土地的使用权。[1] 在一切生活领域里，集体的权力都超越于个人的权力之上。

若干个阿格博莱（往往是有血缘关系的）便组成一个区（quarter）——称阿杜格博（adugbo），由一个酋长担任区长。酋长通过巴莱或阿格博莱中的长老来统治阿杜格博，并在市议会中代表阿杜格博的利益。这样，居住区（即阿格博莱）和区（即阿杜格博）就成为城市居民的单位，所有居民都毫无例外地按照区域和家族的关系组织在这些单位中。凡是在组成了工匠和商人行会的地方，这些行会同时也就是家族组织。如果某个伊迪莱的所有成员都擅长同一种手艺，那么巴莱同时也就是行会的会长，一般有关父系家族的事务和行会的问题放在一起讨论。在这样的具体情况下，两种组织形式是完全一致的。

二、城　　邦

约鲁巴城邦的社会结构反映了部落关系已经处于解体状态，而阶级形成的过程尚远未完成这样一种过渡的社会形态。[2] 它具有双重性质，因为人们可以看出，在这里，社会生活的各个方面同时具有前阶级社会和阶级社会的成分。城邦中的绝大多数人，即公社的成员，作为伊迪莱的成员，保持着经济上和人身上的独立。他们掌握着主要的生产资料，并享有人身自由。被认为是进行生产必不可少的先决条件的基本生产资源——土地——则是城市全体居民的集体财产。城市的全体居民，不论

---

① 甚至在20世纪中叶，伊迪莱在土地和住宅方面的集体权利仍超过个人的权利（劳埃德 1962：78；伊莱亚斯 1951：91—92）。

② 有关约鲁巴城邦在前殖民时期的社会结构的更为详细的论述，见科恰科娃1968年的著作，页109—134，182—185；1970年的著作，页17—67。

其社会地位高下,财富多少、职务如何,均可在平等的基础上,即根据每一个家庭的劳动能力获得土地。每个按父系原则组成的伊迪莱都完全掌握着他们各自的土地所有权。根据传统,不论是国王还是国王属下的酋长,未经土地所有者的同意,均不得转让或出售土地。虽然个别的公社成员可能会因犯了严重的过错而被驱逐出城邦,但是他所占有的土地仍可归他的家庭所使用。

在土地的占有上也存在着一种特权形式,即"宫廷土地",包括国王的住地和农田。国王可以通过收回无人继承的公共土地和荒地来扩大自己的农田。按照习惯法,这些土地被认为是一种公共财产。国王逝世后,这些土地传给他的继位者。这些土地上的收入也被认为是公共财产,用来支付国家的管理费用。如果将这些土地做其他用途,就会导致国王被废黜(劳埃德 1962:47)。

不过,国王有权分得最大份额的土地,以保持王室的财产(阿吉塞夫 1924:87),并可在播种的季节要求集体给予帮助。公社成员无偿地承担这种劳动,但可享受国王提供的免费饭食,公社只负担国王居住区内的一切修理费用,以及由于自然灾害所造成的一切损失。这些被认为是全体居民的共同责任,逃避这些责任要受到惩罚。

殖民时期以前的约鲁巴社会,社会地位和财产方面的分化已经达到了很高的程度。一个人的社会地位的高低取决于他所担任的职务。伊乔亚(Ijoye,意为"拥有称号的人")是用来说明一个人在行政统治集团中的地位的专用名词。从表面上看,社会地位的分化反映在从属关系和等级高下,服装和装饰的规格,以及在公众场合的举止行为等方面。从属关系和等级高下渗透在生活的一切方面。

称为伊沃法(iwofa)的债务奴隶制的存在,是物质上日益出现不平等的明显征兆。它与奴隶制的区别仅仅在于:以人身抵押的债务奴仍然享有人身自由和占有土地的权力。

社会分成自由民和奴隶,后者经常是战俘。和公社的自由成员不同,奴隶被剥夺了全部权利,而且连同他们的所有物都是主人的财产。奴隶和他们的主人在法律上的主要区别,在于他们和土地的关系。奴隶只能使用他们的主人分配给他的土地。而且,奴隶的主人可以随意地剥夺他的奴隶设法买到或作为礼物而收下的任何土地。部落的成员只有在犯了严重过错时,才会被罚为奴隶。奴隶劳动主要用于农业生产。一般说来,奴隶制带有家长制的特征。奴隶作为自由民的不平等伙伴而加入基本的社会单位,即阿格博莱。他们可以使用工具和一小块土地,利用一部分时间在这块土地上进行耕种,并可在这块土地上修建房屋,建立自己的家庭。

还有一小部分享有特权的奴隶,他们和部落的贵族一起构成了正在发展中的国家军事官僚机构。他们可以占有由正式的自由民、债务奴隶和奴隶生产的部分剩余产品,比他们的同伴享有较高的社会地位和经济地位。

约鲁巴社会的统治阶层的分化,是在广泛的等级制的基础上出现的,拥有不同称号的人分成不同的等级。各个等级有权分享由劳动者阶层生产的一定份额的剩余产品。

伊乔亚制度中最低的等级是巴莱,即阿格博莱的首领。巴莱虽然经常,但并非总是直接参加生产,但他的主要责任是管理阿格博莱的事务。他的工作由他所在的阿格博莱的成员们用一部分财产(包括袭击别的部落时虏掠的奴隶)来给予报酬。年纪较轻的阿格博莱成员有责任耕种巴莱的土地,并为他提供其他服务。这样就使巴莱比公社的其他成员可得到相当多的经济利益。巴莱在居住区内占有较大的住所,有较好的布置;有一处女眷们住的房子和一些由个人使用的奴隶。遇有涉及整个集体的事务,巴莱须同长者们共同商量,这些长者在组织生产和安排公社的社会生活方面起一定的作用。例如,不论任何涉及转让公社的公共财产的措施,巴莱都必须取得长老们的同意。同样,巴莱也行使着相当大的个人权力。他的话对公社成员来说就是法律,公社成员把他看作是阿格博莱的主人;同样,他的正妻则被看成是全体女性成员的女主人(约翰逊 1921:99—100)。巴莱有广泛的机会利用其他成员的不幸而使自己获得利益。他可以增加和占有对罪犯的罚金,往往还占有一部分从公社成员们那里征收来的赋税。公社的成员俘获了新的奴隶的时候,其中一些奴隶不可避免地要归他所有(法戴普,1970:111)。城市当局一般是支持巴莱执行其职责的。阿格博莱虽然一方面仍然保持着公有制的集体主义特征,但已逐渐发展成一个剥削单位,成为增加公社成员共同的劳动义务,而为统治阶层谋利益的一种工具。

在巴莱的等级之上是区(即阿杜格博)的酋长。酋长在本人所在的伊迪莱中,其作用和一个正式的巴莱一样。然而,作为一个酋长,则有数千人属他统治。他不直接参加生产,只处理与生产的组织有关的事务,解决各个阿格博莱之间的土地争执,负责公有土地的分配和再分配,决定开始农活的适当日期,组织为掳掠奴隶而进行的袭击(这是公社日常生活中的一种正常的现象),等等。在区(或者称村)的范围内,普通居民的社会职责被限制到最低的程度,酋长只和巴莱进行商议,其他人只能服从他们的决定。酋长的收入来自他的奴隶和亲属在属于他的家族所有的土地上的生产收获,以及他从本区(或本村)内其他居住区(阿格博莱)的生产收获中分享到的部分。这些收入有时是以缴纳赋税的方式付给酋长,有时是在发生了自然灾害以后给酋长修理住宅，有时是酋长为代表集体供奉祭品而征收的特别税，有时则是分得的战利品，等等。

伊乔亚制度中的最高等级是约鲁巴城邦中居于国王宝座的统治者——奥巴(oba)。国王是这个国家中最富有的人，他的收入来源于：

1. 各下属城市和地区以农产品和手工艺品形式缴纳的年贡(例如为庆祝丰收等)。

2. 强加给全国居民的从事公共工程的法定劳动(例如建筑和修缮王宫，耕种王室的土地等)。

3. 为代表国家向诸神供奉祭品而征收的特别税。

4. 非正规的增加税收(例如发生火灾和其他自然灾害时)。

5. 对进城货物所征收的税款。

6. 由王室垄断的对外贸易，包括奴隶贸易。①

7. 奥巴以国家的名义没收的罪犯的财产，以及分享的其他特别法庭的罚款。②

8. 继承已去世的下属酋长的财产。

9. 作为礼物献给国王的精美的手工艺品。

10. 战利品。

11. 对奴隶的剥削。

所有这些财富，例如每年在宗教节日时供奉的祭品以及贡

---

① 兰德家的人曾看到过国王垄断贸易的一个例子。在耶杜(Yadoo)他们至少发现有一百个国王的妻子作国王的贸易代理人。她们与其他女商人的区别是他们的货物用一种特别的布包裹着，如果一个“平民”侵犯了这个特权，就要受到惩罚而沦为奴隶。国王的妻子可以免缴一切税款，而且在她们经过的所有城市受到酋长的保护(兰德 1832,1:110)。

② 几乎在整个约鲁巴兰，奥巴的侍从们有权在任何时候以奥巴的名义没收任何居民的财产，而且这些财产一旦被带到王宫的范围之内，就再也不可能退还(奥乔 1966:22)。

品等，在国王在世的时候，大部分再分配给酋长和宫廷成员；在国王去世后，则按照继承王室财产的习惯法，被认为是一种公共财产（法戴普 1970：143）。根据这些规定，国王所拥有的财产中最大的一份，如他的遗孀、奴隶、抵押人、马匹、衣服等，由国王的继任者所继承，其余部分则分配给国王的众多子女和下属酋长。

只有王杖和出身于奴隶的王室侍从不受这些规定的影响，而是自动地移交给新国王（法戴普 1970：144）。

巴莱—酋长—国王这样一种结构的特征表明，一部分剩余产品转到了贵族手中，是由于掌握经济组织职权（和军事组织职权）的人独自占有了这些产品。这是在殖民时期以前所没有完成的一个过程。

根据约鲁巴人的口头传说，约鲁巴的君主政体和城市本身是同时出现的：第一座城（即古伊费城）和第一位国王都是神创造的，他们为整个人类的出现提供了条件。历代约鲁巴国王（奥巴）都是古伊费的第一任国王奥兰延（Oranyan）的遗胄。

根据上述传说，奥巴具有一种超自然的特殊权力，凭借这种权力使他成为城市全体居民的保护人，担负起他的人民与诸神之间的联系人的职责。每个奥巴去世后，这种权力就传给新的统治者。为了维护奥巴的尊严，在礼仪方面规定了一套清规戒律。对已故的国王奉若神明。在每次举行国王葬礼时，用活人殉葬是一项必不可少的内容。对神圣的国王的膜拜，是同农业，这一约鲁巴城邦的经济基础不可分割地连系在一起的。不过，借助巫术来控制自然力这一做法，尚未成为国王的一项职责。

王位继承人只限于国王所在的那个伊迪莱的成员。新的奥巴由王族中有贵族头衔的成员来挑选，并须经贵族中最有影响的代表们批准（在奥约是由一个称为奥约梅西〔Oyomesi〕的七人会议批准），这些代表有投票决定权。自由民妇女所生的后代，有优先候选权；身体健康，没有生理缺陷被认为是未来的奥巴的超自然权力的吉兆。其次才考虑候选人的年龄和他与国王血缘关系的远近，以及国王的女眷们的意见（约翰逊 1921：41）。

三、奥约城邦

约鲁巴兰各个地区的政治制度和社会制度，在基本特征上虽然大致相同，但是它们各自的发展水平却是参差不齐的。到目前为止，对约鲁巴最大的城邦奥约的情况已进行了最充分的研究。奥约的统治者的称号为阿拉芬（Alafin），意思是"王宫的主人"。王宫，即国王的官邸，称为阿芬（afin—），位于城市的中心。它高于城里的其他建筑物，四周筑有泥土墙。这里是国家政治生活和宗教生活的中心，在王宫的区域内设有一些重要的祭坛，一些最重大的罪犯即在这里处决。此外，国务会议也在王宫中召开，王宫的广场同时也是主要的市场。

阿拉芬这个称号有三种不同的含义，均表明国王的特殊权力，即："宇宙和生命的主宰"，"大地的主人"，"诸神的同伴"（莫顿—威廉斯 1960：363）。根据传统，他有权废黜任何一个下属城邦的统治者，有权发布宣战令。他握有最高的司法权，并兼任大祭司，以此身份参加所有重要的宗教仪式。最后，他是市场和对外贸易的主管人。

国王做出的决定必须绝对服从，但这些决定只有在奥约梅西批准以后才能实施，奥约梅西的成员只限于几个伊迪莱的人。

奥约梅西是国王通过各下属酋长与平民进行联系的一个环节。同时，其成员以一个叫作奥格博尼（Ogboni）的秘密团体为基础，组成了一个关系密切的贵族联盟。所有奥约梅西的成员同时也是奥格博尼的领导成员。和其他秘密团体一样，奥格博尼起源于部落制度。祭司们宣称奥格博尼与大地的精灵,即他们的膜拜对象有着直接的联系,以此来宣扬奥格博尼的权力。在约鲁巴城邦,特别是在奥约,这一联盟发展成一个组织,使新兴的剥削贵族为了他们自己的利益,在国家尚弱小的时候,得以借助阶级产生以前的各种制度来保证贵族对平民实行政治统治。依照惯例,奥格博尼有权选立国王(或酋长),参与国家的管理,在发生流血事件时负责审判(阿吉塞夫 1924:90)。在奥约,大贵族的代表(包括奥约梅西和祭司)结成联盟,他们的头头终于把原属阿格博尼的职权据为已有。通过各种特殊的仪式,这个联盟的成员承担着互相帮助和互相保护的义务。

奥约梅西由巴索伦(Basorun)领导,这是奥格博尼中最有影响的一个成员。在老国王去世,新国王继位前的三个月时间里,巴索伦代行国王的职务。在一年一度的祭祀战神奥贡(Ogun)的仪式上,巴索伦都要征求诸神对在位的阿拉芬的意见。如果得到的神谕是否定的,阿拉芬就面临着必须自杀的厄运。这个习俗和一度曾经广泛流行的废黜年老体衰的酋长的做法有关。因为古人认为,酋长的衰老会使土地、牲畜和人的生命力减弱(弗雷泽 1928:II)。在约鲁巴兰仍残留着这种习俗,而且把它作为政治斗争的一种手段而加以恢复。根据口头传说中保留的材料,在这个时期王权有日益加强的趋势。然而,每当战争造成满目疮痍或民众发生骚乱之时,国王往往被暴力推翻,奥约梅西为了解决内部矛盾,就求助于这种古老的习俗。

同时,奥约梅西以各种方式宣扬王权的神圣不可侵犯,并公开表现出对国王个人的服从。随着王权的不断加强和日益同社会相脱离,宫廷的人数也增多了。奴隶构成宫廷的基础,他们和部落制度是无缘的。以国王为首的行政机构,形成了一种凌驾于城市公社之上的上层建筑。贵族——一个新兴的剥削者统治集团——就是利用它而使公社屈从自己的意志。

国王的宫廷由两种就其出身而论完全相反的人所组成：1. 国王的妻室和亲属；2. 地位截然不同的奴隶，从清扫工和卑下的仆人到高级的宫廷官员。

国王所属的伊迪莱通常是最大的。其最有影响的成员居住在各下属城市和乡村，成为当地的统治者或其他的高级官员（约翰逊 1921：67）。这个伊迪莱在推选新国王时起很重要的作用。它的代表（通常是未来的奥巴的叔父或堂兄弟）均拥有"王父"的世袭称号，他们在举行即位仪式的三个月时间里，对未来的国王进行必要的教导。在奥巴即位后，他同他们实际上的亲属关系便变成了职务上的关系：他要接受两位职务上的"父亲"以代替自己已故的父亲，而他们实际上是他的叔父或兄弟。他自己的母亲也必须离开人间，而代之以一个职务上的"母亲"。这种职务上的"母亲"是由那个在宫廷中据有最高职衔的奥伦（Orun）神女祭司兼王陵守护担任的。国王的儿子，除长子与国王共同统治国家外，在他们达到结婚的年龄时，就要离开宫廷。在奥约，国王去世时，他的共同统治者（他的一个儿子），也必须跟他一起离开人世。

妇女在宫廷中起着重要的作用，在奥约的宫廷里，妇女有五百多人。这些人包括：王室的女眷；许许多多主持宗教仪式的女祭司（她们同时又是城市中各宗教组织的"主母"）；此外，还有奴隶，她们服侍神圣的奥巴，为国家宗教活动的组织工作服务。宫廷就是宗教活动的中心。

政府的实际职能由宫廷中第二等的成员来行使，他们包括各个等级的奴隶。这些人中人数最多而且最有权势的是宦官，其中又有三个宦官是国王最亲近的助手，实际上代表国王行使权力。第一个宦官执掌最高司法权，他的判决犹如国王本人的判决一样有效，而且不许上诉。第二个宦官是香戈（Shango）神的大祭司。他代表人民主持对这个大神（奥约王权的化身）的礼拜仪式。此外，他还负责国王子女的教育。第三个宦官受权代表阿拉芬就一切军政事务发言。在这些场合，他夸耀奥巴的王权，把一切荣誉归之于国王。然而他的主要任务，是负责监督王家市场，管理来自税收和贡物的王室收入。

地位仅次于宦官的是伊拉里（ilari），他们最初的职责是维修王宫，后来这一职责逐渐成为次要的任务。他们主要担任警卫（即"国王安全的保护人"），信使，享有特权的侍从和向被征服的人民征收贡赋的人。伊拉里从宫廷奴隶和战俘中补充。在国王举行即位仪式的过程中，国王要给每一个伊拉里起一个官方的名字，这个名字同时又是一个特定的政治口号。伊拉里作为国王的代表将这些口号在人们中间加以宣传。这些名字中最典型的如：伊卢·格博亨（Ilu gbohun 意为：城市服从他），奥巴·格贝·恩莱（Oba gbe nle，意为：奥巴提升了我），玛阿·格博里·伊米·佩蒂（Maa gbori imi pete，意为：不要为了玩弄阴谋而轻视我的权威）等等（亚伯拉罕 1958：19）。

作为他们服务的报酬，伊拉里可以从下属城市和农村缴纳的贡物中分得一份。国王往往把某些城或区赠给特别信任的伊拉里，他们可以从这些地方获得收益。他们常常被任命去掌管在城市各部分的一些大的居住区，这些居住区的居民主要是王室奴隶。这些奴隶不论在战时还是平时，都得侍候伊拉里（约翰逊 1921：62）。

宫廷警察，包括王家刽子手和卫士（tetu），也是从奴隶和奴隶的后裔中补充的。卫士和他们的助手常常达到一百五十人。

奴隶还在王家市场和城门口担任商业税收税人。由于赐予这些享有特权的奴隶以广泛的权力，这就促进了一个凌驾于城市公社之上的行政机构的产生，它对于传统的部落民主起了很大的破坏作用。奴隶是来自其他部落的人，被自由民看作是外来人，是完全依附于国王的。

由于有这样一大批侍从，国王就可以把所有外部的司法权和惩罚权都集中掌握在自己手中，可以控制征收捐税和贡赋，而且通过他的心腹宦官、香戈神的大祭司，在意识形态方面对他的臣民进行统治。然而尽管如此，那种与社会相脱离的公共权力，以及镇压人民的强制性机关仍处在形成过程中。

在约鲁巴诸城邦，每一个公社成员都有权携带武器并且成为一名战士。军队由公民志愿团组成。

公民志愿团的结构由按上述地域和家族这两个系统，把城市划分成若干个居住区和区的情况决定。在军队中的从属地位与城市生活中的从属地位一致。通常以国王的名义宣布国家进入战争状态，并征召人民去作战。在约鲁巴兰比较落后的地区，各种各样的决定则相应地由公民大会来作出（琼斯 1964：132—133）。在奥约城邦，国王每隔几年就要进行一次军事远征，以此进行掠夺并镇慑其属国。强制服兵役的情况，只有在进行防御性战争时才成为必要（约翰逊 1921：131）。但是，如果壮丁们在国王迫切需要士兵的时候，拒绝去作战，国王就会进行讨伐，摧毁那些逃避服兵役的人的家园和庄稼（阿吉塞夫 1924：20）。战士们必须自备食物和武器。

除公民志愿团外，还有一些享有特权的军事组织。在奥约，有一种享有特殊地位的贵族军人，叫巴达（bada）。每一个巴达至少有两匹马和几名卫士，这些卫士由巴达自己供养。巴达必须是熟谙战术的人，他们只骑马作战，而且随时准备在决定胜负的关键时刻，出现在斗争最激烈的地方。全体高级指挥官，每人至少有一名巴达归他调遣。

另外一种享有特权的军人是埃绍(esho),即宫廷卫队的指挥官。埃绍的称号不是世袭的,是授给那些为国王作战时武艺出众和以勇敢而著称的战士的。埃绍的行政地位仅次于奥约梅西。

在19世纪,建立军事组织来镇压人民的另外一种更为典型的方法,是从奴隶和贫苦的自由民中间精选一些人组成分遣队。在20世纪仍然可以看到由国王或酋长自己提供武器和弹药来装备他的士兵这种传统作法,因为不这样做,这些士兵就有权去为其他的统治者效劳。但是很明显,这只适用于一些私人的军事分遣队(阿吉塞失 1924:19)。

政治——行政、司法和治安的权力合为一体,是约鲁巴城邦的特点。从巴莱(即阿格博莱的长者)开始,由各级官员来执行司法和治安的职能。根据传统,巴莱有很大的惩罚权。除去杀人、行巫术、乱伦和勾引妇女参加秘密团体等罪行外,阿格博莱的成员所犯的任何罪过都由巴莱负责处置(法戴普 1970:108)。他有权作出各种各样的判决;对被告可以判处戴镣铐,戴枷,受鞭笞,赔偿损失,缴纳罚金等刑罚,如该区设有地牢的话,也可将之投入地牢(阿吉塞夫 1924:3)。

比巴莱高一级的司法当局是各区的酋长,再高一级的是城市议会(在奥约,这一级机构是奥约梅西)。酋长和城市议会构成一个初审法庭,负责审判杀人、叛国、盗窃、纵火和乱伦等最大罪行。城市议会作出的判决,必须经过人民的最高法官——国王批准之后才生效。

一切法律程序均以习惯法的规定和标准为基础。人们并不把国王看作是法律的制定者,他只是古代习俗的解释者,诸神的代言人。所以,由他来解释习惯法,人们是不会怀疑的。即使国王专横暴虐,使人难以容忍,他们也不知道应该到什么地方去寻求正义。这时唯一的出路只有直接起来造反，反对国王。罚款和诉讼费的收入是行政官员收入的主要来源之一。根据惯例，每种罪行都各有惩处办法，但不管受什么处罚，每个被告都必须用衣服、钱、牲畜等来付出罚金(阿吉塞夫 1924:38)。

前面提到，大多数约鲁巴城邦合并到奥约帝国。同约鲁巴人毗邻的许多部族(如巴里巴人、加族人、芳族人等)，都欠阿拉芬的债。到18世纪后半叶，阿拉芬控制了北和东北至尼日尔河，西至今日加纳边境之间的广大地区。H.克拉珀顿提到，19世纪初，当奥约帝国开始衰落时，在该帝国的边缘地区已具有"高度的隶属关系"和"熟练的行政管理"(克拉珀顿 1966:13)。下属城市和约鲁巴城邦各首府之间的关系，严格依照习惯法加以约束。下属城市或由当地王朝的代表统治，或由巴莱统治，这些巴莱虽无王号，却是王的副手。城市的一切公共事务都由该城市自行解决(阿吉塞夫 1924:17)。在首府的最高统治者主管国家的对外政策。他也过问叛国罪和下属城市的统治者之间发生的争执。在奥约帝国，阿拉芬赋予他下属的奥巴和巴莱以权力，并在首府为他们举行即位仪式。同时，他们必须在奥约留下他们的代表作为人质(约翰逊 1921:26)。下属城市在重大的节日要向阿拉芬纳贡。在首都遭到自然灾害的破坏时，则要支付修缮费。此外，各地的统治者每年在庆祝收获的时候，必须前往奥约，作为阿拉芬的属臣而亲自向王致敬(约翰逊 1921:41)。

外地城市的统治者，常常由阿拉芬在他的奴隶中挑选，以取代当地的贵族。人们认为，在一些战略地位重要的边远地区，这些忠于职守的奴隶，在维护秩序和安全方面表现了非凡的才能。

参考书目

亚伯拉罕,《现代约鲁巴词典》(R. C. Abraham, *Dictionary of modern Yoruba*), 1958. 伦敦:伦敦大学出版社。

阿吉塞夫,《约鲁巴人的法律和习惯法》(A. K. Ajisafe, *The Laws and Customs of Yoruba Peoples*), 1924. 伦敦:劳特莱奇公司。

比奥巴库编,《约鲁巴历史资料》(S. O. Biobaku, ed., *Sources of Yoruba History*), 1973. 牛津:克拉伦敦出版社。

鲍恩,《1849—1856 年在非洲内陆诸国的探险和传教活动》(T. J. Bowen, *Adventures and Missionary Labors in Several Countries in the Interior of Africa from 1849 to 1856*), 1857. 查尔斯顿。

克拉珀顿,《非洲内陆第二次远征日记》第二版(H. Clapperton, *Journal of a Second Expedition into the Interior of Africa*. 2nd edn), 1966. 伦敦:弗兰克·卡斯有限公司。

柯廷博士编,《非洲回忆. 西非人关于从奴隶贸易时代起的记述》(Ph. D. Curtin, ed. *Africa remembered. Narratives by West Africans from the era of the Slave Trade*), 1967. 麦迪逊:威斯康星大学出版社。

伊莱亚斯,《尼日利亚的土地法和习惯法》(T. O. Elias, *Nigerian Land Law and Customs*), 1951. 伦敦:劳特莱奇和基根·保罗公司。

法戴普,《约鲁巴的社会学》(N. A. Fadipe, *The Sociology of the Yoruba*), 1970. 伊巴丹大学出版社。

法格和威利特合著,《古代的伊费城:民族学概述》(W. Fagg, and F. Willet, *Ancient Ife: an ethnographical summary*), 1960. 载《奥杜—约鲁巴及其有关问题研究杂志》8:21—35。

弗雷泽,《金枝》(James Frazer, Zolotaia vetv, 〔*The Golden bough*〕), 1928. 列宁格勒:无神论出版社。

约翰逊,《约鲁巴史》,1966 年重版(S. Johnson, *The History of the Yorubas*), 1921. 伦敦:劳特莱奇和基根·保罗公司。

琼斯,《关于 1861 年埃格巴军队的报告》(A. Jones, Report on the Egba Army in 1861), (1964). 载阿贾伊和史密斯编,《19 世纪的约鲁巴战争》(*Yoruba Warfare in 19th Century*, ed. by G. F. A. Ajayi and R. S. Smith),附录,第 129—140 页。剑桥:剑桥大学出版社与伊巴丹大学非洲研究所联合出版。

科恰科娃,《约鲁巴城邦》(N. B. Kochakova, Goroda-gosudarstva iorubov

〔*City — states of the Yoruba*〕),1968。莫斯科:科学出版社。

科恰科娃,《贝宁湾各国剩余产品的生产和占有》(N. B. Kochakova, 'Proizvodstvoi prisvoenie pribavochnogo produkta v stranakh BePnins-kogo zaliva 〈traditsionnye formy〉'〔Production and appro Priation of the surplus product in the countries of the Bight of Benin〕),1970。载《殖民时期以前非洲的社会结构》(*Sotsialnye struktury dokolonia'noi Afriki*),第 17—67 页。莫斯科:科学出版社。

兰德,《尼日尔河河道和河口考察记实》(R. Lander, *Journal of an Expedition to Explore the Course and Termination of the Niger*),1832,第 1—3 卷。伦敦:约翰·默里公司。

兰德,《已故克拉珀顿船长的随从理查德·兰德日记》(R. Lander, *Journal of Richard Lander, servant to the late Captain Clapperton*),1966。见克拉珀顿上引书 257—327 页。

劳埃德,《约鲁巴土地法》(P. C. Lloyd, *Yoruba Land Law*), 1962。伦敦:牛津大学出版社。

莫顿—威廉斯,《奥约城的约鲁巴人对奥格博尼的膜拜》(P. Morton-Williams, 'The Yoruba Ogboni cult in Oyo'),1960。见《非洲》(*Africa*) 30:362—374 页(新版)。伦敦:弗兰克·卡斯公司。

诺里斯,《达荷美国王博萨·阿哈迪统治时期回忆》(R. Norris, *Memoirs of the Reign of Bossa Ahadee, King of Dahomy*),1968 新版。伦敦:弗兰克·卡斯公司。

奥乔,《约鲁巴宫殿》(G. J. A. Ojo, *Yoruba Palaces*),1966。伦敦:伦敦大学出版社。

施瓦布,《约鲁巴人的亲属和血缘关系》(W. B., Schwab 'Kinship and lineage among the Yorubas'),1955,载《非洲》(*Africa*). 352—374。列宁格勒:科学出版社。

西蒙诺夫,《农业的起源》(S. A. Semyonov, Proiskhozhdenie zemedeliia 〔*The origin of Agriculture*〕), 1974。列宁格勒:科学出版社。

史密斯,《约鲁巴诸王国》(R. Smith, *Kingdoms of the Yoruba*), 1969。伦敦:梅修因公司。

威利特,《1956—1957 年对古奥约城的调查(中期报告》(F. Willet, 'Investigation at Old Oyo, 1956—1957 — an interrim report —'), 1960。载《尼日利亚历史协会杂志》(*The Journal of the Historieal Society of Nigeria*)2:59—77。

图书在版编目(CIP)数据

古代世界的城邦/(苏)安德烈耶夫等著；张竹明等译. --上海：华东师范大学出版社，2011.6

(经典与解释：西方传统)

ISBN 978-7-5617-8543-0

I. ①古… II. ①安…②张… III. ①城市史—世界—古代 IV. ①K915

中国版本图书馆 CIP 数据核字(2011)第 070124 号

华东师范大学出版社六点分社

企划人 倪为国

经典与解释 西方传统

古代世界的城邦

(苏)安德烈耶夫 等著

张竹明 等译

责任编辑 刘丽霞

封面设计 吴正亚

责任制作 肖梅兰

出版发行 华东师范大学出版社

社 址 上海市中山北路 3663 号 邮编 200062

网 址 www.ecnupress.com.cn

电 话 021—62450163 转各部门 行政传真 021—62572105

客服电话 021—62865537(兼传真)

门市(邮购)电话 021—62869887 地址 上海市中山北路 3663 号华东师范大学校内先锋路口

网 店 http://ecnup.taobao.com

印 刷 者 上海印刷十厂有限公司

开 本 890×1240 1/32

印 张 10.5

插 页 2

字 数 253 千字

版 次 2011 年 6 月第 1 版

印 次 2011 年 6 月第 1 次

书 号 ISBN 978-7-5617-8543-0/K·345

定 价 35.00 元

出 版 人 朱杰人

(如发现本版图书有印订质量问题，请寄回本社客服中心调换或电话 021-62865537 联系)